中文社会科学引文索引（CSSCI）来源集刊

珞珈管理评论

LUOJIA MANAGEMENT REVIEW

2019年卷 第2辑（总第29辑）

武汉大学经济与管理学院主办

WUHAN UNIVERSITY PRESS
武汉大学出版社

图书在版编目(CIP)数据

珞珈管理评论.2019年卷.第2辑:总第29辑/武汉大学经济与管理学院
主办.—武汉:武汉大学出版社,2019.5
ISBN 978-7-307-20834-6

Ⅰ.珞… Ⅱ.武… Ⅲ.企业管理—文集 Ⅳ.F272-53

中国版本图书馆 CIP 数据核字(2019)第 058854 号

责任编辑:陈 红 责任校对:李孟潇 版式设计:马 佳

出版发行:**武汉大学出版社** (430072 武昌 珞珈山)
(电子邮箱:cbs22@ whu.edu.cn 网址:www.wdp.com.cn)
印刷:武汉市天星美润设计印务有限公司
开本:787×1092 1/16 印张:13 字数:305 千字
版次:2019 年 5 月第 1 版 2019 年 5 月第 1 次印刷
ISBN 978-7-307-20834-6 定价:28.00 元

目　　录

CONTENTS

如何成为成功的创业者

——企业文化创建的视角*

● Jhony Choon Yeong Ng[1]　黄雨萌[2]　贾良定[3]　何　刚[4]

（1，2　南京航空航天大学经济与管理学院　南京　211106；3，4　南京大学商学院　南京　210093）

【摘　要】人们在认识到创业活动对经济发展的意义的同时，也观察到创业的高失败率、新创企业发展质量不容乐观和成长出现巨大差异的社会经济现象。因此，有必要建立一套可以解释新创企业如何才能存活下来并做大做强的理论。本文采用扎根理论的方法，以中国大陆、台湾、香港的 11 位大型企业创始人的传记为素材，进行多案例研究。研究发现，这些企业家通过影响企业文化的创建来影响企业的发展。企业文化创建的过程可分为三个方面：精神创建方面，他们深入一线、目光长远；制度创建方面，他们具有科学管理和创新驱动两大特征；生态创建方面，他们建立了企业内部协调和外部适应的机制。本文所建立的企业文化三维创建理论，既丰富了领导风格、企业文化和创业的理论，又为如何成为成功的创业者提供了建议。

【关键词】创业　创业者　人物传记　扎根理论　企业文化

中图分类号：C939　　文献标识码：A

1. 引言

改革开放以来，我国经济快速发展，一大批民营企业迅速崛起，这些民营企业大部分是中小型企业，对解决就业、稳定社会以及活跃经济等都发挥了重要作用（辜胜阻、曹冬梅，2017），但最终成长为具有高度影响力的大型企业的民营企业寥寥无几。这种情况出现的原因是什么？在"大众创业，万众创新"的新形势下，大量的新创企业快速出现，这些新创企业如何能够持续成长，并最终成为行业领袖仍然是一个有待探讨的话题。

对于上述情况，学者们对它们产生的原因进行了研究，例如，胡望斌等（2009）认

* 基金项目：国家自然科学基金重点项目（项目批准号：71632005）；中央高校基本科研业务费专项（项目批准号：NS2018051）。

通讯作者：贾良定，E-mail：jldyxlzs@ nju. edu. cn。

为这种情况的出现与创业的高失败率、新创企业发展质量不容乐观和成长出现巨大差异的社会经济现象密不可分。但这些对创业失败的研究为了获取样本的方便，通常以大学生创业者和中小型企业创始人作为样本(左晶晶、谢晋宇，2013)。基于这些样本所得的研究发现具有理论约束性。因为尽管大学生创业者和中小型企业创始人群体与大型企业创始人群体具有一定程度的相同特征，但仍存在根本性的不同(苏思斯等，2011)。因此，现有文献仅取大学生创业者和中小型企业创始人为样本，不仅无法解释中小型企业如何发展成大型企业的问题，甚至连大学生新创企业如何发展成中小型企业都没有给出明确的说明。

此外，国外学者普遍认为，企业文化对创业绩效具重要影响。企业文化指的是企业成员共享的一套能够将本企业与其他企业区分开来的意义体系(Schein，1995)。除价值观外，企业文化的构件还包括企业成员的信念，以及由价值观和信念衍生出的人造物，即企业的组织章程和政策制度等。研究发现，企业文化对员工的创业行为态度具有正向的影响力(Łukasik，2014)。这种良好的态度能鼓励员工勇于尝试创业相关行为，进而对企业的绩效产生正向影响。关于企业文化对企业成长的影响，柯林斯和波拉斯(2002)在总结那些"基业长青"的伟大公司的特质时指出，"拥有一个核心的理念并为之奋斗则是企业的关键所在"。因此，一种有效的企业文化可能就是能够让新创企业成功过渡为中小型企业，乃至变成大型企业的关键所在。尽管如此，目前我国的创业研究领域尚缺乏针对企业文化对创业绩效做深入探讨的研究。

许多学者对影响企业文化创建的因素展开了研究，针对因素数量的不同可将其研究概括为以下几种。(1)三因素理论，认为企业文化受企业的传统、风气和价值观影响(大内，1984)。(2)四因素理论，保留了三因素中的价值观，将其他因素替换成了仪式、英雄和符号(Hofstede，1990)。(3)五因素理论，在四因素的基础上将符号因素细分为企业环境和文化网络，认为企业文化的影响因素有价值观、仪式、英雄、企业环境和文化网络(狄尔、肯尼迪，1989)。(4)八因素理论，将上述理论中的因素进行了具体化，分为乐于采取行动、接近顾客、自主和企业家精神、发挥人的因素、领导身体力行、发挥优势、组织结构简单和宽严相济(彼得斯、沃特曼，1982)。通过比较以上理论可以发现，其都体现了企业文化受创始人影响，如三因素中的"传统"、四因素和五因素中的"英雄"、八因素中的"自主和企业家精神"。

从企业文化构建的视角出发，新创企业的成功性受创始人独特个性影响(Schein，1995)。如果创始人传递给企业新成员的信念和价值观被证实有效(例如，使企业成功渡过危机)，其将转化为企业的认知假设，并通过影响企业成员的价值观等因素，对企业绩效产生重要影响(沙因，2011)。因此，从理论的视角来看，新创企业的创始人可以通过其言行举止及价值观的展现等因素，构建一种有效的企业文化，进而使其企业在长期的发展中取得成功。

然而，此类研究主要集中在国外，国内学者则少有关注创始人对企业文化的影响。国家文化会对创业行为及创业者产生重要影响(Hofstede等，1990)。鉴于文化差异所能造成的影响，国外相关研究的发现在实践意义方面对中国新创企业的发展虽然具有可借鉴性，但仍具局限性。因此有必要在中国背景下，对创始人如何影响企业文化进行探索性研究。

有鉴于此，我们有必要建立一套理论来解释我国新创企业向中小型直至大型企业发展的过程中，少数企业存活下来并做大做强的关键因素所在。如上文所述，企业文化影响绩效，而创始人影响企业文化，若研究出创始人如何形成让企业成功的文化，就能提高创业成功率。一个好的研究思路是向成功企业创始人寻求经验，然而这类数据的可获得性具有非常大的难度。因此，本文采用扎根理论的方法，针对涵盖中国大陆、台湾、香港的 11 位大型企业创始人，通过阅读他们的传记，关注他们的领导风格对创业过程的影响，总结他们通过创建企业文化创造出创业奇迹的根本原因，从而解决新创企业如何能做大做强的理论难题，为广大创业者提供发展建议。

2. 研究设计的理论基础

虽然创始人带领企业从创业到发展，再到成为行业领先经历了漫长的过程，但企业文化往往在创业时期就逐渐成形（张梦蝶，2018）。因此，为寻找研究设计的理论基础，本文借鉴了创业文献。目前，学术界对创业的定义可被归纳为两大类。支持第一类定义的创业学者把研究的着重点放在创业者本身的特征及其行为上（Gartner，1989）；支持第二类定义的学者认为研究的重点应放在商机识别等创业行为所需涉及的过程上（Shane and Venkataraman，2000）。

2.1 创业者

创业者研究文献的一条重要支脉是创业者性格研究。学者发现，创业者的性格特征会影响他们的创业行为和创业成功率（Zhao & Seibert，2006）。这方面的研究一般关注两个方面：创业者如何待人和处事。针对创业者如何待人，传统文献从资源观角度分析了创业网络向绩效转化的过程（Premaratne，2001），并分析了创业网络规模、网络集中度和网络强度对创业认知、创业学习、机会识别和创业绩效的影响。近年的研究更多地侧重从认知和关系的理论视角研究关系网络的内容和质量对创业绩效的影响（潘安成、李鹏飞，2014）。针对创业者如何处事，Cooper 等（2006）认为成功的创业者通常比其他业界人士乐观。他们通常会以正面的态度来解释遇到的问题并想办法从中获取最大的好处。另外，成功的创业者通常也具有高度的自我效能感，相信自己有能力把握未来，能改变他们想改变的事，能达到他们想达到的目标（Rauch & Frese，2007）。因此，他们比常人更会自主地寻求挑战机会，更会积极地去寻找解决问题的方法。基于以上理论基础，本文在对传记编码的过程中重点关注了创业者待人和处事方式对企业文化的影响。

2.2 创业过程

基于商机的创业过程研究以商机的识别与开发利用为主线（Shane & Venkataraman，2000）。创业始于商机的识别，即发现为市场带来新价值的产品或服务（Timmons & Spinelli，1999）。Shane 和 Venkataraman 认为，影响商机识别的主要因素之一是创业者的个人特征。在商机的开发与利用阶段，创业者需要评估并调用必要的资源。Timmons 和

Spinelli 的创业过程模型包含商机、资源和团队三因素，其中，资源是创业过程的保障。Brush 等(2001)提出了一个有关资源平台构造的模型，创业者首先聚集资源，根据识别的商机确定资源的供应者，然后整合资源，推动概念的商机成为现实的产品或服务。Bhave (1994)认为，产品或服务是连接供应方和需求方边界的桥梁。若创业者不能找到合适的资源供应方，或不能通过市场营销等弥补需求差异，商机很可能就会被放弃或转让他人。基于以上理论基础，本文在对传记编码的过程中重点关注了创业过程中创业者识别与开发利用商机行为对企业文化的影响。

3. 研究方法

3.1 研究对象

鉴于本文的研究目的以及大型企业创始人与大学生创业者和中小型企业创始人特点的不同，本文将研究对象范围限定在大型企业创始人中。然而，由于访谈这些企业家的难度大，本文基于他们的个人传记开展研究(如有条件，尽量选择自传而非他传)。研究对象的选择力求符合以下三个指标：第一，文献资料比较充分的当代企业家，具有由权威出版社出版的个人传记，且传记中涵盖了对企业家创业历程具体详细的描述。第二，企业家所创立的企业于所在产业中获得了极大的成功，具有较高年营业额，且比许多存活时间短、昙花一现的企业具有更强的生命力。第三，对国内社会和国际社会产生了很大的影响，已发展成为世界 500 强、亚洲品牌 500 强或中国企业 500 强(见表 1)。

表 1   **11 位企业家及其企业基本情况**

企业家姓名	公司名称	成立时间	经营范围	营业收入	主要荣誉
任正非	华为投资技术有限公司	1987	IT、无线电、微电子、通信、路由、交换等	89311.4 百万美元	世界 500 强 (2018)
朱江洪	珠海格力电器股份有限公司	1985	工业、房地产、石化	150019.6 百万元	中国企业 500 强 (2018)
曹德旺	福耀玻璃工业集团股份有限公司	1987	玻璃生产企业	18715.6 百万元	中国企业 500 强 (2018)
宗庆后	杭州娃哈哈集团有限公司	1987	饮料生产企业	49475.4 百万元	中国企业 500 强 (2016)
徐文荣	横店集团控股有限公司	1975	电子、医药、影视、能源	15788.0 百万元	中国企业 500 强 (2007)
李书福	浙江吉利控股集团	1986	汽车整车及零部件制造	41171.9 百万美元	世界 500 强 (2018)

企业家姓名	公司名称	成立时间	经营范围	营业收入	主要荣誉
马化腾	腾讯控股有限公司	1998	互联网	1519 亿元	世界 500 强（2018）
李嘉诚	长江和记实业有限公司	1950	地产、酒店、股票投资	693 亿港元	世界 500 强（2018）
邵逸夫	电视广播有限公司	1967	电视电影、广告、平面媒体	42 亿港元	亚洲品牌 500 强（2018）
郭台铭	鸿海精密工业股份有限公司	1974	计算机、网络通信、消费电子等	40000 亿新台币	世界 500 强（2018）
王永庆	台塑石化股份有限公司	1954	全盘规划汽油、柴油销售道路	30132.8 百万美元	世界 500 强（2015）

注："营业收入"栏列出的是获得"主要荣誉"栏中荣誉时的年营业收入（数据来源于网络①②③④⑤⑥）。

为了防止个案偏差，使研究成果更具普遍性，本文选择了 11 个分布在多个行业、代表多个时代的企业家。其中 7 个来自中国大陆，2 个来自中国香港，2 个来自中国台湾，包括任正非（《任正非传》）、朱江洪（《朱江洪自传：我执掌格力的 24 年》）、曹德旺（《心若菩提》）、宗庆后（《宗庆后：万有引力原理》）、徐文荣（《徐文荣口述：风雨人生》）、李书福（《李书福：中国汽车人的梦想》）、马化腾（《QQ 帮主马化腾》）、李嘉诚（《李嘉诚全传》）、邵逸夫（《邵逸夫全传》）、郭台铭（《创造奇迹的郭台铭》）、王永庆（《王永庆全传》）。这 11 部传记描述了他们创业过程中相对完整的故事和言行，且在书中有很多第一手资料，适合于内容分析。

① 财富中文网. 2018 年财富世界 500 强排行榜［EB/OL］.（2018-07-19）［2019-04-12］. http：//www. fortunechina. com/fortune 500/c/2018-07/19/content_311046. htm.

② 财富中文网. 2018 年中国 500 强排行榜［EB/OL］.（2018-07-10）［2019-04-12］. http：//www. fortunechina. com/fortune500/c/2018-07/10/content 309961. htm.

③ 财富中文网. 2016 年中国 500 强排行榜（公司名单）［EB/OL］.（2016-07-13）［2019-04-12］. http：//www. fortunechina. com/fortune 500/c/2016-07/13/content 266415. htm.

④ 中企联合网. 2017 中国企业 500 强名单［EB/OL］.（2017-09-01）［2019-04-12］. http：//www. cec-ceda. org. cn/c500/chinese/content. phpid＝91.

⑤ 亚洲品牌网. 2018 亚洲品牌 500 强［EB/OL］.（2018-09-10）［2019-04-12］. http：//www. asiabrand. cn/bangdan/391810200. html.

⑥ 财富中文网. 2015 年财富世界 500 强排行榜［EB/OL］.（2015-07-22）［2019-04-12］. http：//www. fortunechina. com/fortune 500/c/2015-07/22/content-244435. htm.

3.2 分析方法

为了识别不同企业家成功因素的特色,本文借鉴了经典扎根理论的方法展开调研(Glaser & Strauss, 1967)。经典的扎根方法在探索性研究中较为常见。学者一般利用文献综述为研究设计及数据收集过程设定方向,然后在特定的情境中从少数知情人士处收集深入的定性数据。数据收集过程的最终目的是让研究者可以基于观察所得数据的分析,演绎出一套能够解释研究者在该情境中所观察现象本质的理论(Ng 等, 2016)。基于该方法,本文对上述 11 个案例分别进行了开放性编码(open coding)、选择性编码(selective coding)和理论性编码(theoretical coding),根据编码结果对各个企业家成功因素进行整合、比较(Ng 等, 2018)。

在开放性编码阶段,识别案例中包含的企业家成功因素且以此作为研究对象,并进行逐字逐句编码,形成初始概念。在这个过程中,早期的概念被修改并组合起来形成新的概念。在选择性编码阶段,对开放式编码结果进行整合,识别主类别,并形成各个类别的连接,统合成一个较大的理论架构(见表 2)。在经过开放性编码、选择性编码两个阶段的分析之后,理论已基本实现饱和,即新的资料对理论创建已经没有太大的贡献。于是停止对资料的收集,进入最后一个阶段的理论创建(Ng 等, 2016)。在这个阶段,主类别和主类别之间的关系形成了更清晰的脉络并逐渐显现。

表 2　　　　　　　　　　　　　　　　　　编码结果

关键词	一级编码	二级编码	三级编码
经常跑市场 了解到市场最真实的情况 身体力行 了解每个工位的需求和每个人的职责 老总一定要看过的	深入市场 深入群众 强势领导者	深入一线	精神创建
抓住党的改革开放政策 拥有商人独特的眼光 适时改变企业自身	走在潮流之前 紧随潮流而变	目光长远	
从基础开始摸索 人事替代 重要干部能力的加强 规范的管理 懂得管理的人才 不能等赔钱的时候才开始裁员 用铁的手腕进行管理 看错误的性质	制度试错 人力资源管理科学化 平衡激励约束	科学管理	制度创建
由自己的机械工厂制造并负责到安装为止 自主研发 结构调整要完全以商业为导向 领先市场半目	掌握创新的主导性 "赢人半子"式的创新	创新驱动	
使其有良好前途 在实践中磨炼 对人才怀有一种敬畏的心情	知人善任 包容人才	内部协调	生态创建
不断地接收用户的反馈信息 把用户价值最大化 把质量系统建立起来 把产品做到无可挑剔 产品和服务像水和电一样融入人们的生活当中 客户端用户的繁荣 供应商的发达	客户至上 客户信任——质量 客户信任——服务 兼顾共同利益	外部适应	

4. 研究发现

根据三阶段编码的结果，研究发现可以分为三个部分：精神创建、制度创建和生态创建，其共同构成企业家创建企业文化的"三创"理论。企业文化创建可以看作一个由内而外的过程，即从企业家自身精神出发，首先影响企业内部制度，然后扩展到企业外部价值链，最终形成整个企业生态系统文化(见图1)。

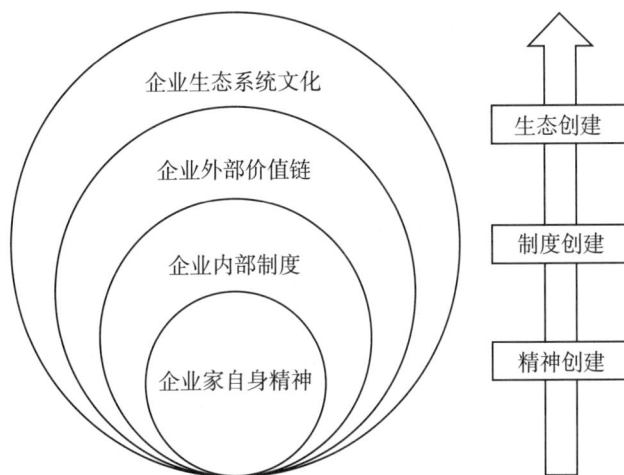

图1　企业文化创建过程

4.1　精神创建

精神创建指企业家以自身思想和行为影响员工，把自己塑造成榜样的企业文化创建过程。优秀的企业家精神能激发员工的积极性和责任心，带领企业向正确的方向迈进。在精神创建的讨论中，我们将从深入一线和目光长远两个方面展开说明。

4.1.1　深入一线，掌握一手资料

企业家深入一线分为两个方面。首先是深入市场。很多人之所以做不好企业，是因为他们不愿意跑市场，从而失去了对市场的洞察力。而成功的企业家则将一切都立足于市场，"从市场中来到市场中去"。具体地说，既从市场调研中了解客户需求，从而推出产品，又从市场调研中发现产品问题，从而改进产品。例如，宗庆后对于市场调研极度重视、从不懈怠，始终保持对市场敏感的洞察力："如果你不经常跑市场，就不会产生对市场的敏感度。活力和洞察力，都是用脚板子跑出来的。"①深入一线的另一个方面是深入群众，其核心是领导者以身作则。他们不会只想着要别人做事，而会在要求别人的同时也身体力行地去做，从而得到实用的经验。例如，曹德旺在对福耀的管理过程中始终能够做到

---

① 迟宇宙. 宗庆后：万有引力原理[M]. 北京：红旗出版社，2015：326.

以身作则，常常亲自监督生产工序，将管理建立在实务工作上："为了找到准确的数据，生产线上的每一道工序，我都蹲上十天左右，仔细观察并计算出它们的成品率，了解每个工位的需求和每个人的职责。为了保证产品质量与成本控制，我亲自起草了夹层玻璃各生产工序作业指导书①。"

由于中国特殊的文化背景，在本研究调查所涉及的许多企业中，这种深入一线的作风有时甚至会演变成强势的领导风格。这种管理模式与西方企业的共享领导等模式截然不同。领导者往往大权独揽，对企业的大小事宜一一过问。例如在娃哈哈，企业所有物资的采购都要由宗庆后签批，哪怕是新人领取的饭碗、办公室购买的笤帚。有一次，有人在宗庆后办公室跟他谈话，见不断有人进来要宗庆后批发票，就劝他放手给其他人做。宗庆后说："其实我也放手，但是这个字一定要我来签，因为我要对这个企业负责。第二个，让他们有一层顾忌，老总一定要看过的。其实就是一种威慑力。"②

4.1.2 目光长远，认清时代潮流

目光长远的企业家往往具有如下两个特征。第一个特征是走在潮流之前，善于抓住机会投资并把握投资方向。尤其是经济不景气与市场萧条的时候，当许多企业家感到一筹莫展时，他们却认为这是企业锻炼实力的最好时机。他们一般会在困难时期不断地强化企业内的经营管理体系，从而降低生产成本，提高企业的竞争力。如果还有余力的话，他们会在这时拟定完善的投资计划，掌握适当的时机，做出前瞻性的投资，化危机为契机。例如，王永庆拥有独特的眼光，很多平常人看起来不值一文钱的东西，在他看来却是商机与财富③。

第二个特征是紧随潮流而变。在当今瞬息万变的社会下，企业最大的危机，往往并不在于规模大小或营收数字，而是当外在环境转变后，领导人无法有效带领企业突破，适时做出改变。有些企业容易以过去的成就自满，故步自封，从而忽视了对大环境细微变化的关注。许多没有跟上智能手机发展趋势而从极盛走向衰落的手机企业就是典型的例子。因此，如郭台铭等企业家会随时关注企业的核心业务能力是否能与时并进④。

4.2 制度创建

制度创建指企业家为实现企业内部资源与外部环境协调，对组织结构、管理规范和运行机制等进行制度安排的企业文化创建过程。在制度创建的讨论中，我们将从科学管理和创新驱动两个方面展开说明。

4.2.1 科学管理，打造合适的制度

中国的中小型企业，往往"人治"胜于"法治"，"人情"大于"义理"，这或许有助于创业，却无助于企业永续发展。要使中小型企业实现做大做强的目标，科学管理至关重要。有些企业家虽然明白这个道理，想为企业建立一套科学的管理体系，却错误地认为书本上

① 曹德旺. 心若菩提[M]. 北京：人民出版社，2014：219.
② 迟宇宙. 宗庆后：万有引力原理[M]. 北京：红旗出版社，2015：145.
③ 双根. 王永庆全传[M]. 武汉：华中科技大学出版社，2010：45.
④ 王樵一. 创造奇迹的郭台铭[M]. 北京：印刷工业出版社，2012：150.

或者一些知名大企业的制度一定是最好的制度，于是生搬硬套这些制度。殊不知，由于不同企业的环境、条件、基础等各不相同，复制来的制度往往并不适合自己，甚至会给企业带来麻烦。只有自己建立的制度才能与企业的现实最相关，并发挥有效的作用。因此，探索合适企业自身的制度是科学管理的第一步。

　　本文研究的企业中，许多经历了"制度试错"阶段，即试行制度、发现问题、改进制度、再试行、再改进的过程。这一模式看似效率低下，在探索中浪费了许多人力、财力，但若是省去了这一试错过程，直接照搬其他企业现成的制度，表面上朝制度先进化迈进了一大步，实则埋下无穷后患。反之，若是不断探索、不断改进，根据自身实际追求制度的合理化，才更有助于企业的长远发展。从这个角度来说，"制度试错"是一种高效的制度建立模式。例如，在王永庆的传记中，当回忆起台塑建立之初的艰难时光时，他重点强调了"制度试错"的重要性："刚开始建立制度必须从基础开始摸索，初期效率一定比较差，速度比较慢；可是如果努力奋斗，吃苦耐劳，勇于战胜困难，锲而不舍地去追求合理化，不断求改善、求进步，最终一定能够融会贯通。"①

　　在制度探索的过程中，许多企业容易忽视看似不直接创造价值的人力资源管理。有些企业家认为，人力资源管理就是传统意义上的招工、辞退，再复杂一点就是"做点考评"。这种思想没有将人力资源管理职能视为一个体系运作，没有将人力资源管理部门作为一个权力机构，从而造成制度满天飞，却没有制度运作的依托，这就使企业中的"人治"成为必然。因此，解决人力资源管理这个"瓶颈环节"对于企业科学管理至关重要。要做到人力资源管理科学化需重点关注两个方面。一个方面是把合适的人放在合适的岗位上，适时进行人才的"更新换代"，提升核心岗位员工能力。另一个方面是充分考虑被管理者的需求，即员工的利益，并为员工构筑实现个人价值的平台。对于第一个方面，郭台铭认为其是决定中小企业能否发展为大型企业的关键："人事替代及重要干部能力的加强，是中小企业转型中的关键问题。"②对于第二个方面，朱江洪深有感触，在制度实践中时刻不忘通过激励措施等充分调动员工积极性："人的能力、积极性其实有很大的收缩性，必须靠管理和监督，但也不能人盯人、人管人，要靠标准、靠指标、靠制度、靠激励措施、奖惩办法等。"③

　　人力资源管理科学化的一大难点是如何平衡激励和约束。这实际上包括三个步骤。首先，应根据工作的贡献和成果的价值，建立差异化的激励机制，有效地激发员工的主观能动性和创造性。激励机制是指通过特定的方法与管理体系，将员工对组织及工作的承诺最大化的过程。常见的企业激励机制包括物质激励、目标激励、信任激励、情感激励等。其次，在大力促进员工了解制度并理解和认可的基础上，加强有效的制度实施，形成无形但有效的内部约束机制。常见的企业约束机制有末位淘汰制，这个制度是为了保障企业内部的活力，促进优胜劣汰，是一个可以保证优秀人才得到充分尊重、认可和评估的制度。最后是使激励与约束完美结合、维护平衡有度，为内部管理提供有力保障。这一点很多企业

　　① 双根．王永庆全传[M]．武汉：华中科技大学出版社，2010：153.
　　② 王樵一．创造奇迹的郭台铭[M]．北京：印刷工业出版社，2012：49.
　　③ 朱江洪．朱江洪自传：我执掌格力的24年[M]．北京：企业管理出版社，2017：226.

没有很好地实现。它们或是偏重激励机制，使员工缺乏危机感；或是偏重约束机制，使员工被过大的压力击垮。而本研究关注的几位企业家却在这个方面有着突出的表现，例如，郭台铭独树一帜地将发奖金与裁员同步进行："我开始大发奖金的时候，也是我开始大刀裁员的时候。我总不能等赔钱的时候才开始裁员吧？那时候已经来不及了。"① 又例如，朱江洪在执行约束机制时不只有严格，还有体贴温暖的关心与鼓励："不是什么错误都要从严处罚，要看错误的性质，我们只是对那些马马虎虎、不负责任、明知故犯者给予重罚，而对于一般性错误，要让他们吸取教训，总结经验，下次就会做得更好。"②

4.2.2 创新驱动，领先市场半目

在这个充满竞争的世界，保持持续创新能力是企业保持活力、实现可持续发展的重要保证。企业提高创新能力的关键是将创新融入企业文化中，不断提升员工队伍自身的素质，使其敢于创新、乐于创新。然而，不愿创新历来是中国企业的通病。在改革开放后很长一段时间内，中国企业往往抱着"以市场换技术"的愿望，与国外企业进行合作。但多年来，它们自己的市场被赋予了他人，技术却尚未到手。目前中国的很多产业实际上已被外资所控制，中国企业拿着别人过期的技术，为人家打工，结果反而丧失了自己不断创新的积极性和主动性。国外跨国企业进入中国，不少只是为了自己的利益，有些甚至可以不择手段。马化腾就深知国外企业技术代理的风险，坚持掌握创新的主导性："代理很容易受外部环境的影响，对于想要长期发展的公司来说，把全部赌注压在这上面是很危险的，所以我们还是倾向于埋头自主研发。"③

企业进行创新文化建设时要格外注意不能让研发脱离市场的现实，不应一味追求革命性的创新，而应密切关注市场需求，将此作为创新的导向。有些企业将过于超前的创新应用于实践，却往往因为消费者无法接受而被淘汰。因此，创新往往并不需要领先市场太多，保持超过市场半步即可。例如，宗庆后的"联销体"商业模式就是典型的"赢人半子"式的创新："'联销体'是自我体验与认知的结果。它的确是一场赌博的产物，更是一种预判的回馈。这种预判，称得上领先市场半步，或者领先市场半目，因为无论赛跑还是下围棋，领先半步或者领先半目，都是决定胜负的关键。"④

4.3 生态创建

企业生态系统是整合了企业内外部关系的一个相互作用、相互依赖、共同发展的整体，生态创建指以企业生态系统为视角的企业文化创建过程。在生态创建的讨论中，我们将从内部协调和外部适应两个方面展开说明。

4.3.1 内部协调，促进人才成长

成功的企业家都能做到知人善任。这里的"人"是指企业中有主见性、有创造性、独立性和责任感的人，能独立承担企业交给他的工作，全心地投入工作和事业中，而且责任

① 王樵一. 创造奇迹的郭台铭[M]. 北京：印刷工业出版社，2012：42.
② 朱江洪. 朱江洪自传：我执掌格力的24年[M]. 北京：企业管理出版社，2017：101.
③ 刘世英，李良忠. QQ帮主马化腾[M]. 北京：经济日报出版社，2007：121.
④ 迟宇宙. 宗庆后：万有引力原理[M]. 北京：红旗出版社，2015：199.

心很强，是企业骨干和精英分子。知人善任可分为三个方面。首先是重视人才。鸿海就是典型的重视人才的企业，创始人郭台铭将"人才"提升到了企业发展的重要战略地位："人才，将是鸿海未来的最大品牌。"①其次是为人才提供最广阔的发展空间。例如，李嘉诚善于为人才着想，努力让员工在企业拥有良好的发展前景，最大限度地发挥其才干，从而推动了企业的发展："知人善任是必需的，对公司有建树、有归属感、忠诚努力的员工，应赏罚分明，使其有良好前途，并成为公司的核心分子，不分种族、籍贯。"②最后是重视对新人的培训和锻造。新兵素质再好，不加锻炼也是不行的，员工培训是一项风险最低、收益最高的战略投资。重视对员工的培训，就等于从根本上避免了风险，获取了收益。在格力，朱江洪就非常重视人才培训，他认为，员工只有经过锻造才能适合企业的发展："企业必须对人才进行严格的、系统的培训，在实践中磨炼，才能成为适合企业的有用之才。"③

人才的成长与企业领导者密切相关。凡是有能力的人，通常都有自己的个性，他们一般不会轻易信服别人，有自己的见解，比较固执，有时候还会和领导吵嘴，也不会阿谀奉承，更不会为了讨好领导而讲违心的话，做违心的事。因此，许多企业家往往无法容忍而将他们开除或迟迟不给他们晋升的机会。然而，成功的企业家却能包容这种性格，并且关心他们、尊重他们、爱护他们，给他们更广阔的空间，让他们迅速成长。例如，朱江洪作为格力领导人，给予了手下人才充分的包容，从而促进了人才的成长："我一直对人才怀有一种敬畏的心情，只要有能力，其他性格都可以包容，让他在工作中慢慢改变。他们可以和我争论、吵嘴，也不怕对方给自己难堪，不给面子。"④

4.3.2 外部适应，整合关系链条

客户关系是企业外部适应的关键，成功的企业无一例外都能做到客户至上。这主要体现在企业的努力方向以客户的价值观为指导，所有行动都基于客户的满意度。客户的价值观可以通过统计、归纳、分析，以及与客户的沟通获得，成功的企业善于对其充分利用，通过满足客户价值来实现企业价值最大化。例如，任正非很重视客户满意度和产品反馈，并引导华为根据客户需求进一步改进产品："交换机的工作要持续 8 年，要不断地接收用户的反馈信息，不断地改进我们的交换机，使它长期居于最先进交换设备的行列。"⑤

能否取得客户信任，是企业的客户至上原则是否得到成功实践的标志。企业取得客户的信任有两个阶段。第一个阶段是改善质量。优质产品是吸引客户的第一步，质量是客户信赖企业最重要的基础。改善质量分为两个方面。首先，要重视加强产品的质量管理，强化各种管理制度，特别是建立健全质量保证体系，保证每个环节、每个步骤、每个产品的质量，从原材料到成品的全过程都处在可控的范围内。例如，郭台铭从鸿海新创时就重视质量管理，并逐渐完善质量系统，将其变成企业的一种制度和文化："公司很小的时候，

① 王樵一. 创造奇迹的郭台铭[M]. 北京：印刷工业出版社，2012：53.
② 陈美华，辛磊. 李嘉诚全传[M]. 北京：中国戏剧出版社，2005：312.
③ 朱江洪. 朱江洪自传：我执掌格力的 24 年[M]. 北京：企业管理出版社，2017：228-229.
④ 朱江洪. 朱江洪自传：我执掌格力的 24 年[M]. 北京：企业管理出版社，2017：229.
⑤ 孙力科. 任正非传[M]. 杭州：浙江人民出版社，2017：40.

质量没有符合客户要求，我们会重新做一批给客人，因为质量是公司的生命，做不好，后面就没了。等公司大到一定程度，这种事情就不太容易发生了，因我们已经把质量系统建立起来，变成了一项制度。"①其次，即使是十分细小的问题也要给予充分的重视。企业之间质量的差别很多时候就体现在一些细小的事情上，并且正因为这些能做好却又不去做的细小事情，决定了产品和企业的命运。成功的企业家在质量管理时绝不会小看这些"小事"。例如，面对客户指出的产品问题，朱江洪历来教导员工要怀有感恩的心态，从而使格力在产品质量上做到精益求精："不是客户有意挑我们的毛病，是市场和消费者迫使他们这样做的，客户能挑出我们发现不了的毛病，我们应该感谢他们才对，我们能做好，也可以做好，为什么不把产品做到无可挑剔呢?"②

企业取得客户信任的第二个阶段是改善服务。改善服务也分为两个方面。首先，要在市场中建立起针对客户服务的反应机制，以便能在第一时间与客户建立起紧密的联系。例如，在李书福的领导下，一旦产品出现质量问题，吉利的领导会马上率领团队赶赴现场，为客户解决问题③。其次，由于服务对象在不同年龄段有不同的需求，成功企业家会根据客户需求提供差异化的服务。例如，马化腾试图让腾讯针对不同场景、不同年龄层客户的不同需求提供贴近客户的专业化服务④。

除了客户关系，企业的外部适应还包括与其他企业的关系，主要是与供应商和客户端企业的关系。从产业链的理论上讲，上下游企业虽有买卖关系，但也是分工不同的合作关系，绝对不是各自孤立地存在的。有些原材料供应商只寻求自己的片面利益，而不顾及下游客户的利益是否受到损害，因而无法在长期取得最佳利益。因此，企业在与其他企业合作时应始终坚持为双方长远考虑的共存共荣原则。只有能够兼顾共同利益，才能最大限度地求得自己的利益。例如，曹德旺坚持上下游企业共存共荣的原则，通过兼顾产品客户端用户和产品供应商的利益，促成了自身利益的最大化："要想让福耀公司健康发展，不仅是需要我们自己产品客户端用户的繁荣，更需要我们产品供应商的发达。"⑤

5. 讨论

本文的目的是探索在大众创业但失败率极高的大环境下，成功的创业者是如何将企业一步步发展成大型企业的，并采用扎根理论的方法，对涵盖中国大陆、台湾、香港的 11 位大型企业创始人的传记进行了编码。研究发现，看似复杂的 11 位企业家的领导风格其实具有共同点，且他们都通过影响企业文化的创建来影响企业的发展。

需要指出的是，本文只呈现了这些企业家共性的部分，传记中还存在他们的很多不同点。例如，在接班人选择方面，大陆和港台地区的企业家存在显著差异。大陆企业家多有

① 王樵一. 创造奇迹的郭台铭[M]. 北京：印刷工业出版社，2012：133.
② 朱江洪. 朱江洪自传：我执掌格力的 24 年[M]. 北京：企业管理出版社，2017：91.
③ 李洪文. 李书福：中国汽车人的梦想[M]. 北京：台海出版社，2016：175.
④ 刘世英，李良忠. QQ 帮主马化腾[M]. 北京：经济日报出版社，2007：154.
⑤ 曹德旺. 心若菩提[M]. 北京：人民出版社，2017：235.

根据血缘亲疏关系确定接班人的想法，而香港的邵逸夫和台湾的王永庆均表示不一定会把事业交给自己的子女，更看重接班人的经验和能力。未来研究可以探讨这些不同点的具体影响。

5.1 理论贡献及意义

现有创业文献少有将大型企业创始人作为样本，研究其如何通过影响企业文化的创建来影响企业的发展，并且对企业文化的精神、制度和生态创建三个方面进行综合考虑，本文为主流文献做了补充。

目前的企业文化创建影响因素研究欠缺对企业创始人的考虑，这在国内文献中尤为明显。例如，谢武等（2002）探讨了企业性质、企业能动因素价值变迁、企业素质、外部环境状况如何影响企业文化创建，未考虑人的影响；崔明等（2009）的研究得到的影响因素为企业产权性质、经营目标、企业家的选择机制、思想政治色彩，虽包括企业文化中的个人文化因素，但也未深入探究企业创始人的影响。而本文通过这11本传记研究企业创始人如何通过影响企业文化的创建来影响企业的发展，发现了与其他文献不同的企业文化影响机制，即从企业家自身精神出发，首先影响企业内部制度，然后扩展到企业外部价值链，最终形成整个企业生态系统文化。

本文关注企业家领导风格对创业过程的影响，提出了包括精神创建、制度创建、生态创建三个方面的企业文化"三创"理论。该理论兼并了几种主流的企业领导理论的内容，并创新性地应用于创业和企业文化研究。例如，本文的"强势领导风格"与家长式领导理论中的"威权"相似，即领导者将自己看作"父为子纲"家庭权力结构中的父亲角色，通过一定程度上的大权独揽，熟悉整个业务运作流程，从而更敏锐地发现企业中存在的问题及盈利点（樊景立、郑伯埙，2000）。本文的"充分考虑员工利益"与变革型领导理论的"个性化关怀"相似，即领导者关注员工的个人发展，尤其关注员工的成就和成长需求，为员工构筑实现个人价值的平台（陈永霞等，2006）。本文的"目光长远"与第五级领导理论的"建立企业长期的持续健康发展"相似，即当公司业绩不佳时，领导者从不抱怨运气太差，而是拟定完善的投资计划，掌握适当的时机，做出前瞻性的投资，化危机为契机（李珍，2004）。本文的"深入市场""领先市场半目"与愿景型领导理论的"市场主义型"相似，即领导者大胆，充满想象，将一切都立足于市场，密切关注市场需求，将此作为创新的导向；同时，本文的"将管理建立在实务工作上""改善质量"与愿景型领导理论的"产品主义型"相似，即领导者稳重务实，关注组织，关注产品，建立健全质量保证体系，即使是十分细小的问题也给予充分的重视（贾良定等，2004）。

一般来说，学者所提出的理论受限于他们研究内容的范围。由于学者所采用的研究视角不同，一般来说，他们所提出的理论是一套可以针对某个事件的某个层面做深入剖析的解释。因此，无论是理论还是应用层面，他们都具有独特性和局限性。本研究综合考虑大型企业创始人的创业以及文化构建行为后所提出的"三创"理论缓和了这种研究视角局限所导致的理论局限问题。立足于实践，"三创"理论的内涵不仅兼容了多种现有领导理论的内容，更拓宽了原有领导理论的应用范围，具一定的创新性。

5.2 实践贡献及意义

目前许多创业研究给出的建议都比较空泛、难以操作，无法给创业者提供切实可行的指南。本文提出的"三创"理论使创业成功因素具体、简明，能够给创业者提供卓有成效的帮助。如图2所示，"三创"理论的三个方面是相互联系的，精神创建可以直接地或通过影响制度创建间接地影响生态创建，而生态创建又反作用于精神创建。

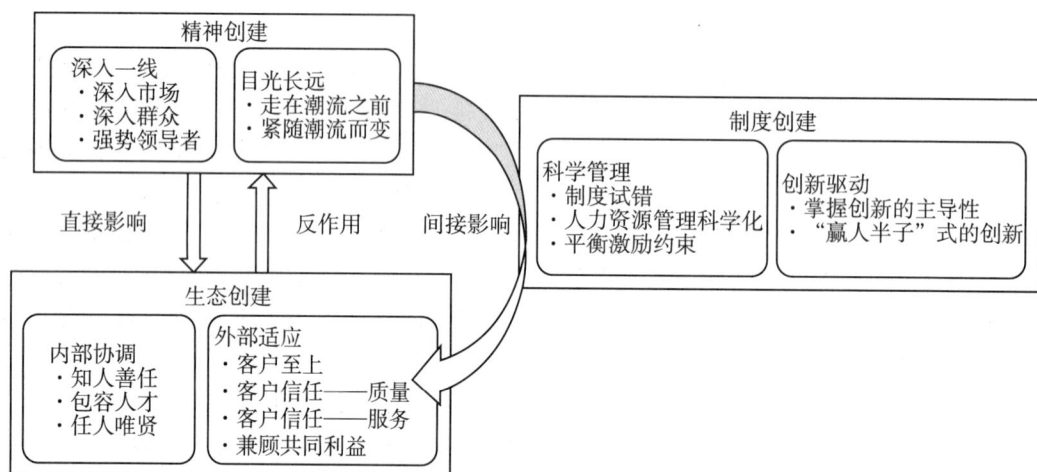

图2　基于企业文化创建视角的创业者成功因素理论模型

精神创建对生态创建的直接影响体现在，企业家通过"深入一线"，一方面深入市场，留心观察老百姓日常生活中还有哪些不方便、哪些期望，并关注产品还有哪些投诉、哪些急需解决的问题。以客户至上为宗旨，通过改善质量和服务赢得客户的信任。另一方面通过深入群众，身先士卒，站在第一线，既可争取决策时效，又可稳定军心，鼓舞员工的士气。企业家由此形成了强势领导者的行为模式，同时在"外部适应"和"内部协调"两个方面促进企业的发展。

精神创建对生态创建的间接影响体现在，企业家首先影响制度创建，以此来影响生态创建。通过"目光长远"，预测产业发展的下一步，走在潮流之前，抓住产业变化的关键时刻，紧随潮流而变，从而在企业文化中实现"创新驱动"，掌握创新的主导性，抢先练兵布局并结合自身特有的核心能力，找出开创新局面所需的技术和方法，通过"赢人半子"式的创新模式，让企业取得竞争优势。当企业将创新元素融入企业文化中，其内部员工队伍的素质就会得到提高。他们不安于现状，勇于打破企业原有管理体系，促进企业向"科学管理"的目标不断迈进。在这个过程中，企业家通过制度试错使人力资源管理趋于科学化，实现激励与约束的平衡。在规范人力资源管理系统时，企业家通过知人善任、包容人才和任人唯贤，又可以更好地实现与员工关系的"内部协调"。

生态创建对精神创建的反作用体现在，企业家通过"外部适应"，做到在自身盈利的同时兼顾与客户及供应商的共同利益，使自己"目光长远"。这样才能预测产业发展的下一步，走在潮流之前，抓住产业变化的关键时刻，紧随潮流而变。

6. 结论

在国家"双创"政策的驱动下，现有文献大多关注驱动人们投身创业的因素以及如何让创业者在短期内盈利，即如何从新创企业成功发展为中小型企业。然而，这种现象造成的后果是，越来越多的大学生及其他创业者满腔热血地加入创业大军，却在事业稍有起色时便遭遇挫折，或早早夭折，或成长停滞。因此，创业者不能为了创业而创业，而要以将企业做大做强作为目标，才能最终实现自己的创业梦，并对国家、对社会有所贡献。

有鉴于此，本文建立了企业文化"三创"理论，来解释新创企业向中小型直至大型企业发展的过程中，少数企业存活下来并做大做强的关键因素。该理论基于企业文化创建的视角，关注企业创始人如何通过影响企业文化来影响企业的发展：在精神创建方面，他们深入一线、目光长远；在制度创建方面，他们具有科学管理和创新驱动两大特征；在生态创建方面，他们建立了企业内部协调和外部适应的机制。希望本文的发现可以为广大创业者提供理论上的指导与启发，并启发和鼓励其他学者在未来的创业研究中，不再只关注如何让人们投身创业及短期盈利，而更多地关注企业做大做强的原因。

本文主要利用了 11 位知名企业家的人物传记，虽然能在一定程度上反映他们的成功经验，但由于部分传记并非本人所撰写，可能存在作者主观上对于企业家的美化或丑化；或者由于作者资料搜集的局限，所述与实际不符。未来学者可以通过采用当面访谈或网络讨论等方式收集企业家更为全面和深刻的经验。

◎ 参考文献

[1] 埃德加·沙因. 组织文化与领导力[M]. 北京：中国人民大学出版社，2011.

[2] 陈永霞，贾良定，李超平，等. 变革型领导、心理授权与员工的组织承诺：中国情景下的实证研究[J]. 管理世界，2006(1).

[3] 崔明，鲁珍珍，黄越慈. 国有企业与民营企业文化的差异及影响因素研究[J]. 华东经济管理，2009，23(2).

[4] 樊景立，郑伯埙. 华人组织的家长式领导：一项文化观点的分析[J]. 本土心理学研究，2000，13(1).

[5] 辜胜阻，曹冬梅. "双创"培育新动能实现经济转型的战略思考[J]. 软科学，2017，31(12).

[6] 胡望斌，张玉利，牛芳. 我国新企业创业导向、动态能力与企业成长关系实证研究[J]. 中国软科学，2009(4).

[7] Jhony Choon Yeong Ng，郑佳，贾良定，等. 利他主义与利他行为：三个年龄群体的扎根理论研究[J]. 中国青年研究，2018(7).

[8] 贾良定，唐翌，李宗卉，等. 愿景型领导：中国企业家的实证研究及其启示[J]. 管

理世界，2004（2）.

［9］李珍. 领导行为有效性的实践研究［D］. 北京：清华大学学位论文，2004.

［10］潘安成，李鹏飞. 交情行为与创业机会：基于农业创业的多案例研究［J］. 管理科学，2014，27（4）.

［11］苏思斯，丁婕，胡佳佳. 我国大型企业与中小型企业 ERP 实施关键成功因素对比浅析［J］. 中小企业管理与科技（上旬刊），2011（8）.

［12］泰伦斯·狄尔，爱伦·肯尼迪. 企业文化——现代企业的精神支柱［M］. 上海：上海科技文献出版社，1989.

［13］托马斯·J. 彼得斯，小罗伯特·H. 沃特曼. 成功之路——美国最佳经营企业的经验［M］. 北京：社会科学出版社，1982.

［14］威廉·大内. Z 理论——美国企业界怎样迎接日本的挑战［M］. 北京：中国社会科学出版社，1984.

［15］谢武，陈晓剑，巩国顺. 企业文化定位的影响因素分析［J］. 阜阳师范学院学报（社会科学版），2002（3）.

［16］詹姆斯·C. 柯林斯，杰里·I. 波拉斯. 基业长青［M］. 北京：中信出版社，2002.

［17］张梦蝶. 基于扎根理论的企业价值观管理过程研究［D］. 北京：首都经济贸易大学学位论文，2018.

［18］左晶晶，谢晋宇. 社会网络结构与创业绩效——基于 270 名科技型大学生创业者的问卷调查［J］. 研究与发展管理，2013，25（3）.

［19］Bhave, M. P. A process model of entrepreneurial venture creation［J］. *Journal of Business Venturing*, 1994, 9（3）.

［20］Brush, C. G. From initial idea to unique advantage: The entrepreneurial challenge of constructing a resource base and executive commentary［J］. *The Academy of Management Executive* （1993—2005）, 2001, 15（1）.

［21］Cooper, A. C., Woo, C. Y., Dunkelberg, W. C. Entrepreneurs' perceived chances for success［J］. *Journal of Business Venturing*, 2006, 3（2）.

［22］Gartner, W. B. "Who is an entrepreneur?" is the wrong question［J］. *Entrepreneurship Theory and Practice*, 1989, 12（2）.

［23］Glaser, B. G., Strauss, A. L. *The discovery of grounded theory: Strategies for qualitative research*［M］. Chicago: Aldine, 1967.

［24］Hofstede, G., Neuijen, B., Ohayv, D. D., et al. Measuring organizational cultures: A qualitative and quantitative study across twenty cases［J］. *Administrative Science Quarterly*, 1990, 35（2）.

［25］Łukasik, K. The importance of organizational culture for entrepreneurship in family businesses［J］. *Journal of Intercultural Management*, 2014, 6（4）.

［26］Ng, J. C. Y., Huang, M. M. D., Liu, Y. The "feminine" entrepreneurial personality trait: The competitive advantage of female college‐student entrepreneurs in Chinese wei-shang businesses?［J］. *Asian Business & Management*, 2016, 15（5）.

[27] Premaratne, S. P. Networks, resources, and small business growth: The experience in Sri Lanka[J]. *Journal of Small Business Management*, 2001, 39(4).

[28] Rauch, A., Frese, M. Let's put the person back into entrepreneurship research: A meta-analysis on the relationship between business owners' personality traits, business creation, and success[J]. *European Journal of Work & Organizational Psychology*, 2007, 16(4).

[29] Schein, E. H. The role of the founder in creating organizational culture[J].*Organizational Dynamics*, 1995, 12(1).

[30] Shane, S., Venkataraman, S. The promise of entrepreneurship as a field of research[J]. *Academy of Management Review*, 2000, 25(1).

[31] Timmons, J., Spinelli, S. The entrepreneurial process [J]. *New Venture Creation: Entrepreneurship for the 21 st Century*, 1999, 5.

[32] Zhao, H., Seibert, S. E. The big five personality dimensions and entrepreneurial status: A meta-analytic review[J].*Journal of Applied Psychology*, 2006, 91(2).

How to Become Successful Entrepreneurs
—Perspective of Corporate Culture Construction

Jhony Choon Yeong Ng[1]   Huang Yumeng[2]   Jia Liangding[3]   He Gang[4]

(1, 2   School of Economics and Management,

Nanjing University of Aeronautics and Astronautics, Nanjing, 211106;

3, 4   School of Business, Nanjing University, Nanjing, 210093)

Abstract: Entrepreneurial activities contribute to economic growth. Nevertheless, entrepreneurial activities also have high failure rate, and new ventures tend to have bleak prospect and exhibit high growth variances. Thus, there is a need for theory that can explain how new business ventures can survive and prosper. Adopting a grounded theory approach, we conducted the current research by reading the biographies of 11 founders of large enterprises from Chinese mainland, Chinese Taiwan, and Chinese Hong Kong. We found that founders influence the development of their corporation by influencing its corporate culture. There are three aspects to corporate culture construction. On the aspect of spiritual construction, founders stayed at the front-line and they were far-sighted. On the aspect of institutional construction, they focused on scientific management and innovation. On the aspect of ecological construction, they built mechanisms for internal negotiation and external adaptation. The three-dimension construction theory of corporate culture, which we develop in this study, not only enhances the literature on leadership, culture and entrepreneurship, but provides also recommendations for entrepreneurs about how to be successful.

Key words: Entrepreneurship; Entrepreneur; Biography; Grounded theory; Corporate culture

专业主编：陈立敏

家族控制权结构与研发投入
——基于区域市场化差异的调节效应*

● 叶云龙[1]　江诗松[2]　潘国悦[3]

（1　浙江大学宁波理工学院　宁波　315100；2　武汉大学经济与管理学院　武汉　430073；
3　宁波市中级人民法院　宁波　315000）

【摘　要】 基于公司治理视角，家族控制权结构可以完整地解析为股东会剩余控制权、董事会决策权以及经理层经营权三个层级，最终形成家族对企业的超额控制。以 2007—2013 年沪深两市家族上市公司为研究对象，本文实证检验区域市场化差异、家族超额控制与研发投入的作用机理。研究发现，股东会家族超额控制，亦即，终极控制权与现金流量权之两权分离度，抑制家族企业研发投入强度，董事会及经理层家族超额控制激励其研发投入强度，而较高的市场化程度缓解此两权分离度的抑制效应，增强董事会及经理层家族超额控制的激励效应。

【关键词】 家族企业　区域市场化差异　家族超额控制　研发投入

中图分类号：F270　　文献标识码：A

1. 引言

家族企业是中国经济增长的重要一极。家族对企业控制有着天生偏好，在企业成长与家族控制的两难抉择中，家族往往愿意牺牲企业发展而倾向于维持家族的控制。因此，把握家族控制权配置偏好的具体内涵对诠释家族企业行为具有十分重要的意义。作为企业的一项创新行为，研发投入是家族企业的核心战略之一，亦是其创造竞争优势、克服经济困境、渡过财务危机的重要手段（De Massis et al., 2013）。既有文献研究了管理者特征（Block et al., 2013）、家族治理结构（Chrisman & Patel, 2012）、公司治理机制（Gomez-Mejia et al., 2014）以及制度环境（Cao et al., 2015）等影响家族企业研发投入的前置因素。

＊ 基金项目：浙江省自然科学基金一般项目"社会情感财富视阈下家族控制与代际传承研究"（项目批准号：LY18G020001）；国家自然科学基金面上项目"中国企业跨国收购的整合悖论、整合过程与创新能力提升机理"（项目批准号：71572131）；国家自然科学基金面上项目"商业生态系统情境中的新创企业：进入决策、研发投入和创新绩效"（项目批准号：71672130）；深圳市哲学社会科学规划 2018 年度一般课题"深圳追赶硅谷建立世界创新中心研究（编号：SZ2018B010)"。

通讯作者：江诗松，E-mail：ssjiang@ whu. edu. cn。

相较而言，基于家族控制权结构视角的文献仍显不足，尤其是，既有家族企业控制权理论主要基于家族在股东会层次控制的单一视角，通常以家族所有权或者终极控制权与现金流量权之两权分离度衡量家族控制权结构（Chen et al.，2011；Van Essen et al.，2015；刘白璐和吕长江，2016），或者从股东会及董事会两个层级分解家族控制权结构（陈德球等，2013（9）；陈德球等，2013（10））。然而，就公司治理而言，家族控制权结构仅从股东会及董事会两个层级的解析还需进一步深化与完善。事实上，企业控制权属于企业股东及其代理人，其实现依赖于股东会、董事会和经营层三个层面控制（蒲自立和刘芍佳，2004）。就家族控制而言，家族控制权本质上体现于控股家族在股东会、董事会以及经理层三个不同层级的权力配置。因此，家族控制权需要股东会剩余控制权，也需要董事会决策权，还需要经理层经营权，从而在不同层次实现控股家族对企业经营决策权的掌控，最终形成家族超额控制。基于此，本文聚焦于研究家族控制权结构及其对家族企业研发投入的影响机理。同时，考虑到中国情景为研究控制权理论提供了理想的制度背景（Fan et al.，2013），以及市场化改革是研究企业行为必须重视的一项重要制度特征（姜付秀和黄继承，2011）等因素，我们进一步引入区域市场化差异的制度背景以识别上述影响机理的理论边界。

本文有以下几点贡献：第一，在既往家族控制权理论基础上，本文进一步基于股东会、董事会以及经理层三个层级解析家族控制权结构，即家族在股东会剩余控制权、董事会家族董事席位以及经理层家族管理者的超额控制，这不仅增加了家族控制权理论的研究积累，而且进一步拓展与深化了家族企业研发投入的研究视角。第二，基于家族控制权结构在股东会、董事会以及经理层的完整解构，拓展并深化家族企业研发投入的研究视角，同时，进一步引入区域市场化差异的角度，丰富制度环境与家族企业研发投入交互效应的相关文献。

2. 理论分析与研究假设

2.1 控制权结构与研发投入

就控股家族与其他非家族股东之间的关系而言，控股家族存在利用股东会家族超额控制，亦即，终极控制权与现金流量权之两权分离度，为其实施"隧道行为"提供便利而侵害其他中小股东利益的动机。就家族企业而言，控股家族与非家族股东的代理冲突随终极控制权与现金流量权之两权分离度扩大而呈恶化趋势（王明琳和周生春，2006）。同时，终极控制权与现金流量权的两权分离使得控股家族既不能获取企业的全部收益，也不必承担投入资产的全部风险，因而控股家族基于保护社会情感财富之虑，更有动机形成控制权私人收益导向配置。上述两方面均易造成企业资源错配而形成利益侵害效应，抑制家族企业研发投入。就此而言，这主要通过两种途径得以实现：第一，将企业内部可支配现金流进行私人收益导向配置。股东会家族超额控制较高，亦即，终极控制权与现金流量权之两权分离度较大，控股家族具有更强的动机和便利条件将可支配现金流配置于为保护社会情感财富的次优决策上，甚至是通过短期交易攫取控制权私人收益。第二，利用信息不对称的优势。相对于非家族股东的"消极参与"及"搭便车"的动机，控股家族直接参与企业经营决策，处于信息不对称的优势地位，且家族企业的信息披露动机更弱（Schmid et al.，2014）。因此，当终极控制权与现金流量权之两权分离度较大时，控股家族有较强的动机及便利条件，通过降低公司信息透明度为自利行为提供条件而更易实施企业资源私人收益导向配置，例如，进行关联交易和建立企业帝国（López De Silanes et al.，1999），发放特殊性股利（DeAngelo & DeAngelo，2000），冻结中小股东股权（Gilson & Gordon，2003），投资于满足其社会情感财富需求的"宠物"项目而不是盈利性更高的项目（Laux & Mittendorf，2011），进而抑制企业研发投入。根据以上理论分析，我们提出如下假设：

H1：股东会家族超额控制程度越高，亦即，终极控制权与现金流量权之两权分离度越大，家族企业研发投资强度越低，其表现为"抑制效应"。

就家族所有者与管理者之间的关系而言，家族控制权超额配置从下述两方面影响家族企业研发投资。一方面，公司治理理论认为，董事会是对股东会的一种"信托责任"，而控股家族成员往往担任公司董事，尤其是家族创始股东成员担任公司董事长时，显著增强董事会与股东会之间的信托责任关系。事实上，中国家族企业控股股东兼任董事长的情况较为普遍，这可能是因为中国家族企业主要由创一代掌权①，而家族成员，尤其是创始家族成员在企业中往往有着天然的权威优势。这无疑增强了股东会与董事会之间的信托责任链关系，也使家族企业更具长期目标视野（Zellweger et al.，2012），激励其研发投入的动机，并倾向于实施更为创新的战略决策。另一方面，董事会提供一项内部治理机制，有利于解决因家族控制而引起的冲突问题（Anderson & Reeb，2004），增强创新战略决策制定和执行的一致性。需要指出的是，董事会家族超额控制侧重于家族在董事会层面决策的控制，主要涉及家族对公司的投票权方面，通常与公司章程规定的董事会职责、权力等相关。由此，提出如下研究假设：

H2：董事会家族超额控制程度越高，家族企业研发投资强度越强，其表现为"激励效应"。

就家族企业而言，企业通常是家族的主要经济财富，家族财富、家族就业机会以及家族在社团中的声誉都与企业命运紧密相连（Le Breton-Miller et al.，2011）；同时，家族所有者与家族管理者职能重叠所形成的利益趋同效应，能有效减弱管理者机会主义行为。就此而言，无论是家族高层管理者，还是家族成员担任重要岗位均减少企业运营中的代理问题，从而激励企业更强的研发动机。进一步，研发投资项目往往是知识密集型投资，其对管理者具有较高的能力要求。然而，家族企业的人力资源水平通常不高（Fernández & Nieto，2006），可能遭受研发投资项目管理能力不足制约。因此，一方面，家族通过引入职业经理人方式弥补自身管理资源不足，并促进对包括家族成员在内的管理者学习效应，提升企业研发投资项目的管理能力。另一方面，作为应对国内公司控制权市场、经理人市场不完善等制度环境软约束的一项自适式的替代机制，家族企业通过保留其重要岗位家族成员，不仅可以降低或避免职业经理人可能离职而为研发项目进程带来过多的波动性，而且还能够减少因无法有效控制甚至失控于研发项目实施过程而造成家族控制权被稀释的担

---

① 例如，福布斯《中国现代家族企业调查报告》（2013）显示，家族企业中，一代掌权的企业超过90%。

忧（Gomez-Mejia et al.，2007）。此外，家族企业的利他主义机制，可以帮助企业研发投资战略在更大程度上获取家族成员支持，从而激励家族企业研发投入。研发投资项目的不确定性需要家族成员的信任、理解以及支持（Gomez-Mejia et al.，2014），而利他主义激励家族成员彼此"无私"地考虑对方利益，建立集合股权（collective ownership）意识，减少家族成员之间的信息不对称以及创造鼓励承担风险的组织文化（Karra et al.，2006），甚至促使家族成员为企业长期生存目标而愿意牺牲自己的短期利益（Carney，2005）。需要指出的是，经营层家族超额控制侧重于家族对企业具体经营层面的控制，涉及其对企业日常经营活动的控制，通常与经理人员的具体管理职责等相关。根据这些理论分析，提出如下假设：

H3：经理层家族超额控制程度越高，家族企业研发投资强度越强，其表现为"激励效应"。

2.2　区域市场化差异的调节效应

新制度经济学认为，制度是经济运行和经济发展中的内生变量，影响企业交易成本大小和交易方式选择。"新兴加转轨"的中国制度背景下，企业面临区域发展水平差异大、市场化进展程度很不平衡（樊纲等，2012）的宏观制度环境，而市场化改革是研究企业行为必须重视的一项重要制度特征（姜付秀和黄继承，2011），且中国为研究控制权理论提供了理想的制度背景（Fan et al.，2013）。需要指出的是，自1978年分权改革以来，中国已初步确立了社会主义市场经济体制，特别是基本确立了私有产权保护制度。就此而言，国内区域市场化差异主要体现在制度执行效率、执行尺度等诸方面的差异。

终极控制权与现金流量权之两权分离度较大，市场化程度较高的地区提供较好的制度供应，减弱了控股家族对家族企业研发投入的抑制效应。面对相对完善的公司控制权市场、职业经理人市场等制度背景，家族企业为降低企业控制的合法性风险（Arndt & Bigelow，2000）而趋向于"战略一致性"（Miller et al.，2013），亦即"企业行为，如创新投入、促销、资本强度、股利分配政策、财务结构以及承担风险的行为等，符合行业内大多数企业的标准"，以减少外部制度对家族控制权稀释及社会情感财富的不确定性影响。这在客观上要求家族企业维持或提高至一定程度的研发投入水平。相反，在市场化程度相对较差的地区，政府较多地干预经济活动，市场配置资源的机制较弱，企业寻租空间较大。因此，即使在终极控制权与现金流量权之两权分离度较高的情况下，控股家族仍然能够通过寻租、公司治理结构家族控制导向设置等方式，而不是通过提高创新、改善企业绩效等内生驱动方式，获取对企业的控制权并避免社会情感财富损失，实证研究表明，CEO可以通过对董事会的精心设计来强化其对企业的控制权（Hermalin & Weisbach，2001）。此时，控股家族也更容易攫取控制权私人收益，从而减弱研发投资的资源配置。由此，我们提出如下假设：

H1a：家族企业所在区域的市场化程度越高，终极控制权与现金流量权之两权分离度对其研发投入强度的抑制效应越弱。

就董事会和经理层家族超额控制而言，市场程度高的区域提供其交易成本更低的经营环境，减少企业内部交易费用，提供其实施研发投资的制度激励。第一，政府干预经济较少，更多体现"扶持之手"而不是"掠夺之手""援助之手"，政府机会主义行为相对较少，创建相对公平、充分的市场竞争环境，尤其是建立、执行相对完善的以产权保护为核心的制度体系，如产权制度、契约制度、信贷制度等，企业面临更低的交易费用；同时，此时也更有利于市场资源配置于利用效率及创新水平更高的行业及企业，企业得以按自身发展规律生存与发展。因此，为避免社会情感财富损失，家族企业更有动机建立、实施以长期目标为导向的创新战略决策和经营决策，从而增强董事会和经理层家族超额控制对家族企业研发投资的激励效应。第二，相对完善的公司控制权市场、经理人市场、债权人市场等外部治理机制，客观上提升了家族经理层人员的管理资源能力以及企业运营的规范性，降低了包括因家族利他主义机制负面影响所造成的代理问题，增强经理层家族超额控制对家族企业研发投资的激励效应。基于上述这些分析，我们提出如下假设：

H2a：家族企业所在区域的市场化程度越高，董事会家族超额控制对其研发投入强度的激励效应越强。

H3a：家族企业所在区域的市场化程度越高，经理层家族超额控制对其研发投入强度的激励效应越强。

综合以上对家族控制权结构与家族企业研发投入之间的关系及区域市场化差异的调节作用的探讨，构建本研究的基本模型，如图1所示。

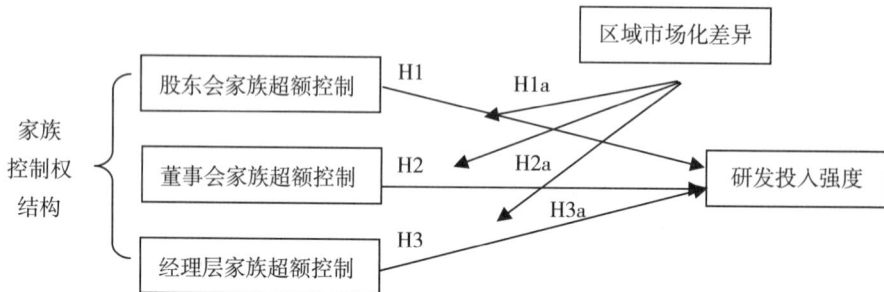

图1 概念模型图

3. 研究设计

3.1 样本与数据

本文参考以往家族企业文献，将符合下述条件的上市公司视为家族企业：①企业终极控制权可以追溯至自然人或家族；②最终控制人直接或间接持有上市公司股权，且为上市公司第一大股东；③至少一名家族成员担任公司董事或高管。据此，本文选取2007—2013年中国家族上市公司为研究样本，剔除2013年退市、PT、ST样本后，最终获得有效样本观察值2897个，其相关数据来源于CSMAR数据库、上交所信息披露网以及巨潮咨询网等公开披露的年度报告、招股说明书等相关信息。

3.2 模型与变量

我们定义如下模型来检验家族控制权结构对家族企业研发投入的影响机理：

$$R\&D\_I_i = \alpha + \beta_1 FCR_{i-1} + CV + Year + Ind + \varepsilon_i \tag{1}$$

其中：①家族企业研发投入是被解释变量，既有文献大多以研发投入强度作代理变量，通常以营业收入及总资产作标准化处理(徐伟，2016)。本文定义为：研发投资强度 =(研发投资÷年末总资产)×100%，以 $R\&D\_I_i$ 表示，同时，以研发投资与营业收入比值的计算方法作稳健性检验。

②家族超额控制是本文的解释变量，以 FCR 表征。主要借鉴陈德球等(2013)变量测量方法，由终极控制权与现金流量权之两权分离度、董事会家族超额控制和经理层家族超额控制三个变量分别测量。具体而言：家族拥有的终极所有权(终极现金流量权)超过其控制权的差额定义为股东会家族超额控制，亦即，终极现金流量权与控制权之两权分离度体现股东会家族超额控制，以 FCR_S 表示，定义为控制权(Control_Rights)与现金流量权(CashFlow_Rights)之差；我们参考 López de Silanes 等(López De Silanes et al., 1999)的方法计算终极控制权和终极现金流量权，即：Control_Rights $= \sum (x_1, \ x_2, \ x_3, \ \cdots)$，$x_i$ 表示各个链条上控股家族最低的持股比例；CashFlow_Rights 为各个直接和间接持股比例之和。其中间接持股可以通过各链条持股比例相乘得到。

董事会家族超额控制是指家族成员担任董事会成员以实现其或家族对公司战略层方面施加的超额影响或控制，以 FCR_B 表示，以董事会家族控制与控制权之差衡量。其中，前者以家族董事和在家族控制链的公司中担任职务的非家族成员人数之和占董事会人数比例计算得到。

借鉴陈德球等(2013)设定家族超额控制代理变量的思路，以及严若森和叶云龙(2016)的做法，将经理层家族超额控制定义为家族成员担任经理层的高管以实现其或家族对公司具体经营层方面施加的超额影响或控制，以 FCR_M 表示。当然，考虑到 CEO 或总经理与部门负责人的职权差异，我们引入了权重系数。具体而言，FCR_M=家族管理者×权重①÷高层管理者人数−控制权，若家族成员担任 CEO 或总经理，则取权重为 1.5，否则为 1。需要说明的是，家族董事及家族管理人员数据，系根据公司年报，结合 IPO 招股说明书、百度搜索引擎等，经手工整理而成②。

③除上述变量外，还对下述变量进行了控制，以 CV 表示，具体包括：滞后一期的研

---

① 此外，我们尚对不同权重赋值(1.3、1.7、2.0)进行了稳健性测试，其结论仍维持一致。

② 家族股东、家族董事以及家族管理人员信息依赖于手工收集。为尽量保证数据准确与完整，我们尽可能采取不同来源、多份数据比对方式。具体而言，以国泰安 CSMAR 中国民营企业数据库为基准，查找公司年度报告中相关内容，即家族股东、家族董事以及家族管理人员信息。根据我们的经验，对家族股东信息，以 CSMAR 中国民营企业数据库中控股股东信息为基础，通过与年度报告实际控制人信息比对，最终较易获取准确数据。然而，收集家族董事及家族管理人员的信息则工作量及难度更大。因此，进一步需要根据公司年度报告与 IPO 招股说明书信息(董事或管理人员之间的亲缘关系在 IPO 招股说明书中有详细披露，缺点是只有上市当年的截面数据)比对获取，同时尚需借助百度、新浪财经等搜索引擎进行辅助比对。

发投入强度，以 R&D_I_{i-1} 表示；资产负债比率以 Leverage 表示，定义为总负债与总资产之比；经营现金流量比率以 Netcash 表示，定义为经营现金净流量与总资产之比；固定资产比率以 Fixedassets 表示，定义为固定资产净值与总资产之比；经管费用比率以 Opermgt 表示，定义为管理费用和经营费用之和与总资产之比；企业年龄以 Fage 表示，定义为考察年度与上市公司成立年度之差加 1 后取自然对数；经营业绩，亦即净资产收益率，以 ROE 表示，定义为净利润与净资产之比。

此外，还控制年度及行业变量。其中，行业虚拟变量以 Ind 表示；其代码是根据中国证监会 2012 年《上市公司行业分类指引》所确定的行业代码确定，其中"C"字头代码，取 3 位，其他行业代码取 1 位。若该样本属于该行业，取值为 1，否则为 0；年度虚拟变量以 Year 表示，若样本属于该年度，取值为 1，否则为 0。

为进一步验证假设 H1a、H2a、H3a，设定模型(2)：

$$\text{R\&D\_I}_i = \alpha + \beta_1 FCR_{t-1} + \beta_2 Mktindex_{t-1} + \beta_3 FCR_{t-1} \times Mktindex_{t-1} + CV + Year + Ind + \varepsilon_i \tag{2}$$

其中，区域市场化差异是调节变量，以 Mktindex 表示；借鉴罗党论和唐清泉(2009)、邓路等(2014)的做法，以樊纲市场化指数作为区域市场化差异的代理变量，其数据来源于樊纲等(2012)各省区市场化总指数，同时，以市场化指数中位数为基准设定区域市场化差异虚拟变量(Mktindex)，亦即，若样本所在市场化指数高于中位数，Mktindex 取值为 1，否则取 0；此外，还借鉴其做法，以樊纲等(2012)的分指数法律制度环境(Law_efficiency)作为区域市场化差异的代理变量做进一步稳健性检验。其余变量含义与上文一致，不再赘述。

4. 实证结果与分析

4.1 描述性统计

表 1 显示主要研究变量的描述统计性结果。容易发现，研发投资的代理变量 R&D_I_i 的最大值及最小值分别为 9.367%、0.020%，标准误为 1.639，这表明不同家族企业样本的研发投资在统计特征上表现为差异性较大，其均值为 2.260，中位数为 1.929，前者大于后者则表明样本呈左偏分布。

不同层次家族超额控制代理变量中，股东会家族超额控制，亦即终极控制权与现金流量权的代理变量 FCR_S 的最大值及最小值分别为 0.226、0.000，标准误为 0.075，这表明样本在统计特征上差异性表现较大，其均值为 0.052，25%、50% 及 75% 分位数值分别为 0.000、0.000、0.096，这表明家族上市公司自然人直接控股现象并非不常见，而均值大于中位数亦说明样本呈左偏分布；董事会家族超额控制的代理变量 FCR_B 的最大值及最小值分别为 0.715、-0.467，标准误为 0.264，这表明样本在统计特征上表现为差异性较大，而其均值(-0.007)大于中位数(-0.042)说明，样本呈左偏分布；经理层家族超额控制的代理变量 FCR_M 的最大值及最小值分别为 0.313、-0.647，标准误为 0.217，这说明在统计特征上差异性表现较大，而其均值(-0.215)略大于中位数(-0.223)说明样本略呈左偏分布。其他变量描述不一而足。

表1　　　　　　　　　　　主要研究变量描述性统计特征

变量	N	均值	标准误	最小值	百分位数			最大值
					25%	50%	75%	
R&D_I_i	2 897	2.260	1.639	0.020	1.176	1.929	2.934	9.367
FCR_S	2 897	0.052	0.075	0.000	0.000	0.000	0.096	0.226
FCR_B	2 897	−0.007	0.264	−0.467	−0.193	−0.042	0.145	0.715
FCR_M	2 897	−0.215	0.217	−0.647	−0.369	−0.223	−0.079	0.313
Mktindex	2 897	0.528	0.499	0.000	0.000	1.000	1.000	1.000
R&D_I_{i-1}	2 897	2.145	1.540	0.046	1.097	1.838	2.835	7.319
Leverage	2 897	0.305	0.185	0.033	0.145	0.281	0.446	0.711
Netcash	2 897	0.037	0.072	−0.136	−0.004	0.037	0.079	0.211
Fixedassets	2 897	0.184	0.120	0.013	0.091	0.160	0.256	0.501
Fage	2 897	0.963	0.817	0.000	0.000	0.693	1.609	2.708
ROE	2 897	0.093	0.065	−0.058	0.055	0.082	0.120	0.296
Opermgt	2 897	0.090	0.056	0.020	0.052	0.075	0.113	0.276

　　注：解释变量和控制变量均滞后一期；被解释变量作1%Winsor截尾处理，其余连续型变量均作2%Winsor截尾处理。

4.2　相关性分析

　　主要研究变量Pearson相关系数矩阵报告于表2。可以发现，变量R&D_I与FCR_S之间的相关系数为−0.14，且显示1%的显著性水平，表明家族企业研发投资强度与终极控制权与现金流量权之两权分离度显著负相关；变量R&D_I与FCR_B、FCR_M之间的相关系数分别为0.04、0.06，且分别在5%、1%的水平上显著，这均初步表明，董事会及经理层家族超额控制程度越高，家族企业研发投资强度越大；变量FCR_S与FCR_B及FCR_M的相关系数分别为0.28、−0.27，且均显示1%的显著性水平，这表明终极控制权与现金流量权之两权分离度与董事会及经理层家族超额控制在实证上表现为显著的差异性；变量R&D_I与Mktindex显著正相关，这说明区域市场化水平越高，R&D投入水平越高。其他变量间的相关系数均表明变量间不存在严重的共线性问题。

表2　　　　　　　　　　主要研究变量Pearson相关系数矩阵

12　变量	1	2	3	4	5	6	7	8	9	10	11
1. R&D_I_i	1										
2. FCR_S	−0.14***	1									

12 变量	1	2	3	4	5	6	7	8	9	10	11
3. FCR_B	-0.04**	0.28***	1								
4. FCR_M	0.06***	-0.27***	0.26***	1							
5. Mktindex	0.06***	0.03	0.04**	0.07***	1						
6. R&D_I$_{i-1}$	0.82***	-0.12***	-0.06***	0.03	0.06***	1					
7. Leverage	-0.20***	0.21***	0.14***	-0.11***	0.02	-0.13***	1				
8. Netcash	0.08***	0.09***	0.04**	-0.02	0.05**	0.12***	-0.07***	1			
9. Fixedassets	-0.19***	0.16***	0.17***	-0.01	0.07***	-0.14***	0.36***	0.21***	1		
10. Fage	-0.09***	0.25***	0.22***	0.01	0.01	-0.09***	0.46***	0.14***	0.31***	1	
11. ROE	0.12***	0.06***	-0.04**	-0.10***	-0.03*	0.24***	0.08***	0.38***	-0.09***	-0.06***	1
12. Opermgt	0.37***	0.02	-0.02	-0.03	-0.02	0.43***	-0.05***	0.26***	-0.05**	0.09***	0.27***

注：***、**、*分别表示在1%、5%与10%的显著性水平上显著，双尾检验。

4.3 回归分析

表 3 报告了家族企业研发投入强度的回归结果。表 4 中模型（1）和（1）^{II}、模型（2）和（2）^{II}及模型（3）和（3）^{II}分别验证 H1、H2 及 H3。模型（1）和（1）^{II}的回归结果（$\beta_1 = -0.440$，$p_1 < 0.05$；$\beta_2 = -0.831$，$p_2 < 0.05$）显示，R&D_I 与 FCR_S 显著负相关，这表明股东会家族超额控制程度越高，亦即，终极控制权与现金流量权之两权分离度越大，家族企业研发投资水平越低，实证结果支持 H1。

从模型（2）和（2）^{II}的回归结果（$\beta_1 = 0.189$，$p_1 < 0.01$；$\beta_2 = 0.380$，$p_2 < 0.05$）可以看出，R&D_I 与 FCR_B 显著正相关，这说明董事会家族超额控制程度越高，家族企业研发投资水平越高，H2 得到实证支持。根据模型（3）和（3）^{II}的回归结果（$\beta_1 = 0.176$，$p_1 < 0.05$；$\beta_2 = 0.327$，$p_2 < 0.10$）容易发现，R&D_I 与 FCR_B 显著正相关，这意味着董事会家族超额控制程度越高，家族企业研发投资水平越高，实证结果支持 H3。

表 3 　　　　　　　　家族超额控制与企业 R&D 投入回归结果

	研发投入/年末总资产			研发投入/营业收入		
	模型（1）	模型（2）	模型（3）	模型（1）^{II}	模型（2）^{II}	模型（3）^{II}
FCR_S	-0.440**			-0.831**		
	(-2.168)			(-2.027)		
FCR_B		0.189***			0.380**	
		(2.746)			(2.349)	

	研发投入/年末总资产			研发投入/营业收入		
	模型(1)	模型(2)	模型(3)	模型(1)^{II}	模型(2)^{II}	模型(3)^{II}
FCR_M			0.176**			0.327*
			(2.083)			(1.754)
R&D_I$_{i-1}$	0.788***	0.789***	0.789***	0.767***	0.995***	0.994***
	(30.473)	(30.565)	(30.623)	(33.204)	(28.378)	(28.302)
Leverage	−0.557***	−0.573***	−0.543***	−1.081***	−0.588**	−0.533**
	(−4.564)	(−4.721)	(−4.416)	(−4.684)	(−2.558)	(−2.310)
Netcash	0.0852	0.0702	0.0767	0.525	0.675	0.688
	(0.276)	(0.228)	(0.249)	(0.956)	(1.055)	(1.071)
Fixedassets	−0.572***	−0.626***	−0.589***	−0.693**	−0.787**	−0.713**
	(−3.405)	(−3.684)	(−3.525)	(−2.270)	(−2.304)	(−2.117)
Fage	0.0736**	0.0540*	0.0617**	−0.107**	−0.103*	−0.0871*
	(2.543)	(1.878)	(2.159)	(−2.085)	(−1.900)	(−1.658)
ROE	−2.045***	−2.041***	−2.020***	1.563***	0.578	0.613
	(−5.456)	(−5.513)	(−5.409)	(2.811)	(0.905)	(0.948)
Opermgt	1.696***	1.722***	1.681***	0.245	−0.690	−0.763
	(3.405)	(3.482)	(3.390)	(0.328)	(−0.760)	(−0.835)
行业和年度	Control	Control	Control	Control	Control	Control
Constant	0.520*	0.515*	0.542*	1.051	0.439	0.487
	(1.675)	(1.679)	(1.739)	(1.582)	(0.551)	(0.604)
R-squared	0.711***	0.711***	0.711***	0.805***	0.792***	0.792***
N	2 897	2 897	2 897	2 897	2 897	2 897

注：***、**、*分别表示在1%、5%与10%的显著性水平上显著，双尾检验；括弧内数字为 t 值，t 值运用公司维群进行修正。

为进一步验证区域市场化差异的调节作用，表4报告了回归结果。容易发现，家族控制权结构与区域市场化差异的交互项均显著正相关，这意味着区域市场化差异对家族控制权结构与研发投资关系具有显著的调节效应，具体而言：①模型(4)中，终极控制权与现金流量权之两权分离度的代理变量 FCR_S 与区域市场化差异的代理变量 Mktindex 的交互项回归系数为1.321，且显示5%的显著性水平，这表明较高的市场化程度显著减弱此两权分离度对家族企业研发投资的抑制效应，换言之，家族企业所在地区的市场化程度越高，终极控制权与现金流量权之两权分离度对企业研发投资的抑制效应越弱；②模型(5)

中，董事会家族超额控制的代理变量 FCR_B 与 Mktindex 交互项的回归结果($\beta=0.369$，$p<0.05$)表明，区域市场化差异增强董事会家族超额控制对家族企业研发投资的激励效应，亦即，家族企业所在地区的市场化程度越高，董事会家族超额控制对其研发投资的激励效应越显著；③类似地，模型(6)中，经理层家族超额控制的代理变量 FCR_M 与 Mktindex 交互项的回归结果($\beta=0.414$，$p<0.05$)也表明区域市场化差异增强经理层家族超额控制对家族企业研发投资的激励效应，亦即，家族企业所在地区的市场化程度越高，经理层家族超额控制对其研发投资的激励效应越显著。因此，H1a、H2a 及 H3a 得到实证支持。

表4　　　　区域市场化差异、家族超额控制与研发投入回归结果

R&D_I	模型(4)	模型(5)	模型(6)
FCR_S	-1.186^{***}		
	(-3.055)		
FCR_B		-0.0516	
		(-0.504)	
FCR_M			-0.0118
			(-0.075)
Mktindex	0.0163	0.0880^{**}	0.189^{***}
	(0.312)	(2.290)	(2.758)
FCR_S×Mktindex	1.321^{**}		
	(2.378)		
FCR_B×Mktindex		0.369^{**}	
		(2.287)	
FCR_M×Mktindex			0.414^{**}
			(2.050)
R&D_I$_{i-1}$	0.784^{***}	0.719^{***}	0.720^{***}
	(30.414)	(29.533)	(29.583)
Leverage	-0.571^{***}	-0.606^{***}	-0.559^{***}
	(-4.684)	(-4.837)	(-4.430)
Netcash	0.0381	-0.0182	0.0265
	(0.123)	(-0.059)	(0.085)
Fixedassets	-0.570^{***}	-0.640^{***}	-0.639^{***}
	(-3.375)	(-3.573)	(-3.627)
Fage	0.0792^{***}	0.0559^{*}	0.0535^{*}
	(2.755)	(1.935)	(1.862)

R&D_I	模型（4）	模型（5）	模型（6）
ROE	-1.989^{***}	-1.826^{***}	-1.823^{***}
	(-5.308)	(-4.811)	(-4.735)
Opermgt	1.709^{***}	1.873^{***}	1.896^{***}
	(3.445)	(3.816)	(3.822)
行业和年度	Control	Control	Control
Constant	0.618^{**}	0.659^{**}	0.644^{**}
	(1.973)	(2.173)	(2.113)
R-squared	0.712^{***}	0.706^{***}	0.706^{***}
N	2897	2897	2897

注：***、**、* 分别表示在1%、5%与10%的显著性水平上显著，双尾检验；括弧内数字为 t 值，t 值运用公司维群进行修正。

4.4 稳健性检验

4.4.1 内生性检验

家族超额控制与研发投入之间可能存在内生性问题。可能是因果倒置，或者可能存在无法直接观察或无法控制的一些潜在变量而影响研究结论。完全解决内生性问题异常困难，然而我们仍然试图解决这个问题。我们采用工具变量方法以尽可能地解决这个问题。借鉴 Lin et al.（2012）以及陈德球等（2013）的 2SLS 工具变量方法，以行业平均的控制权结构特征变量作为家族超额控制的工具变量。我们认为，行业控制权结构的平均值与家族超额控制具有相关性，但不大可能直接影响家族企业研发投资水平。

在第一阶段，我们用内生性变量（FCR_S、FCR_B 及 FCR_M）对工具变量和基本方程中的控制变量进行回归，得到内生性变量的预测变量。在第二阶段，用 R&D_I 对家族超额控制代理变量的预测变量进行回归，回归结果报告于表5。从表中容易发现，R&D 投入强度与 FCR_S 显著负相关（$\beta_1 = -4.371$，$p_1 < 0.01$；$\beta_2 = -8.933$，$p_2 < 0.01$），与 FCR_B 显著正相关（$\beta_1 = 2.608$，$p_1 < 0.10$；$\beta_2 = 6.285$，$p_2 < 0.10$，与 FCR_M 显著正相关（$\beta_1 = 1.583$，$p_1 < 0.05$；$\beta_2 = 3.689$，$p_2 < 0.01$），上述结论与上文的实证结果完全一致，这也进一步证明了本文研究结论的稳健性。

表5 　　　　　　　　家族超额控制与研发投入内生性检验结果

	研发投入/年末总资产			研发投入/营业收入		
	模型（1）	模型（2）	模型（3）	模型（1）^{II}	模型（2）^{II}	模型（3）^{II}
FCR_S	-4.371^{***}			-8.933^{***}		
	(-3.287)			(-3.472)		

	研发投入/年末总资产			研发投入/营业收入		
	模型(1)	模型(2)	模型(3)	模型(1)^{II}	模型(2)^{II}	模型(3)^{II}
FCR_B		2.608*			6.285*	
		(1.738)			(1.961)	
FCR_M			1.583**			3.689***
			(2.174)			(3.051)
R&D_I$_{i-1}$	0.836***	0.867***	0.848***	0.962***	1.003***	0.976***
	(31.840)	(32.188)	(33.642)	(41.438)	(41.394)	(47.409)
Leverage	−0.498***	−0.675***	−0.387**	−0.489**	−0.671*	−0.118
	(−3.675)	(−4.037)	(−2.225)	(−1.972)	(−1.732)	(−0.378)
Netcash	0.371	0.122	0.267	1.074*	0.469	0.853
	(1.146)	(0.309)	(0.826)	(1.815)	(0.584)	(1.406)
Fixedassets	−0.824***	−1.518***	−1.020***	−1.175***	−2.610***	−1.522***
	(−4.589)	(−3.744)	(−5.698)	(−3.409)	(−3.184)	(−4.374)
Fage	0.153***	−0.0891	0.0435	0.113	−0.450**	−0.122
	(4.113)	(−0.853)	(1.286)	(1.575)	(−2.018)	(−1.973)
ROE	−2.097***	−2.024***	−1.883***	1.259*	1.872*	1.948**
	(−5.059)	(−4.019)	(−3.990)	(1.902)	(1.788)	(2.514)
Opermgt	1.347***	1.316**	1.371***	0.007	0.295	0.188
	(2.890)	(2.091)	(3.039)	(0.010)	(0.234)	(0.243)
行业和年度	Control	Control	Control	Control	Control	Control
Constant	0.825***	0.635**	0.834***	0.731	0.165	0.744
	(2.763)	(2.212)	(2.665)	(1.147)	(0.256)	(1.127)
R-squared	0.666***	0.546***	0.660***	0.782***	0.643***	0.768***
N	2897	2897	2897	2897	2897	2897

注：***、**、*分别表示在1%、5%与10%的显著性水平上显著，双尾检验；括弧内数字为 t 值，t 值运用公司维群进行修正。

4.4.2 稳健性测试

我们还进行了如下的稳健性测试：第一，鉴于研发投资与人力资本投入均为企业创新活动的投入要素及研发活动中人力资本投入的重要地位，本文以技术人员强度作为研发投资的代理变量作稳健性测试。技术人员强度定义为技术人员人数占期末员工总人数之比取自然对数，以 Trperson 表示，其数据系根据公司年报经手工整理而得。

对此，OLS回归分析结果显示①，技术人员投入强度（Trperson）与FCR_S显著负相关（$\beta = -0.636$，$p < 0.05$），与FCR_B显著正相关（$\beta = 0.161$，$p < 0.05$），与FCR_M显著正相关（$\beta = 0.314$，$p < 0.10$），该实证结论与上文完全一致。

第二，以樊纲等（2012）市场化分指数中的法律制度环境（Law_efficiency）作为区域市场化差异变量的代理变量作回归分析。回归结果显示，不同层次家族超额控制代理变量与Law_efficiency的交互项相关系数均为正，且显示10%或边际显著性水平。

第三，考虑到OLS回归中可能存在的异方差问题，进一步采用white及加权平均最小二乘法检验方法对研究模型作检验分析，模型(1)~(6)的回归系数均符合预期假设。

4.4.3　敏感性测试

本文还对家族企业不同定义之下的样本进行了敏感性测试。对此，我们根据西方学者对家族企业不同的操作化定义标准，分别以家族所有权5%、10%及20%作为定义家族企业的临界值，并借此分别对研发投资的回归模型作敏感性测试，亦即，我们对家族所有权5%、10%的不同样本分别做了OLS回归。回归结果显示，R&D_I与FCR_S、FCR_B及FCR_M的符号方向与待检验假设一致，且大多通过显著性水平测试，亦即本文的研究结论仍然得到样本敏感性测试支持。

5. 结论

基于公司治理视角，家族控制结构可以完整地解构为终极控制权与现金流量权之两权分离度、董事会及经理层家族超额控制。本文以2007—2013年沪深两市2897个家族上市公司样本为研究对象，实证检验家族超额控制对研发投资的影响，以及区域市场化差异对其理论边界的修正。研究发现，不同公司治理层次的家族超额控制对研发投入具有异质化效应，亦即，终极控制权与现金流量权之两权分离度抑制家族企业研发投入强度，而董事会及经理层家族超额控制激励其研发投入强度；较高的区域市场化程度缓解此两权分离度对家族企业研发投入的抑制效应，增强董事会及经理层家族超额控制对研发投入的激励效应。经过内生性检验、稳健性测试以及敏感性测试之后，研究结论仍然成立。

本文的研究结论有以下几点实践启示：①为政府监管机构建立分类管理制度提供直接的经验证据及启示。企业异质性特征意味着家族企业与非家族企业以及家族企业之间的差异性。国内市场化进程仍不平衡以及上市监管机构正不断承受来自上市公司群体日益庞大与资本市场规模急剧扩容的现实压力，都凸显监管机构实施对上市公司差异化监管的必要性。②为家族企业谋求长期发展进行治理机制的结构性创新提供管理启示。家族企业独特的优势与劣势，影响其长期发展潜力或趋势。如何扬长避短，最终铸就百年基业是家族所有者面临的一个重大实践问题。因此，基于公司治理的结构性创新，从内部制度层面谋求家族利益与企业利益的合理平衡是家族企业建立长期目标导向，实现代际传承的理性抉择。③为资本市场投资者的价值投资提供有益启示。目前，家族上市公司是国内中小板、创业板以及新三板的市场参与主体。伴随新股发行制度进一步改革与深化，面对日益扩容

---

① 篇幅所限，未予报告。读者如有兴趣，可向作者索取，下同。

的上市公司，尤其是家族上市公司，包括中小投资者在内的广大投资者如何有效甄别企业投资价值是一个重要的实践问题。本文试图从宏观制度及公司治理视角为广大投资者提供家族企业价值投资的一项评价依据，以利于其实施更为有效的投资决策。

◎ 参考文献

[1] 陈德球，魏刚，肖泽忠.法律制度效率、金融深化与家族控制权偏好[J].经济研究，2013(10).

[2] 陈德球，肖泽忠，董志勇.家族控制权结构与银行信贷合约：寻租还是效率？[J].管理世界，2013(9).

[3] 陈爽英，井润田，龙小宁，邵云飞.民营企业家社会关系资本对研发投入决策影响的实证研究[J].管理世界，2010(1).

[4] 邓路，谢志华，李思飞.民间金融、制度环境与地区经济增长[J].管理世界，2014(3).

[5] 樊纲，王小鲁，朱恒鹏.中国市场化指数——各地区市场化相对进程2011年度报告[M].北京：经济科学出版社，2012.

[6] 姜付秀，黄继承.市场化进程与资本结构动态调整[J].管理世界，2011(3).

[7] 刘白璐，吕长江.中国家族企业家族所有权配置效应研究[J].经济研究，2016(11).

[8] 罗党论，唐清泉.中国民营上市公司制度环境与绩效问题研究[J].经济研究，2009(2).

[9] 罗宏，方军雄，曾永良，等.企业汇总会计盈余能有效预测未来通货膨胀吗？[J].经济评论，2017(6).

[10] 蒲自立，刘芍佳.公司控制中的董事会领导结构和公司绩效[J].管理世界，2004(9).

[11] 王明琳，周生春.控制性家族类型、双重三层委托代理问题与企业价值[J].管理世界，2006(8).

[12] 徐伟.国有控股公司控股方行为及其治理绩效实证研究[M].北京：经济科学出版社，2016.

[13] Anderson, R. C., Reeb, D. M. Board composition: Balancing family influence in S&P 500 firms[J]. *Administrative Science Quarterly*, 2004, 49(2).

[14] Arndt, M., Bigelow, B. Presenting structural innovation in an institutional environment: Hospitals' use of impression management[J]. *Administrative Science Quarterly*, 2000, 45(3).

[15] Block, J., Miller, D., Jaskiewicz, P., et al. Economic and technological importance of innovations in large family and founder firms: An analysis of patent data[J]. *Family Business Review*, 2013, 26(2).

[16] Cao, J., Cumming, D., Wang, X. One-child policy and family firms in China[J]. *Journal of Corporate Finance*, 2015, 33(1).

[17] Carney, M. Corporate governance and competitive advantage in family-controlled firms[J]. *Entrepreneurship Theory and Practice*, 2005, 29(3).

[18] Chen, C. J. P., Li, Z., Su, X. Rent-seeking incentives, corporate political connections, and the control structure of private firms: Chinese evidence[J]. *Journal of Corporate Finance*, 2011, 17(2).

[19] Chrisman, J. J., Patel, P. C. Variations in R&D investments of family and nonfamily firms: Behavioral agency and myopic loss aversion perspectives[J]. *Academy of Management Journal*, 2012, 55(4).

[20] De Massis, A., Frattini, F., Lichtenthaler, U. Research on technological innovation in family firms: Present debates and future directions[J]. *Family Business Review*, 2013, 26(1).

[21] DeAngelo, H., DeAngelo, L. Controlling stockholders and the disciplinary role of corporate payout policy: A study of the times mirror company[J]. *Journal of Financial Economics*, 2000, 56(2).

[22] Fan, J. P., Wong, T. J., Zhang, T. Institutions and organizational structure: The case of state-owned corporate pyramids[J]. *Journal of Law, Economics, and Organization*, 2013, 29(6).

[23] Fernández, Z., Nieto, M. J. Impact of ownership on the international involvement of SMEs[J]. *Journal of International Business Studies*, 2006, 37(3).

[24] Gilson, R. J., Gordon, J. N. Controlling controlling shareholders[J]. *University of Pennsylvania Law Review*, 2003, 152(2).

[25] Gomez-Mejia, L. R., Campbell, J. T., Martin, G., et al. Socioemotional wealth as a mixed gamble: Revisiting family firm R&D investments with the behavioral agency model[J]. *Entrepreneurship Theory and Practice*, 2014, 38(6).

[26] Hermalin, B. E., Weisbach, M. S. Boards of directors as an endogenously determined institution: A survey of the economic literature[R]. NBER Working Papers, 2001, 8161.

[27] Karra, N., Tracey, P., Phillips, N. Altruism and agency in the family firm: Exploring the role of family, kinship, and ethnicity[J]. *Entrepreneurship Theory and Practice*, 2006, 30(6).

[28] Laux, V., Mittendorf, B. Board independence, Executive pay, and the adoption of pet projects[J]. *Contemporary Accounting Research*, 2011, 28(5).

[29] Le Breton-Miller, I., Miller, D., Lester, R. H. Stewardship or agency? A social embeddedness reconciliation of conduct and performance in public family businesses[J]. *Organization Science*, 2011, 22(3).

[30] Lin, C., Ma, Y., Malatesta, P., Xuan, Y. Corporate ownership structure and bank loan syndicate structure[J]. *Journal of Financial Economics*, 2012, 104(1).

[31] López De Silanes, F., La Porta, R., Shleifer, A. Corporate ownership around the world[J]. *Journal of Finance*, 1999, 54(2).

[32] Miller, D., Le Breton-Miller, I., Lester, R. H. Family firm governance, strategic conformity, and performance: Institutional vs. strategic perspectives[J]. *Organization*

Science, 2013, 24(1).

[33] Schmid, T., Achleitner, A., Ampenberger, M., Kaserer, C. Family firms and R&D behavior — new evidence from a large-scale survey[J]. *Research Policy*, 2014, 43(1).

[34] Van Essen, M., Carney, M., Gedajlovic, et al. How does family control influence firm strategy and performance? A meta-analysis of us publicly listed firms [J]. *Corporate Governance: An International Review*, 2015, 23(1).

[35] Zellweger, T. M., Nason, R. S., Nordqvist, M. From longevity of firms to transgenerational entrepreneurship of families introducing family entrepreneurial orientation [J]. *Family Business Review*, 2012, 25(2).

Marketization of Regional Differences, Family Excess Control and R&D Investment: Empirical Evidence from the Chinese Family Listed Corporations

Ye Yunlong[1]   Jiang Shisong[2]   Pan Guoyue[3]

(1   Ningbo Institute of Technology, Zhejiang University, Ningbo, 315100;

2   Economics and Management of Wuhai University, Wuhai 430073;

3   Ningbo Intermediate People's Court, Ningbo, 315000)

Abstract: Family excess control can be divided completely into the residual control in stockholders meeting, the management decisions in board of directors, and the management rights in managers from the perspective of cooperate governance structure, which eventually develops the family's excess control to the family business. Used the data of family listed business during the period of 2004-2013, the study finds that the separation of ultimate control rights and cash flow rights, which bears the meaning of the family excess control of shareholders, inhibits R&D investment in family business, while the family excess control of board of directors and managers both have an incentive effect on business R&D investment; the degree of marketization in area where family business located is higher, the inhibition effect of separation between control rights and cash flow rights on R&D investment is lower, whereas the incentive effect of family excess control of board of directors and managers both on R&D investment is higher.

Key words: Family business; Marketization of regional differences; Family excess control; R&D investment

专业主编：陈立敏

基于自我调节理论
需求-供给匹配对新员工早期
组织适应的影响研究*

● 于维娜[1]　张　旭[2]　王占浩[3]

（1, 3　山东师范大学商学院　济南　250358；2　西安交通大学管理学院　西安　710049）

【摘　要】基于员工与组织交互的研究视角，考察需求-供给匹配对早期组织适应的影响机制，论证主动行为在这一作用机制中的中介效应。运用二次响应面分析和分层回归分析等方法，通过对新员工组织社会化过程中的职前期和适应期两个不同阶段所收集的 331 份有效样本的分析，验证了基于研究模型下的假设：对于归属需求，只有当组织供给弱于个人需求时，新员工做出主动行为的可能性更强；对于自主/成就需求，当组织供给与个人需求不相匹配时，新员工做出主动行为的可能性更强；新员工的主动行为正向预测早期组织适应；新员工的主动行为中介归属/自主/成就需求-供给匹配与早期组织适应之间的关系。以上研究结论为提升新员工组织适应的管理实践提供了理论依据。

【关键词】需求-供给匹配　早期组织适应　主动行为　自我调节理论

中图分类号：F270　　文献标识码：A

1. 引言

新员工的组织适应水平呈先快后慢的非线性发展模式，尤其是进入企业的前六个月是促进其成功组织适应的关键期（Ellis et al., 2017）。然而实际的企业管理中，新员工进入组织半年内往往对组织制度、行为规范、组织文化等不适应，具体表现为积极性

＊ 基金项目：本文获得国家自然科学青年基金项目"师徒关系中工作重塑的形成机理与涓滴效应研究"（项目批准号：71802118）；山东省自然科学基金项目"理财产品'刚性兑付'成因、影响效应及监管策略研究"（项目批准号：ZR2018QG005）；国家自然科学青年基金项目"工作、个体、家庭资源影响工作投入的内在机理与动态过程"（项目批准号：71702144）；教育部人文青年基金项目"基于社会交换理论新生代员工需求满意度对建言行为作用机制的多阶段动态研究"（项目批准号：16YJC630084）；山东省博士后创新人才支持计划项目（2018）的资助。

通讯作者：于维娜，E-mail：olive. 2046@ 163. com。

不高、偷懒懈怠、违反组织规范，甚至离职。针对这一类问题，企业会采取入职培训的方式促进新员工的适应，通过一系列的企业活动让新员工更快地融入企业当中，联想的"入模子"就是典型例子。但是结合目前我国企业生存的大环境以及员工个体的个性特征，仅仅通过入职培训无法从根本上解决新员工组织社会化所面临的问题。随着无边界职业生涯到来，员工接受了全新的就业观以及职业观，新员工组织适应的效果不仅与企业针对新员工的培训和指导相关，并且更多地与个人价值取向和诉求密切相关，这无疑对组织提出了更高的要求。如何在换单位的过程中更快、更好地适应组织生活，成为管理者所关心的重要问题。

新员工组织社会化不仅因组织环境而异，而且因员工个体而异，组织环境和员工个体对组织社会化的交互影响是值得重视的研究问题。然而目前采用个体和组织的交互视角对组织社会化所进行的研究尚不充分，且已有的为数不多的交互视角的研究文献中出现了不一致的研究结论（Bell et al.，2004）。Yu（2016）指出，组织社会化研究应该同时重视两个主体（组织与新员工）的相互作用，即从交互视角（interactionist perspective）研究社会化过程。交互视角是个体视角和组织视角的发展和延续，不仅组织会主动地帮助新员工适应，新员工也会积极主动地适应组织生活。当组织为新员工提供更多社会化支持的时候，新员工可以更快更好地完成组织社会化（Kammeyer-Mueller et al.，2013）。因此，为了深刻认识组织适应的过程机理，同时考虑组织和个体两个主体的交互影响是十分必要的。

在影响组织社会化的因素中，需求-供给匹配是一个非常重要但目前又较少探讨的重要条件之一。新员工在进入组织阶段会对组织概况形成认识并判断自己是否与组织匹配，继而对新员工适应期和蜕变期的态度和行为结果具有直接影响（Kammeyer-Mueller & Wanberg，2003）。大多数文献研究仅将需求-供给匹配视为组织社会化的结果变量（Wang et al.，2011）。然而作为前置变量，需求-供给匹配是如何作用于组织社会化过程的，目前国内外相关研究对此尚未形成一致结论。Harris 等（2014）提出，组织适应在一定程度上可以看作个体入职期望的产生、修正和调整过程。个体进入企业前对新环境及其具体角色要求有自己的入职期望，该期望尤其受到其个人需求的深刻影响。这一观点进一步地证明，需求-供给匹配在促进员工适应组织并改善其行为绩效方面发挥着独特的作用。因此，引入需求-供给匹配的研究视角来探讨新员工早期组织适应的发生机制，是有现实意义和理论必要性的。

目前有关需求-供给匹配与员工态度、行为等结果变量的关系往往基于"完全匹配状态下员工表现最优"的基本假设。其实证研究往往体现在：需求-供给匹配没有方向的差异，无论需求大于供给还是需求小于供给，只要它们之间的绝对值相同，员工的表现都是相同的。然而这一简单的"完全匹配状况下员工表现最优"的传统假设严重限制了学术界对于需求-供给匹配影响有效性的全面认识（曲庆和高昂，2013）。本研究认为需求-供给匹配是一种连续的状态，当员工感受到的组织供给趋近个人需求时，需求-供给匹配的有效性逐渐显现。基于已有研究，本研究有必要在分析方法上寻找突破，打破"完全匹配状态下员工表现最优"这一传统假设的束缚，以此增强对需求-供给匹配影响新员工入职初期组织适应内在机制的全面认识。

尽管自我调节理论在匹配概念的发展过程中占据重要的地位，然而该理论在匹配研究中基本被视为理论支撑，鲜有文献从实证研究的角度去考察其在需求-供给匹配对早期组织适应影响过程中的作用机理（Yu，2009）。当组织与个人不相匹配时会导致个体产生压力，Yu（2016）基于自我调节理论为压力应对研究提供了一种解释机制。同样，Yu 和 Davis（2016）强调自我调节作为一种资源，是应对个人需求与组织供给不相匹配时所导致的负面影响的有效手段。因此，本研究拟基于自我调节理论，探讨需求-供给匹配对早期组织适应的影响机制和动态过程。

2. 假设提出

2.1 需求-供给匹配和新员工主动行为

根据 Edwards（1996）的研究，供给大于需求的作用方式可分为保存（当供给大于某一类需求时，多余的供给用于未来这一类需求的满足）、转移（当供给大于某一类需求时，多余的供给用于其他类型需求的满足）、损耗（当供给大于某一类需求时，多余的供给反而消极作用于这一类需求的满足）、干扰（当供给大于某一类需求时，多余的供给反而消极作用于其他类型需求的满足）四类。

根据自我调节理论，个体是需求-供给匹配的自我管理者，他们会积极行动从而实现与组织良好的匹配。该观点与 Park 等（2010）的结论相一致，个体通常会为了实现与组织更好的匹配而做出主动行为，也就是说实现人-组织匹配是个体做出主动行为的目的之一。该观点意味着需求与供给不等时，个体从事主动行为的动机最为强烈。组织提供过度的供给从而超过了个人需求量，或者供给不足从而未能满足个人的需求，这两种情况将在下文分别进行详细的讨论。

2.1.1 归属需求-供给匹配和主动行为

工作场所不可避免地要求人们进行工作上必要的接触以及工作之外的交流，为具有不同特点的个体提供相互认识的平台，是人际交往中重要的空间（Trefalt，2013）。Hu 和 Tan（2013）的研究发现，人际关系在西方组织中是一个重要的保健因素，然而在东方组织中，人际关系变成重要的激励因素，影响每个员工的情绪状态及其对组织的态度。人际关系在现代激励理论中被作为组织中存在的三大激励因素之一对员工成长和进步具有重要意义（Abe & Mason，2017）。Özsoy 和 Özlem（2016）认为，工作友谊能够为员工提供情感支持和优势，这一结论得到其他研究的支持（Lapointe et al.，2014）。因此，组织中个人间的情感联系不仅真实存在，而且对员工情感和工作方面均产生影响。

当组织提供的供给小于个人归属需求时，尊重情感交流和支持的需求不能在组织中获得满足，这将会降低员工对组织的情感依赖和归属感，使员工产生负面和不满的情绪。作为一种信号，这一情绪告知个体——目前的工作环境可能并不太让人满意。此时新员工为了应对这一状况，倾向于采取主动行为积极调整需求-供给不匹配的状态（Patrick et al.，

2007)。因此,本研究认为,当归属需求未得到满足时,个体倾向于通过增加日常社交,积极构建人际网络,主动增加与同事的日常互动和情感交流;主动地进行信息的搜集和反馈的寻求,来弥补归属需求未得到满足所造成的信息缺失;通过积极构想新情境,进行自我调适和自我管理,或者主动向其他人提供信息,回应组织内的人提供的信息和反馈,以提升信心和自我效能,提升自己在组织中的地位,以便较快融入组织中。

当组织提供的供给大于个人归属需求时,此时保存和转移效应发生作用,即积极情感会转移,作用于员工在组织中其他需求的实现。如,根据 Mao 等(2012)的观点,具有友情关系的员工在一起工作的效率会更高,促进工作业绩和工作成就的实现,从而满足个人成就需求的实现,而此时损耗和干扰起作用的可能性较低。那么新员工可能倾向于保持这一现状,采取主动行为改变该现状的可能性较弱。

基于以上分析,本文推断只有当组织供给小于归属需求时,员工主动做出信息搜集和反馈寻求,增加日常社交和进行人际网络构建,以及积极构想和提供建议等主动行为的可能性才最大。基于此,本研究提出假设 1:

假设 1:对于归属需求,当组织供给弱于个人需求时,新员工做出主动行为的可能性更强。

2.1.2 自主需求-供给匹配和主动行为

行为受个体的调节控制,而不是被动地受内、外部刺激的摆布,这是与生俱来的动机(Dysvik & Kuvaas,2011)。而自主需求是人类的一个基本动机,它渴望从工作中主动寻找自我的价值和意义。自主需求渴望能够拥有一定的权力从而保持独立自主,关注工作中的自我表征,追求工作内容安排和完成方式的话语权和选择权。因此,在管理实践中,组织为员工自主需求的满足提供支持的具体表现为赋予员工更多权力,使其参与到决策的制定,以及给予其充分的知情权和话语权。

从组织供给的水平差异角度分析,当组织供给弱于员工自主需求时,员工会感到组织的管理过于死板,凡事须请示上级,经上级批准员工的想法才能付诸实践,员工在工作中无法获得自我控制的体验,这种现状满足不了自己对工作自主水平的预期,导致员工的消极和负面情绪(Simmering et al.,2013)。自主性的缺失也会阻碍新员工通过探索和创新进行自我学习的过程,从而促使他们从上级和同事方面搜集和寻求相关的信息和反馈,以弥补自我学习不足的缺失(Anseel et al.,2015)。与此同时,新员工可能倾向于与上级构建良好的关系,以争取在工作任务上更多的自由裁量权(Hornung et al.,2008)。并且,此时新员工倾向于自我引导,或主动向他人提供信息,展现出积极、主动的形象,以提升自我效能感,从而适应当前的工作状况。

一旦组织供给强于员工需求时,损耗过程就会起作用,员工会认为组织管得过松,太过随意和放任,而自己不得不做主完成工作,此时所做出的决策往往需要承担更多的风险和不确定性,反而会降低员工的自主感,从而损耗员工自主需求的实现,导致员工消极和负面的情绪。此时,新员工会倾向于增加与上级或同事的沟通,建立人际网络关系;通过主动地搜索信息,寻求上级或有经验的同事关于工作任务的反馈,以应对指导和监管缺失导致的风险和不确定性;积极进行自我引导以适应当前的工作环境,以及主动向上级进行建言以提升自己在组织中的地位，从而争取获得更大的自主权。

当组织的供给趋近个人需求时，组织会给予员工恰当的选择和解决问题的权力，即管理者的自主性支持(Supervisors' Autonomy Support)。当管理上的自主性支持与员工的工作满意度呈正相关关系时，他们对公司管理的信任度会增加(Beenen et al.，2017)，新员工工作态度上表现得更加积极和充满希望，从而采取主动行为来改变现状的动机较弱。

基于以上分析，本文推断只有当自主需求与组织供给不相匹配时，新员工采取信息搜寻、反馈寻求，增加日常社交、积极与上级进行关系构建，以及积极构想和提供建议等主动行为的动机才更强烈，这类行为的主动性更强。基于此，提出假设2：

假设2：对于自主需求，当组织供给与个人需求不相匹配时，新员工做出主动行为的可能性更强。

2.1.3 成就需求-供给匹配和主动行为

在需求结构中，"成就需求"的核心要义是员工对持续就业能力获得提升的渴望，是未来对自身职场竞争力的追求。近几年已经有学者开始关注员工的可持续就业能力的培养(Beatrice et al.，2015)。Briscoe 等(2006)发现，在无边界职业生涯背景下，组织对员工可持续就业能力的培养存在收益，同时也存在可能发生沉没成本的风险。因此，对员工能力的培养对组织而言有效与否到目前仍然是一个很难界定的问题。本文从员工需求的视角考量组织使员工增值的有效性。组织对员工"成就需求"的供给实际上是一种组织对人力资本的投资行为(Ndinguri et al.，2012)。本文认为投资的收益取决于员工需求的强度，弱于或强于员工需求都不会产生最积极的结果。

当组织供给弱于员工需求时，投资的不足使员工意识到组织对个人发展的重视不足，根据社会交换理论的消极互惠原则，员工对组织的情感投入和身份内化自然会减少，工作投入和付出也会受到影响，因此员工也很难有较好的绩效。面对这样的困境，新员工为了应对组织投资不足所导致的对未来职业发展和自身成长的不确定性，他们倾向于主动地增加职业发展活动的参与，寻求有关个人/专业发展课程的信息，并寻求他人关于自身技能和劣势方面的反馈；主动地开发和建立关系，尤其是积极构建与上级的关系；公开或私下主动建言，建立积极主动的形象，争取日后获得提升的机会。

当组织供给强于员工需求时，损耗和干扰效应都有可能发生。组织提供过多的外部机会反而给员工带来过度压力，会妨碍员工的正常工作计划，对"成就需求"的满足起损耗作用，同时，过度投资会占用员工过多的时间和精力，反而限制员工选择完成其他事情的机会，如跟友人见面，联络感情等，干扰了其归属需求的满足，导致员工消极和负面的情绪表现。此时，为应对这一现状，新员工倾向于向有经验的老同事或员工寻求反馈，以获得积极应对的方法和有效措施的相关信息；与上级构建良好关系，争取发展机会方面的更多自由裁量权；通过积极构想，设想一种新情境，进行自我调适和自我管理，以适应这种新的工作强度(Vidyarthi et al.，2016)。

基于以上分析，本文推断只有当成就需求与组织供给不相匹配时，新员工采取信息搜集和反馈寻求；增加日常社交、与上级进行关系构建；进行积极构想、提供建议等主动行为的动机更强烈，这类行为的主动性更强。基于此，提出假设3：

假设 3：对于成就需求，当组织供给与个人需求不相匹配时，新员工做出主动行为的可能性更强。

2.2 主动行为和早期组织适应

意义构建行为包括信息搜寻和寻求反馈两种主动行为。新员工的信息搜寻对其适应环境有积极影响。Zou 等（2011）以五星级酒店新员工为受试者进行了调查研究，研究结果发现，新员工的观察、询问等信息搜寻行为对员工的组织社会化过程有积极作用，包括增进其组织承诺、角色定位清晰度、任务绩效等方面。Tang 等（2014）研究发现，新员工主动询问、观察的行为与其角色明确均显著相关。

另一种主动行为是寻求反馈。Dahling 和 Whitaker（2016）发现，新员工主动地寻求反馈能够帮助其在组织中建立自己的人际网络，加快适应新环境和新同事。张燕红和廖建桥（2015）的实证研究证明寻求反馈积极影响新员工的角色清晰度、工作满意度以及组织融入度。可见，主动寻求反馈的员工更容易建立自己的人脉关系网，其中不仅包括本部门的，还有其他部门和层级的同事或上级，从而更容易融入组织的关系网。

基于以上研究，当新员工进入新组织时，他们期待减少不确定性，理解组织，此时信息搜寻和寻求反馈就会在最开始帮助他们了解工作的职能要求（角色明晰），以及增加对组织内部政治关系的认识（组织理解），理解工作环境和特定的任务（任务掌握），了解其他同事会接受哪些态度和行为（社会融合）。基于此，本文提出假设 4：

假设 4：新员工的主动行为正向预测早期组织适应。

2.3 主动行为的中介效应

根据自我调节理论，个体通过自我观察、自我判断和自我反应来调整自己的情绪、思维、注意力等资源以使自己达到某种期望的状态（Wrosch et al.，2015）。具体而言，自我调节分为计划、表现或意志控制以及自我反思三个阶段，体现了自我调节的认知、情绪/动机以及行为等成分，这也是现在许多研究者的共识。计划阶段是指确立要实现的目标、实现目标的计划以及实现目标的动机，其中，自我动机信念尤其重要，是驱动计划执行的力量。自我动机信念有多种来源，包括自己的兴趣爱好、价值观或者自我效能。表现或意志控制阶段指个体追踪自己的表现、周围环境及其影响的特定方面，将注意力集中在特定任务上并促进任务操作的过程。自我反思阶段涉及评价自己的表现，并对其进行归因，以及与标准或目标进行比较，并且根据比较的结果，产生自我满足的情感或者适应性防御。Baumeister 等（2018）的自我调节过程模型包含自我调节的核心过程，即发现当前状态与目标状态差异的自我监测过程，以及改变或者缩小差异的自我控制过程。

当个人需求得到组织供给不足或过度供给时，他们需要耗费大量的认知资源（注意力和意志力等），通过前瞻性地改变自己或环境使个体与组织实现良好匹配，这种自我调整有助于实现个体所期望的状态。由此推断，需求-供给匹配与早期组织适应之间的关系很可能受到主动行为的中介作用。基于此，本文提出假设 5：

假设 5：新员工的主动行为中介（a）归属（b）自主（c）成就需求-供给匹配与早期组织适应之间的关系。

本文假设模型见图 1。

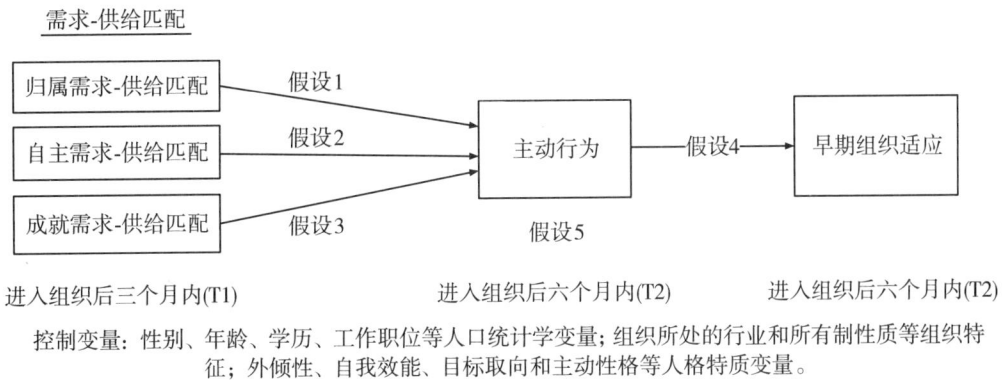

控制变量：性别、年龄、学历、工作职位等人口统计学变量；组织所处的行业和所有制性质等组织特征；外倾性、自我效能、目标取向和主动性格等人格特质变量。

图 1　假设模型

3. 研究设计

3.1　需求-供给匹配量表的开发

本文在成就激励理论对需求分类的基础上，将工作场所中的个人需求归纳为：（1）归属需求：指个体对良好的人际关系，融入组织，希望他人尊重自己的劳动成果，获得认可的需求。（2）自主需求：指个体体验到的对行为的选择权，以及对环境控制的需求。自主需求高的员工一般具有较强的知识获取和知识应用的能力，他们希望在工作中拥有更大的自由度，强调工作中自我管理和自我约束。（3）成就需求：指个体对工作中就业能力持续提升的需求。这类需求较高的员工希望最大限度地发挥潜力，完成个人和组织目标，实现自我价值和社会价值。

为完善需求-供给匹配有效性的认知，需求的识别与量表的编制成为研究重点。本研究参考 Cable 和 DeRue（2002）的工作价值观量表，形成包括 18 个题项的需求量表的第一稿。对量表第一稿以 13 名管理学博士为专家对问卷进行了评价，根据专家的意见对题项中存在内容异议的、可能具有心理暗示或误导的题项进行了删减，同时确保了英译部分的题项能够真实反映原量表的内容。根据专家意见，本文形成需求量表的第二稿。对需求量表的第二稿以西安一企业中的 15 名员工作为被试进行了第二轮实测，根据预调研中出现的问题、反馈的建议以及数据结果，并多次征询专家的意见对需求量表进行了反复的修改，直到第五稿。根据探索性因子（EFA）分析的结论可知，需求量表的结构已基本稳定，正式调研的量表最终确定为 15 个题项，其检验结果如表 1 所示。

41

表 1　　　　　　　　　　　　　　　　需求量表的 EFA 结果

内　　容	因子 1	因子 2	因子 3
获得很多同事的情况，与他们之间存在联系感	0.85		
和同事间的关系很亲近	0.82		
工作中可以融入同事圈子里	0.73		
同事可以很好地理解我	0.67		
在单位里，我对亲密关系的需要可以得到满足	0.58		
可以自主决定工作方式		0.85	
可以自主决定工作内容		0.77	
从所从事的工作中意识到自己的意义所在		0.63	
在部门决策中有话语权		0.57	
改变公司或所在部门的业绩		0.51	
在工作中接触新的情况或问题			0.81
在企业中提升自己的能力			0.82
在工作中学习			0.73
从工作中获得知识和经验			0.61
即使离职，在企业中获得的工作经历使我在其他企业的工作更容易入手			0.54
Cronbach's α	0.74	0.73	0.78
累计方差变异量(%)	27.57	49.61	82.03

资料来源：在 Cable 等的工作价值观量表基础上修订而成。

3.2　问卷采样

3.2.1　被试和研究程序

本文采用多阶段数据收集方法进行研究，首先与企业人力资源主管部门取得联系，确定新员工，然后对新员工进行问卷调研。员工组织社会化可分为职前期、适应期以及蜕变期等三个阶段，其中，职前期是员工进入组织之前，这一段时间员工主要是对自己将要从事的岗位进行感知；适应期是进入组织之后对组织的更深一层感知；而蜕变期是对已有感知的重新定位。依据 Ostroff 和 Kozlowski(2015)的研究，对职前期的调研时间安排在新员工入职之后的 1~3 个月(T1)，对适应期的调研时间安排在入职后的 4~6 月(T2)，两次调研间隔 3 个月。

本次调研涉及的 27 家企业分布在山东、河南、陕西、北京、天津、上海等七个省市。T1 阶段的调研中，共发放 700 份《T1 员工评价问卷》，回收 672 份，有效问卷回收率为96.00%。在 T2 阶段的调研中，针对第一阶段填写问卷的受试者发放《T2 员工评价问卷》，共发放问卷 672 份，回收 331 份，回收率为 49.26%。第二阶段回收率低的原因在于，虽然研究者一直尝试和受试者保持联系，仍有一部分受试者由于各种原因没有参与第二阶段的调查。

在有效样本中，52.27% 为男性，21~40 岁的样本占 78.55%，大专以上学历的占 85.20%。就工作职位而言，基层员工占 59.52%；基层管理者占 18.73%，中层管理者占 13.60%；高层管理者占 7.25%。就所处的行业而言，物流行业占 19.03%，金融行业占 17.82%，房地产业占 17.22%，网络信息行业占 22.05%，制造业占 11.48%。就所有制类型而言，国企占 37.16%，外企占 20.85%，民企占 32.33%。样本具体特征见表 2。

表 2　　　　　　　　　　　　　　样本的具体特征

变量	内容	人数	百分比	变量	内容	人数	百分比
性别	男	173	52.27	工作职位	基层员工	197	59.52
	女	149	45.02		基层管理者	62	18.73
	缺失值	9	2.72		中层管理者	45	13.60
年龄	20 岁以下	17	5.14		高层管理者	24	7.25
	21~30 岁	137	41.39		缺失值	3	0.91
	31~40 岁	123	37.16	所处行业	物流行业	63	19.03
	41~50 岁	28	8.46		金融行业	59	17.82
	51~60 岁	19	5.74		房地产业	57	17.22
	缺失值	7	2.11		网络信息行业	73	22.05
学历	中专	21	6.34		制造业	38	11.48
	高中	22	6.65		其他	36	10.88
	大专	78	23.56		缺失值	5	1.51
	本科	135	40.79	所有制类型	国有企/事业	123	37.16
	硕士	53	16.01		外资企业	69	20.85
	博士	16	4.83		民营企业	107	32.33
	缺失值	6	1.81		其他	32	9.66

3.2.2　测量工具

(1)需求-供给匹配(T1)：采用研究 1 所开发的需求量表用于正式调研，该量表包含 15 个题项。本文选择运用个人层面的间接测量方法评估需求-供给契合程度，即个体分别对自身需求以及组织对这一需求的供给情况进行评价，然后加以比较。因此，需求量表分别从重要程度(个人需求，N)和实际情况(组织供给，S)两方面来测量。感知组织供给与个人需求的量表 α 值分别为 0.75、0.81，均有良好的信度。

(2)新员工主动行为(T2)：采用 Ashford 和 Black(1996)的量表进行测量，该量表共包含 18 个题项,样本题项如"寻求上级关于自己工作完成情况的反馈","努力跟上级建立良好的关系"等。量表的信度系数为 0.92,表明主动行为有良好的信度。

(3)组织社会化的早期适应(T2):采用 Kammeyer 和 Wanberg(2013)编制的问卷,任务掌握维度包含 7 个题项,角色明晰维度包含 6 个题项,社会融合包含 7 个题项,组织理解包含 5 个题项。四个分量表的信度系数分别为 0.87、0.85、0.90、0.89,表明早期组织适应具有良好的信度。

(4)控制变量:已有研究表明性别、年龄、学历、工作职位等同时对需求-供给匹配、主动行为和早期组织适应有影响(Ando & Matsuda,2010;Schoen,2015)。因此,受试者需要报告性别、年龄、学历、工作职位等人口统计学变量及组织特征(行业和所有制性质)。另外,外倾性、自我效能、目标取向和主动性格等人格特质对主动行为和早期组织适应也有影响(Bergeron et al.,2014),因此引入以上变量作为控制变量。

4. 数据分析

4.1 共同方法偏差检验

本研究进行了共同方法偏差检验(见表 3):(1)单因子检验:从表 3 知,单因子模型的拟合效果不好,不能解释大部分偏差。进一步采用 EFA 进行分析,结果表明未经旋转的单因子模型仅解释了方差的 37.3%(<0.50),说明共同方法偏差问题不严重(Hayes & Rockwood,2016)。(2)潜在误差变量控制法:从表 3 知,加入共同方法变异因子后,模型的 χ^2 显著减小,表明本研究存在一定的共同方法偏差。结合拟合指数看,加入共同方法变异因子后模型在 RMSEA 指标上有一定程度的改进,但是改进幅度仅为 0.002,说明共同方法偏差问题影响较小。

表 3   共同方法偏差检验

验证性因子分析模型	χ^2	df	RMSEA	NNFI	CFI	$\Delta\chi^2(\Delta df)$
a 单因子模型	10547.31	2379	0.149	0.93	0.92	
b 八因子模型	3014.32	2217	0.034	1.00	1.00	
c 加入变异因子的模型	2874.14	2145	0.032	1.00	1.00	140.18(72)**

注:**表示 $p<0.01$;140.18(72)** 是相较于模型 b 的结果。

4.2 相关因子分析

各变量的均值、标准差以及相关系数见表 4。由表 4 知,个人需求的三个维度与主动行为的相关系数分别为 0.23、0.37、0.24,而三类需求的组织供给与主动行为的相关系数分别为 0.27、0.37、0.34,对假设 1~3 给予了一定支持。另外,主动行为与组织适应的相关系数为 0.36,该结果给予假设 4 一定支持。

表4					各变量的均值、标准差以及相关系数				
变量	均值	标准差	1	2	3	4	5	6	7	8
N-归属	4.08	0.94	—							
N-自主	4.10	0.93	0.33**	—						
N-成就	4.57	0.91	0.13	0.24	—					
S-归属	4.78	1.24	0.17	0.03	0.26*	—				
S-自主	3.85	1.03	0.11	0.12	0.25*	0.22*	—			
S-成就	3.72	0.98	0.21	0.30**	0.13	0.14	0.27*	—		
主动行为	3.72	0.98	0.23*	0.37**	0.24*	0.27*	0.37**	0.34**	—	
组织适应	4.45	0.95	0.25	0.17	0.23	0.13	0.29*	0.16	0.36**	—

注：***表示 $p<0.001$，**表示 $p<0.01$，*表示 $p<0.05$，后同；$N=331$，所有系数均为标准化系数。

4.3 区分效度

本文进行了区分效度检验(见表5)。由于首先测量每项需求对员工的重要程度，其次测量员工对组织对每项需求供给实际情况的感知，所以总共有六个潜变量。由表5知，相较于其他模型，六因子的模型拟合指数是最优的，表明六个因子间存在良好的区分效度。

表5					验证性因子分析结果		
CFA	χ^2	df	RMSEA	NNFI	CFI	$\Delta\chi^2(\Delta df)$	备注
a. 单因子模型	2360.12	90	0.408	0.420	0.408		
b. 双因子模型	1320.71	86	0.305	0.793	0.752	1039.41(4)**	相较 a
c. 三因子模型	1320.71	86	0.305	0.793	0.752	1039.41(4)**	相较 a
d. 六因子模型	908.43	80	0.170	0.874	0.891	412.28(6)**	相较 b

注：单因子模型未区分任何变量；两因子模型即合并三个需求因素为一个因子，以及合并三个组织供给为一个因子；三因子模型即区分三类需求，分别作为一个因子的测量模型；六因子模型即本研究假设模型。

5. 假设检验

5.1 需求-供给匹配和主动行为的关系检验

本研究根据 $N=-S$ 截面上因变量的变化趋势进行检验，具体考察因变量变化的斜率和曲率。检验结果见表6以及图2：

表6   需求-供给匹配对主动行为的影响

自变量	主动行为		
因变量	归属需求-供给匹配	自主需求-供给匹配	成就需求-供给匹配
模型 0			
截距	4.487***	5.526***	5.412***
性别	0.003	0.004	0.011
年龄	−0.017	−0.011	−0.013
学历	−0.015	0.004	0.007
工作职位	0.020	0.010	0.002
行业	0.091*	0.031*	0.107*
所有制	0.070*	0.037*	0.092*
外倾性	0.084*	0.021	0.037*
自我效能	0.090*	0.050*	0.034*
目标取向	−0.011	−0.006	−0.007
主动性格	0.007	0.007	0.004
S	−0.394***	0.297***	0.261***
N	0.273***	0.316***	0.307***
R^2	0.597***	0.601***	0.583***
模型 1			
截距	4.113***	5.003***	4.902***
性别	0.009	0.011	0.005
年龄	0.006	0.005	0.007
学历	0.005	0.011	0.002
工作职位	0.006	0.005	0.009
行业	0.008	0.010	0.078*
所有制	0.052*	0.035*	0.083*
外倾性	0.068*	0.011	0.032*
自我效能	0.097*	0.078*	0.030*
目标取向	0.015	−0.000	−0.009
主动性格	−0.012	0.010	0.005
S	−0.396***	0.102	0.016
N	0.204***	0.016	0.011
S^2	−0.037	0.325***	0.130**
$S×N$	0.069*	−0.149**	0.045*
N^2	−0.094*	0.137**	0.349***
ΔR^2	0.051*	0.151***	0.174***
$N=-S$ 截面			
斜率	−0.600**	0.086	0.005
曲率	−0.200	0.611**	0.434**

注：S（Supply）代表组织供给，N（Need）代表个人需求，S^2、$S×N$、N^2分别代表组织供给的二阶项、组织供给与个人需求的交互项、个人需求的二次项。

首先，检验归属需求-供给匹配与主动行为的关系。表6显示，斜率不显著（斜率 = -0.600，且在 0.01 的水平上显著），曲率也不显著（曲率 = -0.200，且不显著）。结合图 2a 发现，随着组织供给由小到大趋近个人需求时，以及组织供给经过点 $(S=0, N=0)$ 超过个人需求后，主动行为的主动性逐渐变弱。"对于归属需求，只有当组织供给弱于个人需求时，新员工做出主动行为的可能性最大"得到支持，即假设1成立。

其次，检验自主需求-供给匹配与主动行为的关系。表6显示，曲率显著为正且斜率不显著（曲率 = 0.611，且在 0.01 水平下显著；斜率 = 0.086，且不显著）。结合图 2(b) 发现，随着组织供给由小到大趋近个人需求时，主动行为逐渐减弱；在 $N=-S$ 截面上，主动行为最不可能发生；当组织供给经过点 $(0, 0)$ 大于个人需求后，主动行为开始逐渐增强。因此假设2得到支持。

最后，检验成就需求-供给匹配与主动行为的关系。表6显示，曲率显著大于零（曲率 = 0.690，$P<0.01$）而斜率不显著。同时结合图 2(c) 发现，主动行为随着组织供给由小到大趋近个人需求时而逐渐减弱；当组织供给与个人需求相等时，主动行为达到最低；当组织供给经过点 $(S=0, N=0)$ 超过个人需求后，主动行为持续增强。以上结果说明"对于成就需求，当组织供给与个人需求不相匹配时，新员工做出主动行为的可能性最大"，因此假设3得到支持。

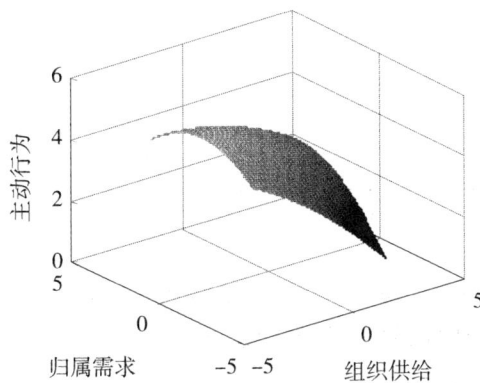

（a）归属需求-供给匹配与主动行为

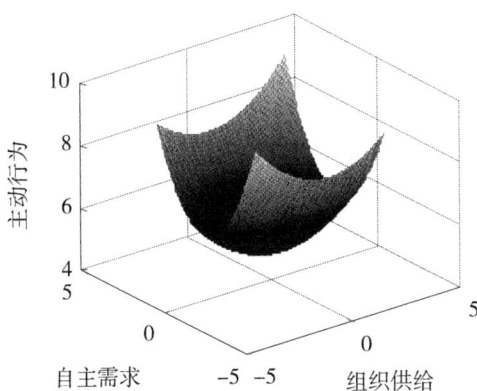

（b）自主需求-供给匹配与主动行为　　　（c）成就需求-供给匹配与主动行为

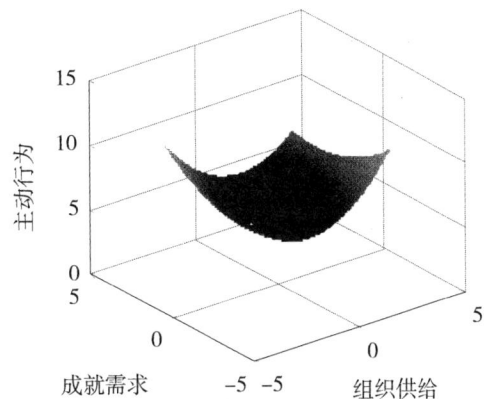

图 2　（a）归属、（b）自主、（c）成就需求-供给匹配对主动行为的影响有效性

5.2 主动行为和早期组织适应的关系检验

本文在进行分层回归之前，将除控制变量之外的变量标准化处理变化成 Z 分数。然后采用线性回归模型将控制变量、自变量主动行为放入回归模型来检验两者的关系。检验结果如表 7 所示。

表 7 　　　　　　　　　　　　　主动行为和组织适应的关系检验结果

因变量：组织适应	M_0	M_1
控制变量		
性别	0.053	0.002
年龄	0.089	0.107
学历	−0.015	0.126*
工作职位	0.002	0.011
行业	0.089*	0.178*
所有制	0.069*	0.143*
外倾性	0.048*	0.009
自我效能	0.017	0.211*
目标取向	−0.003	−0.006
主动性格	0.005	0.003
直接效应		
主动行为		0.322***
ΔR^2	0.322	0.643
ΔF	11.023***	15.371***

注：***表示 $p<0.001$，**表示 $p<0.01$，*表示 $p<0.05$，$N=331$，所有系数为标准化系数。

由表 7 的模型 M_1 可知，主动行为对组织适应的回归系数为 $\beta=0.322(p<0.001)$，即"主动行为对组织适应的正向预测作用"得到了支持，因此假设 4 得到验证。

5.3 主动社会化行为的中介效应检验

根据 Hayes(2013) 对中介效应的检验方法，本文采用 Process 的 Model4 对中介效应进行检验，其 Bootsrap 运行 1000 次的运算结果如表 8 所示。

表 8 　　　　　　　　　　　　　中介效应的 Bootsrap 检验结果

因变量：组织适应	中介效应：IV→MED→DV	IV→DV	
	主动行为	直接效应	R^2
自变量			
归属需求-供给匹配	0.379***	0.401**	0.590**
自主需求-供给匹配	0.232**	0.417**	0.443**
成就需求-供给匹配	0.325***	0.421**	0.453**

注：***表示 $p<0.001$，**表示 $p<0.01$，*表示 $p<0.05$，$N=312$，所有系数为标准化系数。

由表 8 知，主动行为在归属需求-供给匹配和组织适应关系间的中介效应显著（$\beta = 0.379$，$p<0.001$），因此假设 5a 得到支持；主动行为在自主需求-供给匹配和组织适应关系间的中介效应显著（$\beta = 0.232$，$p<0.01$），因此假设 5b 得到支持；主动行为在成就需求-供给匹配和组织适应关系间的中介效应显著（$\beta = 0.325$，$p<0.001$），因此假设 5c 得到支持。

6. 结论与讨论

本研究的统计分析结果表明：①对于归属需求，只有当组织供给弱于个人需求时，新员工做出主动行为的可能性更强；对于自主/成就需求，当组织供给与个人需求不相匹配时，新员工做出主动行为的可能性更强。②主动行为对早期组织适应具有正向积极的预测作用。③新员工的主动社会化行为在归属/自主/成就需求-供给匹配和早期组织适应的关系中起中介作用。

6.1 理论意义

第一，本研究构建并论证了需求-供给匹配通过主动行为影响早期组织适应的路径。从员工与组织交互的视角引入需求-供给匹配作为自变量，同时，基于自我调节理论引入主动行为作为中间变量，通过 Process 的中介模型验证主动行为的中介效应，证明了以上影响路径的合理性。以上研究结论厘清了员工和组织交互视角下的早期组织适应的形成机理，弥补了以往基于单一员工视角或组织视角研究的缺失。

第二，本研究构建了二次响应面模型，探索需求-供给匹配与主动行为间的关系曲面。以往研究往往基于"完全匹配状况下员工表现最优"的研究假设，而本文提出并验证了不同于该研究假设的论点，通过构建二次响应面分析模型以分析需求-供给匹配的影响效应。本文将需求细分为归属、自主、成就需求，通过同时收集新员工的信息（员工需求）与组织的信息（组织供给），得出 3 组反映匹配效应的响应曲面。这些结果表明：归属需求-供给匹配与主动行为呈负向的斜面关系；自主/成就需求-供给匹配与主动行为呈 U 形曲面关系。以上研究结论完善了全面认识需求-供给匹配影响有效性的研究范式，深刻分析了需求-供给匹配对主动行为的影响关系。

第三，本研究提出和验证了主动行为对早期组织适应的正向影响关系。以往学者尽管认可主动行为和组织适应之间具有密切的关系，然而鲜有实证研究揭示其对组织适应的具体影响。本文通过对数据的回归分析表明：新员工的行为主动性越强，则早期组织适应的结果越好。以上研究结论丰富了组织适应的前因研究，同时为提升新员工组织适应的管理实践提供了理论依据。

6.2 现实启示

第一，企业应该识别新员工的核心需求，并针对具体需求采取适当的供给策略，为企业进行个人需求管理提供理论指导和实践依据。尽管员工需求趋于多样化，然而企业需要识别新员工的核心需求。根据成就激励理论可知，工作场所中的个体普遍具有三类需求——归属需求、自主需求和成就需求。作为员工的核心需求，企业可重点针对新入职的员工通过以下四种方式来识别这三类需求：①站在新员工的立场上考虑问题，从他们所处的生活环境、人生阅历等方面来理解他们；②多观察员工的一言一行，也可以通过意见征集的方式了解新员工的情绪状态和精神状态；③通过问卷调查、心理实验等方式，及时了解员工的需求偏好或是对企业的意见和想法；④通过新员工的亲戚朋友、家人、同事、客户等外部渠道，从侧面间接了解新员工个人和家庭的实际情况，从而识别新员工的需求偏好。

除此之外，员工需求管理要求企业不仅考虑员工的需求偏好，还要考虑现实的组织供给，差异化地管理两者的关系，才可能达到预期的积极效果。在管理实践应用方面，针对归属需求，维持适度的员工需求满意度是促进新员工成功社会化的必要条件，而完全满足或过度满足新员工的归属需求，反而削弱其能动性，降低其主动社会化行为的积极性。针对自主需求和成就需求，完全实现新员工的需求满意度可能并不能激发他们行为的主动性，反而适度的不满足能够提高他们社会化行为。

第二，企业应该为新员工创造良好的主动行为发生的环境，这可能是激发他们的社会化行为主动性的一种有效方式。企业中的有些因素可能会阻碍员工主动行为的发生，其中很重要的一方面是信息成本。保障信息在企业内部顺畅地流动，有助于降低员工采取主动行为的成本。因而，在新员工入职后，企业要及时将员工工作相关的信息以及信息通道进行整理，准确充分地传达给员工。同时，企业应积极为新老员工之间的沟通创造条件，一方面便于新员工向老员工学习，另一方面向老员工传达新的知识和信息。另外，在新员工的招聘和录用过程中，要选择在自我效能感、主动性人格、目标导向和外倾性等方面得分较高的应聘者。

第三，新员工也应该增强自身行为的主动性，积极主动地融入新环境。从个人的角度来看，新环境是陌生的，充满了未知和不确定性。与被动地适应相比，采取更主动的行为对新员工更为有益。这些主动行为包括积极收集和了解有关组织的信息、增加与组织成员的沟通，获得同事的接纳和支持。同时，新员工应积极与上级沟通，积极与他们互动，以了解上级对自己工作要求的期待。另外，当遇到"适应不良"的问题时，新员工应积极调整心态，鼓励自己积极乐观地面对，相信"适应不良"的问题是暂时的。

6.3 局限与不足

本文存在一些局限，具体表现在以下方面：①尽管本研究通过实施多阶段的数据收集对共同方法偏差进行了控制，然而共同方法偏差的问题仍然有可能存在。②受研究条件所限，样本的地域来源欠缺多样性。虽然采集了不同的地域、不同的省市、不同企业的样本，但是主要样本还是来自中东部的城市，其地区代表性仍然不足。

未来的研究可以从以下方面进行进一步的探索：①进一步考察需求-供给匹配的不同需求维度间的交互影响效果，从而验证不同需求维度间的相互作用对组织适应的更为复杂的影响机制。②尝试引入更为丰富的个体需求内涵，分析更为广泛内涵维度下的需求-供给匹配对早期组织适应的影响机制。

◎ 参考文献

[1] 曲庆，高昂. 个人-组织价值观契合如何影响员工的态度与绩效——基于竞争价值观模型的实证研究[J]. 南开管理评论，2013，16(5).

[2] 张燕红，廖建桥. 团队真实型领导、新员工反馈寻求行为与社会化结果[J]. 管理科学，2015，28(2).

[3] Abe, I. I., Mason, R. B. The role of individual interpersonal relationships on work performance in the South African retail sector[J]. *Problems & Perspectives in Management*, 2017, 14(2-1).

[4] Anseel, F., Beatty, A. S., Shen, W., et al. How are we doing after 30 years? A meta-analytic review of the antecedents and outcomes of feedback-seeking behavior[J]. *Journal of Management*, 2015, 41(1).

[5] Ando, N., Matsuda, S. How employees see their roles: The effect of interactional justice and gender[J]. *Journal of Service Science & Management*, 2010, 3(2).

[6] Bell, B. S., Ryan, A. M., Wiechmann, D. Justice expectations and applicant perceptions [J]. *International Journal of Selection & Assessment*, 2004, 12(1).

[7] Beenen, G., Pichler, S., Levy, P. E. Self determined feedback seeking: The role of perceived supervisor autonomy support[J]. *Human Resource Management*, 2017, 56(4).

[8] Beatrice, I. J. M. Van der Heijden, Gorgievski, M. J., Lange, A. H. D. Learning at the workplace and sustainable employability: A multi-source model moderated by age[J]. *European Journal of Work & Organizational Psychology*, 2015, 2015(1).

[9] Briscoe, J. P., Hall, D. T., Demuth, R. L. F. Protean and boundaryless careers: An empirical exploration[J]. *Journal of Vocational Behavior*, 2006, 69(1).

[10] Bergeron, D. M., Schroeder, T. D., Martinez, H. A. Proactive personality at work: Seeing more to do and doing more? [J]. *Journal of Business & Psychology*, 2014, 29(1).

[11] Cable, D. M., DeRue, D. S. The convergent and discriminant validity of subjective fit perceptions[J]. *Journal of Applied Psychology*, 2002, 87(5).

[12] Dysvik, A., Kuvaas, B. Intrinsic motivation as a moderator on the relationship between perceived job autonomy and work performance[J]. *European Journal of Work and Organizational Psychology*, 2011, 20(3).

[13] Dahling, J. J., Whitaker, B. G. When can feedback-seeking behavior result in a better performance rating? Investigating the moderating role of political skill[J]. *Human Performance*, 2016, 29(2).

[14] Edwards, J. R. An examination of competing versions of the person-environment fit approach to stress[J]. *Academy of Management Journal*, 1996, 39(2).

[15] Ellis, A. M., Nifadkar, S. S., Bauer, T. N., et al. Newcomer adjustment: Examining the role of managers' perception of newcomer proactive behavior during organizational

socialization[J]. *Journal of Applied Psychology*, 2017, 102(6).

[16] Harris, T. B., Li, N., Boswell, W. R., et al. Getting what's new from newcomers: Empowering leadership, creativity, and adjustment in the socialization context [J]. *Personnel Psychology*, 2014, 67(3).

[17] Hu, P., Tan, Y. The comparison of Chinese and American interpersonal relationships[J]. *Proceedings of the International Academic Workshop on Socialence*, 2013, 50(1).

[18] Hayes, A. F., Rockwood, N. J. Regression-based statistical mediation and moderation analysis in clinical research: Observations, recommendations, and implementation [J]. *Behavior Research and Therapy*, 2016, 98(67).

[19] Hayes, A. F. Introduction to mediation, moderation, and conditional process analysis: A regression-based approach[J]. *Journal of Educational Measurement*, 2013, 51(3).

[20] Hornung, S., Rousseau, D. M., Glaser, J. Creating flexible work arrangements through idiosyncratic deals[J]. *Journal of Applied Psychology*, 2008, 93(3).

[21] Kammeyer-Mueller, J., Wanberg, C., Rubenstein, A., Zhaoli, S. Support, undermining, and newcomer socialization: Fitting in during the first 90 days[J]. *Academy of Management Journal*, 2013, 56(4).

[22] Kammeyer-Mueller, J. D., Wanberg, C. R. Unwrapping the organizational entry process: Disentangling multiple antecedents and their pathways to adjustment[J]. *Journal of Applied Psychology*, 2003, 88(5).

[23] Lapointe, É, Vandenberghe, C., Boudrias, J. Organizational socialization tactics and newcomer adjustment: The mediating role of role clarity and affect based trust relationships [J]. *Journal of Occupational & Organizational Psychology*, 2014, 87(3).

[24] Mao, H. Y., Hsieh, A. T., Chen, C. Y. The relationship between workplace friendship and perceived job significance[J]. *Journal of Management & Organization*, 2012, 18(2).

[25] Ndinguri, E., Prieto, L., Machtmes, K. Human capital development dynamics: The knowledge based approach[J]. *Academy of Strategic Management Journal*, 2012, 11(2).

[26] Özsoy, E., Özlem, B. Effects of workplace friendship on individual outcomes[J]. *Bartin University Journal of Faculty of Economics & Administration*, 2016, 12(3).

[27] Ostroff, C., Kozlowski, S. W. J. The role of mentoring in the information gathering processes of newcomers during early organizational socialization[J]. *Journal of Vocational Behavior*, 2015, 42(2).

[28] Patrick, H., Knee, C. R., Canevello, A., et al. The role of need fulfillment in relationship functioning and well-being: A self-determination theory perspective [J]. *Journal of Personality & Social Psychology*, 2007, 92(3).

[29] Parker, S. K., Collins, C. G. Taking stock: Integrating and differentiating multiple proactive behaviors [J]. *Journal of Management*, 2010, 36(6).

[30] Simmering, M. J., Colquitt, J. A., Noe, R. A., et al. Conscientiousness, autonomy fit, and development: A longitudinal study[J]. *Journal of Applied Psychology*, 2003, 88(5).

[31] Schoen, J. L. Effects of implicit achievement motivation, expected evaluations, and domain knowledge on creative performance[J]. *Journal of Organizational Behavior*, 2015, 36(3).

[32] Tang, C. Y., Liu, Y. M., Oh, H., Weitz, B. Socialization tactics of new retail employees: A pathway to organizational commitment[J]. *Journal of Retailing*, 2014, 90(6).

[33] Trefalt, Š. Between you and me: Setting work-nonwork boundaries in the context of workplace relationships[J]. *Academy of Management Journal*, 2013, 56(6).

[34] Vidyarthi, P. R., Singh, S., Erdogan, B., et al. Individual deals within teams: Investigating the role of relative i-deals for employee performance[J]. *Journal of Applied Psychology*, 2016, 101(11).

[35] Wang, M. O., Zhan, Y., Mccune, E., et al. Understanding newcomers' adaptability and work-related outcomes: Testing the mediating roles of perceived P-E Fit variables[J]. *Personnel Psychology*, 2011, 64(1).

[36] Wrosch, C., Scheier, M. F., Miller, G. E., et al. Adaptive self-regulation of unattainable goals: Goal disengagement, goal reengagement, and subjective well-being[J]. *Personality & Social Psychology Bulletin*, 2015, 29(12).

[37] Yu, K. Y. T., Davis, H. M. Autonomy's impact on newcomer proactive behaviour and socialization: A needs-supplies fit perspective [J]. *Journal of Occupational & Organizational Psychology*, 2016, 89(2).

[38] Yu, K. Y. T. Affective influences in person-environment fit theory: Exploring the role of affect as both cause and outcomes of P-E Fit[J]. *Journal of Applied Psychology*, 2009, 94(5).

[39] Yu, K. Y. T., Davis, H. M. Autonomy's impact on newcomer proactive behaviour and socialization: A needs-supplies fit perspective [J]. *Journal of Occupational & Organizational Psychology*, 2016, 89(2).

[40] Zou, W. C., Zheng, Y., Zhu, J. S. Information seeking as a mediator between proactive personality and adjustment[J]. *Systems Engineering Procedia*, 2011, 17(294).

A Study on the Influencing Mechanism of Needs-Supplies
Fit on Early Newcomers' Adjustment to Organization
Based on the Theory of Self-Regulation

Yu Weina[1]   Zhang Xu[2]   Wang Zhanhao[3]

(1, 3   Business School, Shandong Normal University, Jinan, 250358;

2   School of Management, Xian Jiaotong University, Xian, 710049)

Abstract: This study examined the influencing mechanism of N-S Fit on newcomers' adjustment from the interactionist perspective between employees and organization, and the mediating effect of proactive behavior. On the integrated use of Structural Equation Model (SEM), Quadratic Polynomial Regression with Response Surface Analysis and Hierarchical Regression Analysis, this study verified 18 theoretical assumptions through 331 effective samples which were collected at two different stages of prearrival stage and adjustment stage. The results showed: (1) N-S Fit for affiliation was negatively related to proactive behavior, N-S Fit for autonomy/ achievement had an U-surface relationship with proactive behavior; (2) the positive relationship between proactive behavior and early newcomers' adjustment was validated; (3) Proactive behavior was mediated the relationship between N-S Fit and early newcomers' adjustment.

Key words: Needs-supplies fit; Proactive behavior; Early newcomers' adjustment to organization; The theory of self-regulation

专业主编: 杜旌

产品市场竞争与事务所选择[*]

● 刘丽华[1]　孔东民[1,2]

（1　华中科技大学经济学院　武汉　430074；2　中南财经政法大学金融学院　武汉　430073）

【摘　要】本文以 2004—2014 年沪深 A 股上市公司为研究样本，考察产品市场竞争与会计师事务所选择的关系，试图从行业层面寻找影响事务所选择的动机。产品市场竞争一方面能降低代理成本影响公司对高质量审计的需求；另一方面能促使企业提高财务信息质量，进而在一定程度上替代外部审计在保证财务信息质量方面的作用，最终影响企业选择事务所的行为。本文研究发现企业所处行业竞争程度越高时，企业对高质量审计需求越低，且当竞争程度发生变化时，企业更可能更换事务所，具体变更方向为竞争变得更加激烈时，企业发生降级变更的可能性越大。本文还进一步探讨了不同产权性质下竞争对事务所选择的影响。本文的研究丰富了事务所选择的文献。

【关键词】产品市场竞争　事务所选择　产权性质

中图分类号：F239.4　　文献标识码：A

1. 引言

代理理论指出代理问题的存在促使了企业对独立审计的需求，代理人有动机通过聘请会计师事务所来监督自身的行为以降低代理成本（Jensen & Meckling, 1976；Watts & Zimmerman, 1983）。这一理论是基于需求-供给的角度，却对外部环境因素对这种关系的影响关注不够。近些年的研究文献发现外部治理环境会通过影响这种需求关系，进而在事务所选择方面扮演重要的角色，比如：从整个国家法律环境层面、政治及经济因素、高管政治关联、媒体监督和社会信任等角度研究其对事务所选择的影响（Choi & Wong, 2007；Chan et al., 2006；Wang et al., 2008；刘启亮等，2010；龚启辉等，2012；杜兴强等，2011；戴亦一等，2013；雷光勇等，2014）。然而现有文献很少从企业所处行业层面的环

* 基金项目：本文受国家自然科学基金面上项目："智力资本、公司行为与公司价值：基于人力资本与组织资本的微观研究"（项目批准号：71372130）和"公司事件、信息优势与投资者交易"（项目批准号：71772178）的资助，谨致谢意。

通讯作者：刘丽华，E-mail：lihualiu75@ hust. edu. cn。

境因素这一视角进行研究，而已有研究将产品市场竞争视为企业重要的外部治理机制，其能对某些公司治理机制产生互补或替代的作用（姜付秀等，2009；伊志宏等，2010；徐伟，2016），因此产品市场竞争对事务所这一外部治理机制是互补还是替代的关系值得进行深入探讨和研究。

产品市场竞争一方面能通过降低代理成本进而影响公司对高质量审计的需求；另一方面能促使企业提高信息披露质量，进而在一定程度上替代外部审计在保证财务信息质量方面的作用，因此，本文从这两个方面分析产品市场竞争对事务所选择的影响，结果表明产品市场竞争程度越高，企业越倾向于选择低质量事务所，即本文所指的"本地小所"，同时研究发现竞争程度发生变化时，事务所有很大可能发生变更，当竞争程度增强时，企业更容易由高质量事务所变更为低质量事务所，即发生降级变更的可能性更大。本文还进一步研究了不同产权性质下竞争对事务所选择的影响，研究结果表明在国有企业中这种影响更为显著。

本文研究产品市场竞争与事务所选择有以下三点贡献：（1）本文的研究在制度背景、经济因素的基础上进一步拓展了事务所选择的外部影响因素的研究，丰富了事务所选择理论；（2）过去已有的研究局限于研究公司内代理成本对事务所选择的影响（Defond，1992；Francis & Wilson，1988；车宣呈，2007；王烨，2009），近些年开始从外部环境角度研究外部治理机制对事务所选择的影响（Choi & Wong，2007；Chan et al.，2006；Wang et al.，2008；刘启亮等，2010；龚启辉等，2012；杜兴强等，2011），而产品市场竞争作为行业层面上一项重要的外部治理机制，目前鲜有学者对其与事务所的关系进行研究。本文试图探讨两者的关系以丰富这一领域研究；（3）根据 Marciukaityte & Park（2009）的研究，产品市场竞争能作为改善财务报告质量的有效机制，而且这一机制与政府和公司治理相比不会引起高额的成本，因此本文的研究预计能为进一步完善竞争机制提供政策启示。

本文后续部分安排如下：第二部分为理论分析与假设提出；第三部分为研究数据与研究设计；第四部分为回归结果分析；第五部分为稳健性检验；第六部分为研究结论。

2. 理论分析与假设提出

本文研究产品市场竞争与事务所选择、产品市场竞争变化对事务所变更及其方向的影响，以为事务所选择动机提供行业层面的经验证据，因此本文从竞争降低代理成本、竞争提高信息披露质量两个方面进行文献回顾，并结合文献的分析来提出本文的研究假设。

2.1 产品市场竞争、公司代理成本与事务所选择

Jensen & Meckling（1976）指出公司对独立审计的需求主要源于代理问题的产生，代理人会通过聘请事务所来监督自己的行为，进而降低代理成本。公司的规模、债务水平与公司自愿聘请审计师存在正相关关系（Chow，1982），同时当公司的代理成本越高时，代理人通过聘请事务所来降低代理成本的动机就会越强，进而体现为对高质量审计的需求越高（Defond，1992），即企业代理成本和事务所差别需求之间存在相关性（Francis & Wilson，1988）。实证研究结果也表明事务所能够通过监督公司的契约条款得到实施，进而降低企

业的代理成本(Watts & Zimmerman，1983)。曾颖和叶康涛(2005)研究发现当公司的代理成本较高时，其通过聘请高质量事务所以降低代理成本的动机就越强，最后体现为高质量审计能降低代理成本进而提高企业价值。

市场竞争能够通过减少代理人激励的边际成本进而来减少代理成本。Hart(1983)提出的管理层激励模型中展示了竞争是如何提高管理层激励的，结果表明竞争能够抑制管理层松弛。竞争抑制管理层的松弛会有利于企业减少不必要的开支，促使企业要素生产率增长更快；而当企业处于垄断时，由于垄断租金会促使企业的管理层及员工松弛和不努力，进而会降低企业生产力水平(Nickell，1996)。产品市场竞争降低企业代理成本进一步会促使企业更加重视提高产品(或服务)的质量，进而促使公司采用激励性的契约，转而又会引起管理层努力程度的增加，这种正效应随着公司代理成本的上升而增加(Baggs & Bettignies，2007)。Jagannathan和Srinivasan(1999)利用实证分析方法检验了"竞争能减少管理层松弛"的假设，研究发现处于弱竞争环境的公司代理问题更严重，文章为"竞争能够减少管理松弛"提供了进一步的经验证据。Leventis等(2011)利用希腊的公司数据进行研究，将审计费用作为代理成本的指标，研究产品市场竞争与审计收费的关系，研究表明竞争能够降低投资者承担监督代理人成本的需求，进而表现为审计收费较低(邢立全和陈汉文，2013)。同时作者给出了进一步解释，通过审计功能减少的监督能够通过竞争对手对管理层的监督得到补偿。当产品市场竞争程度越激烈时，公司的所有者可以更加依赖市场的力量去控制管理层的活动，因为管理层会有来自竞争对手较高的审查压力。

产品市场竞争与代理成本文献表明代理问题的产生促使了对审计的需求，同时代理问题越严重则通过聘请高质量事务所来缓解代理问题的可能性就更高，进而表现为对高质量审计的需求就会越高，而产品市场竞争能够抑制管理层松弛，进而降低企业不必要的开支，最终表现为降低企业的代理成本。因此竞争能够通过降低企业的代理成本进而降低企业对高质量审计的需求。

2.2 产品市场竞争、公司信息披露质量与事务所选择

Bushman和Smith(2001)发现高质量审计可以较好地保证会计信息质量，从而为投资者提供高质量的会计信息以识别和监督管理者。同时已有的大多数研究表明高质量的审计师能够确保会计信息的可靠性，比如"四大"所能更有效地限制操控性应计利润的披露，同时其审计公司的操控性应计利润信息更具预测价值(陈关亭和兰凌，2004)，而且"四大"和"非四大"审计质量的认同度存在差异，"四大"所审计的公司盈余反应系数更高(王咏梅和王鹏，2006)，此外与"本土小所"相比，"四大""本土大所"审计的公司更加不容易发生财务报告重述(温国山，2009)。

Harris(1998)研究表明在集中度较高行业(市场竞争程度低)的公司披露细分经营业务信息的可能性更低；Bamber和Cheon(1998)研究表明处于集中度较高行业中的企业提供管理层盈余预测信息的可能也更低；之后学者的研究也发现了类似的结论：在更集中的行业中的企业会披露更少的信息以避免竞争对手策略性地利用对他们有利的信息，而行业竞争越激烈，信息披露水平则越高(Botosan & Stanford，2005；王雄元和刘焱，2008；Ali et al.，2014)。Marciukaityte和Park(2009)研究表明产品市场竞争能作为改善财务报告质量

的有效机制，而且这一机制与政府和公司治理相比不会引起高额的成本。

产品市场竞争与公司信息披露质量文献表明事务所在保证财务信息质量方面扮演着重要的角色，同时高质量的事务所的审计质量也普遍比低质量事务所的审计质量高，而产品市场竞争能够提高信息披露的质量，即表明产品市场竞争在保证信息质量方面对事务所存在一定的替代作用。

综合以上分析，本文认为一方面竞争能够通过降低代理成本进而降低企业对高质量审计的需求；另一方面竞争能够通过提高信息披露质量进而在一定程度上替代事务所在保证信息披露质量方面的作用，最终表现为公司所处行业竞争越激烈，企业对高质量审计的需求就会越低。

根据上述分析得知产品市场竞争会影响企业事务所选择的决策，那么产品市场竞争发生变化是否会引起事务所变更？在此基础上，进一步研究产品市场竞争变化与事务所变更的关系。DeFond(1992)利用变化模型，研究发现代理成本的变化与事务所变更正相关，且同时研究了事务所变更方向，当代理成本降低时，企业更加容易发生降级变更(由高质量所变为低质量所)。参照 DeFond 的研究，本文认为产品市场竞争变化程度也会影响公司事务所变更方向，当竞争变得更加激烈时，其对外部审计在公司治理中的替代效果就更明显。基于以上分析，本文提出以下假设：

假设 1：随着市场竞争程度的提高，企业对高质量审计的需求降低，且竞争程度发生变化会促使企业变更事务所，具体表现为当竞争变得更激烈时，企业由高质量所变更为低质量所的概率就越大。

本文进一步分析不同产权性质企业中，产品市场竞争对事务所选择的影响。首先，在代理成本方面，国有企业由于其所有者为全体人民，同时对国有企业拥有控制权的行政部门或上级单位并不能由于监督国有企业高管而获得收益，因此他们缺乏监督的动力，进而导致国有企业中代理成本较高(李寿喜，2007；徐伟，2016)，同时平新乔等(2003)通过实证分析发现国有企业存在相当于利润潜力 60%~70% 的代理成本，李寿喜(2007)进一步比较了国有企业与非国有企业的代理成本，研究发现国有企业的代理成本显著高于非国有企业。因此，我们预计在国有企业中，产品市场竞争对代理成本的边际影响会更为显著。

其次，在财务信息质量方面，由于国有企业的经营权经常受到行政权的干涉，因此其会计信息并不能真实地反映其经营成果和财务状况，进而导致政策性盈利或亏损现象严重，同时国有企业的高管往往会因为个人利益而进行盈余管理，因此影响企业的盈余质量(杜兴强等，2011)。但是即使是国有企业的盈余质量不高，由于其政治关系往往会促使其与事务所进行合谋而能获取好的审计意见。例如，Chan 等(2006)以中国 1996—2002 年的上市公司为研究对象，结果表明受对本地客户经济依赖及政治因素影响的"本地所"更加倾向于对当地政府控制的企业出具标准审计意见来减少经济损失。杜兴强等(2011)的实证研究也表明了在盈余质量相同的情况下，国有企业获得"非标"审计意见的概率显著较非国有企业低。由此可见，国有企业的信息质量要比非国有企业差，因此可以预计产品市场竞争对国有企业的信息质量影响会更大，进而影响了其事务所的选择行为。

结合上述分析可知，国有企业中的代理问题更加严重，同时其审计质量较非国有企业要低(杜兴强等，2011)。因此结合假设 1 中产品市场竞争对事务所选择的影响途径分析，本文认为竞争更加能够通过降低国有企业代理成本进而降低其对高质量事务所的需求，此外，由于国有企业更容易与事务所达成共谋进而获得有利的审计意见，可见事务所在国有企业中在保证信息质量方面的作用较弱，因此市场竞争更加能够替代事务所在保证信息质量方面的作用，由此可以推断在国有企业中产品市场竞争对事务所选择的影响更大。基于此提出以下假设：

假设2：控制其他因素不变，产品市场竞争对事务所选择的影响在国有企业中更显著。

3. 研究数据与研究设计

3.1 样本选取和数据来源

本文初始研究样本为2004—2014年所有A股上市公司。数据来源：（1）事务所是否"本地小所"数据来源于手工收集，其中事务所规模排名数据来自中注协从2003年开始每年公布的"会计师事务所综合评价前百家信息"；各事务所及其分所所在行政区（省或直辖市）的信息来自"会计百科""中国注册会计师行业管理信息系统"及各个事务所官网。（2）各地区市场化指数数据根据樊纲等的著作进行手工录入，2009年后各地区市场化指数用2009年的相应数据表示（樊纲等，2011）。（3）事务所是否变更数据，结合"会计百科"等网站查阅的资料，剔除了由于事务所合并、分拆、更名、受证监会处理而失去证券从业资格而发生的变更情况。（4）其他财务数据均来自国泰安数据库。我们计算赫芬达尔指数时的行业分类根据2012年证监会颁布的分类方法，其中制造业按照二级行业分类，其他行业按照一级行业分类。在此基础上对数据进行了如下筛选：（1）剔除金融保险业的上市公司；（2）剔除资产负债率大于1、营业收入增长率小于-100%的观测值；（3）由于观测值太少不具有统计意义，因而剔除了同一行业年度观测值小于15的上市公司；（4）剔除研究变量缺失的年度观测值。最终剩下16807个观测值。为了降低异常值影响，本研究对连续变量进行了缩尾处理（1%和99%分位）。

3.2 变量定义

3.2.1 事务所选择

本文在对事务所划分时从规模及地理位置两个方面进行考虑和衡量。在规模方面，已有的研究分别划分为"四大"与"国内所"，"四大""国内十大"与"小所"（Deangelo，1981），本文遵循事务所规模越大其对单个客户的依赖性就越小，则不易出现为了获取经济利益而损害审计独立性的现象，因此本文在规模上对事务所区分为"十大"与"非十大"，事务所规模大小参照中注协"百强"事务所中规模前十大。由于每年排名存在差异，因此本文为了保证分析的精确度，将2004—2014年每年"十大"的数据分别与上市公司每年聘请的事务所的信息进行匹配，进而得到每年公司聘请的事务所是否"十大"所的信息。

对于区域位置，由于与"异地所"相比，"本地所"往往会受对本地客户经济依赖及政治因素的影响，为了不损失经济利益较容易丧失独立性（Chan et al.，2006），因此"本地所"的审计质量要低于"异地所"。对于区域的划分，本文借鉴李奇凤和宋琰纹（2007）的方法，将事务所位置与上市公司注册地进行匹配，若是同一行政区（省或直辖市）内则视为当地所，否则为异地所。同时，若事务所当年（12月份设立视为下一年）在上市公司注册地设有分所则也视为"本地所"，同时考虑深圳的特殊性，将其独立于广东省，单独作为一个区域统计（李奇凤和宋琰纹，2007）。

在得到事务所规模和区域数据之后，将其进行整合，如果事务所为"非十大"且为"本地所"，则视为"本地小所"，表示审计质量较低，其他情况视为非"本地小所"，表示审计质量较"本地小所"高。同时将"本地小所"这一综合了地域和规模因素的变量作为衡量审计质量的标准在已有的文献中有所体现：Wang等（2008）研究表明地方性国企、中央国企更加可能聘请"本地小所"的现象可以用合谋动机进行解释，也反映了"本地小所"的独立性较非"本地小所"差，进而表现为审计质量较低。杜兴强等（2011）的研究发现有政治关联的国企更加倾向于选择"本地小所"，同时当盈余质量相同时，有政治关联的国企获得"非标"审计意见的概率显著更低，这反映了"本地小所"的审计质量较低。

3.2.2 事务所变更

事务所是否变更的数据，结合"会计百科"等网站查阅的资料，剔除了由于事务所合并、分拆、更名、受证监会处理而失去证券从业资格而发生的变更情况。同时按事务所变更方向将变更类型分为三类："本地小所"变为非"本地小所"（升级变更）、"本地小所"变为"本地小所"或其他所变为其他所（同级变更）、非"本地小所"变为"本地小所"（降级变更）。

3.2.3 产品市场竞争

本文借鉴姜付秀等（2009）、邢立全和陈汉文（2013）、徐伟（2016）等文献，利用以下两个指标衡量产品市场竞争程度：

赫芬达尔指数（HHI）：测量行业集中度，指行业中各公司所占行业总收入百分比的平方和，该指数越大表示市场集中程度越高，即竞争程度越低；反之则集中程度低，即竞争程度高。

同行业上市公司数量取对数（LNN）：用同行业内上市公司数量取对数来衡量市场竞争程度，数值越大则表示竞争程度越高，反之则竞争程度低。

变量定义见表1。

表1 变 量 定 义

变量类别	变量符号	变量定义
被解释变量	Aud	事务所类型，1表示"本地小所"，0为非"本地小所"
	Switch	事务所是否发生变更，1表示变更，0为不变更
	Switch_Type	事务所发生变更的类型：1为升级变更，"本地小所"更换为其他所；0为同级变更；−1为降级变更，其他所变为"本地小所"
	Degrade	降级变更，1表示其他所变为"本地小所"，0为同级变更
	Upgrade	升级变更，1表示"本地小所"变为其他所，0为同级变更

变量类别	变量符号	变量定义
解释变量	HHI	公司所处行业的市场竞争度, 用赫芬达尔指数衡量, 数值越大表示竞争程度越低, 反之则高
	HHI_CHANGE	$(\mathrm{HHI}_{i,t} - \mathrm{HHI}_{i,t-1}) / \mathrm{HHI}_{i,t-1}$
	LNN	公司所处行业的上市公司数量取对数, 数值越大表示竞争程度越高
	LNN_CHANGE	$(\mathrm{LNN}_{i,t} - \mathrm{LNN}_{i,t-1}) / \mathrm{LNN}_{i,t-1}$
分组变量	State	产权性质虚拟变量, 1 为国有企业, 0 为非国有企业
控制变量	Size	总资产取自然对数
	Lev	资产负债率
	Growth	营业收入增长率
	Ind	独立董事人数/董事会人数
	Opin	审计意见类型, 1 为标准无保留意见, 0 为其他
	Dual	董事长与 CEO 两职合一的虚拟变量, 出现兼任时为 1, 否则为 0
	Market	公司所处地区市场化进程相对指数
	Age	上市年龄取对数
	Roa	资产报酬率, 营业利润/总资产
	Loss	上两期净利润小于零为 1, 否则为 0
	ΣYear	年度虚拟变量

3.3 模型设定

为了检验假设 1 中竞争与事务所选择的关系, 本文借鉴已有的研究, 在模型(1)中加入了如下控制变量: 资产规模、资产负债率、独立董事比例、董事长与 CEO 是否两职合一(车宣呈, 2007)、公司上市年数(刘启亮等, 2010)、营业收入增长率(杜兴强等, 2011)、上市公司审计意见类型(饶茜等, 2011)、市场化指数(陈冬等, 2009)。

$$\mathrm{Logit}(\mathrm{Aud}_{i,t} = 1) = \alpha_0 + \alpha_1 \mathrm{Comp}_{i,t} + \alpha_2 \mathrm{Size}_{i,t} + \alpha_3 \mathrm{Lev}_{i,t} + \alpha_4 \mathrm{Growth}_{i,t} +$$
$$\alpha_5 \mathrm{Ind}_{i,t} + \alpha_6 \mathrm{Opin}_{i,t} + \alpha_7 \mathrm{Dual}_{i,t} + \alpha_8 \mathrm{Market}_{i,t} + \alpha_9 \mathrm{Age}_{i,t} + \sum \mathrm{Y} \qquad (1)$$

模型(1)中, 若 Comp 变量为赫芬达尔指数(HHI)时, α_1 的符号为负; Comp 变量为行业内上市公司数量取对数(LNN)时, α_1 的符号为正, 则表明假设 1 中产品市场竞争与事务所选择的关系被经验证据支持。

为了检验假设 1 中竞争变化程度与事务所变更的关系, 本文借鉴已有的研究, 在模型(2)中加入了如下控制变量: 董事长与 CEO 是否两职合一(朱小平和郭志英, 2007)、公司规模、资产负债率、上市公司审计意见类型、公司总资产收益率(戴亦一等, 2013)、是否连续两年亏损(王善平等，2014)：

$$\text{Logit}(\text{Switch}_{i,t} = 1) = \beta_0 + \beta_1\,\text{Comp\_Change}_{i,t} + \beta_2\,\text{Roa}_{i,t} + \beta_3\,\text{Lev}_{i,t} +$$
$$\beta_4\,\text{Dual}_{i,t} + \beta_5\,\text{Opin}_{i,t-1} + \beta_6\,\text{Loss}_{i,t} + \beta_7\,\text{Size}_{i,t} + \sum Y \qquad (2)$$

模型(2)中，Comp_Change 表示竞争的变化程度，分别用 | HHI_CHANGE |、| LNN _CHANGE | 衡量，β_1 的符号为正，表明假设 1 中市场竞争程度变化与会事务所变更的关系得到经验证据支持。模型(2)中，被解释变量为是否升级变更时(CUpgrade)，竞争变化变量 HHI_CHANGE、LNN_CHANGE 的符号分别为正、负；被解释变量为是否降级变更时(Degrade)，竞争变化变量 HHI_CHANGE、LNN_CHANGE 的符号分别为负、正时说明假设 1 中竞争变化程度与事务所变更类型的关系得到经验证据支持。

同时对模型(1)以产权性质不同进行分组回归，如果国有企业组和非国有企业组中的回归结果显著性和系数存在差异，则表明假设 2 得到经验证据支持。

4. 回归结果分析

4.1 描述性统计(见表 2)

表 2　　　　　　　　　　　　　描述性统计
Panel A　　　　　　　　　　主要变量描述性统计

变量	观测值	均值	标准差	最小值	第一分位	中位数	第三分位	最大值
Aud	16807	0.377	0.485	0	0	0	1	1
Switch	16807	0.090	0.287	0	0	0	0	1
Swith_Type	1517	0.105	0.596	−1	0	0	0	1
HHI	16807	0.062	0.098	0.011	0.015	0.019	0.063	0.477
HHI_CHANGE	16807	0.009	0.194	−0.523	−0.092	−0.006	0.068	1.201
LNN	16807	5.427	1.066	2.833	4.575	5.666	6.234	6.881
LNN_CHANGE	16807	0.014	0.066	−0.541	0.003	0.009	0.018	1.401
State	16807	0.554	0.497	0	0	1	1	1
Size	16807	21.78	1.226	19.250	20.910	21.630	22.460	25.520
Lev	16807	0.486	0.204	0.056	0.335	0.497	0.64	0.921
Growth	16807	0.210	0.545	−0.659	−0.018	0.124	0.295	3.868
Ind	16807	0.364	0.053	0	0.333	0.333	0.375	0.714
Opin	16807	0.953	0.211	0	1	1	1	1

变量	观测值	均值	标准差	最小值	第一分位	中位数	第三分位	最大值
Dual	16807	0.171	0.376	0	0	0	0	1
Market	16807	8.738	2.093	0.380	7.27	8.93	10.42	11.800
Age	16807	2.050	0.697	0	1.609	2.197	2.565	3.178
Roa	16807	0.036	0.065	−0.207	0.008	0.033	0.066	0.227
Loss	16807	0.028	0.165	0	0	0	0	1

Panel B	按照市场竞争程度分组的均值差异检验		
变量名称	HHI 取值较高组	HHI 取值较低组	差异
Aud	0.367	0.414	−0.047***
	｜HHI_CHANGE｜取值较高组	｜HHI_CHANGE｜取值较低组	
Switch	0.092	0.089	0.003
	HHI_CHANGE 取值较高组	HHI_CHANGE 取值较低组	
Degrade	0.156	0.193	−0.038*
Upgrade	0.281	0.256	0.025

注：***，*分别表示 1%和 10%的显著性水平。

表 2 的 Panel A 给出了本文的描述性统计结果。在事务所选择方面，无论是均值还是中位数都小于 0.5，说明上市公司选择非"本地小所"的居多；事务所是否变更的均值为 0.090，表明平均有 9%的上市公司会更换事务所；事务所变更类型的均值为 0.105，表明整体上上市公司发生升级变更的概率较降级变更的概率大；在产品市场竞争方面，赫芬达尔指数衡量的指标其均值（0.062）与中位数（0.019）都较小，说明整体而言同行业内上市公司之间竞争较为激烈。不论是用赫芬达尔指数还是上市公司数量衡量的产品市场竞争的描述性结果都与邢立全和陈汉文（2013）的结果较为接近。State 的均值为 0.554，说明样本中国有企业略多于非国有企业、独立董事人数比例平均高于 30%（Ind 均值为 0.364）、审计意见绝大部分为标准无保留意见（Opin 均值为 0.953），这些控制变量都与以往的文献比较一致，同时其他的控制变量已无异常值，这能有效保证后续回归结果的可靠性。

表 2 的 Panel B 给出了单变量分组差异检验结果（HHI，｜HHI_CHANGE｜和 HHI_CHANGE 三个指标均按照年度中位数进行分组），首先我们按照不同竞争程度对事务所类型（Aud）变量进行了均值差异检验，从检验结果来看，在竞争程度越高的组中，选择"本地小所"的情况越多；然后，我们按照竞争程度变化的绝对值（｜HHI_CHANGE｜）分组，发现竞争程度变化越大的组中，发生事务所变更的概率会越高；最后，我们按照竞争程度变化（HHI_CHANGE）分组，发现竞争变得更加激烈的样本（HHI_CHANGE 取值较低组）与

竞争程度变小的样本比较，发生降级变更的概率更大，升级变更的概率更小；而竞争变小的样本(HHI_CHANGE 取值较高组)与竞争程度变大的样本比较，发生降级变更的概率更小，升级变更的概率更大。

4.2 回归分析(分别见表3和表4)

表3　　　　　　　　　　产品市场竞争与事务所选择及变更
Panel A　　　　　　　　产品市场竞争与事务所选择

变量	模型(1) 因变量：事务所选择	
HHI	−0.435 ** (−2.51)	
LNN		0.037 ** (2.27)
Growth	0.035 (1.16)	0.034 (1.12)
Ind	−0.107 (−0.34)	−0.109 (−0.35)
Market	0.086 *** (10.84)	0.087 *** (10.90)
Age	0.103 *** (4.00)	0.112 *** (4.36)
Size	−0.183 *** (−12.07)	−0.184 *** (−12.09)
Lev	0.080 (0.86)	0.097 (1.05)
Opin	0.210 *** (2.61)	0.212 *** (2.63)
Dual	−0.116 ** (−2.55)	−0.118 *** (−2.59)
Constant	2.938 *** (9.05)	2.703 *** (7.89)
年度	控制	控制
N	16807	16807
Pseudo R^2	0.038	0.038

Panel B 产品市场竞争变化与事务所变更方向

变量	模型（2） 因变量：事务所是否变更		模型（2） 因变量：事务所变更方向			
			升级变更(1 为由"本地小所" 变为其他所，0 为同级变更)		降级变更(1 为由其他所 变为"本地小所"，0 为 同级变更)	
｜HHI_CHANGE｜	0.283* (1.73)					
｜LNN_CHANGE｜		0.742** (2.04)				
HHI_CHANGE			0.391 (1.29)		−0.056 (−0.14)	
LNN_CHANGE				−3.052*** (−2.65)		1.426* (1.74)
Size	0.048* (1.79)	0.046* (1.73)	−0.061 (−1.04)	−0.059 (−1.00)	−0.152** (−2.08)	−0.151** (−2.08)
Lev	0.119 (0.72)	0.131 (0.79)	0.175 (0.47)	0.167 (0.45)	0.459 (1.06)	0.452 (1.04)
Roa	−1.349*** (−2.75)	−1.331*** (−2.72)	−0.555 (−0.53)	−0.692 (−0.66)	−0.162 (−0.13)	−0.176 (−0.14)
Dual	−0.152* (−1.91)	−0.153* (−1.92)	−0.049 (−0.26)	−0.030 (−0.16)	0.058 (0.26)	0.037 (0.17)
Opin	−0.796*** (−7.31)	−0.796*** (−7.32)	0.461* (1.85)	0.473* (1.90)	−0.119 (−0.45)	−0.099 (−0.37)
Loss	0.616*** (4.55)	0.611*** (4.52)	0.421 (1.50)	0.412 (1.45)	0.602* (1.91)	0.621** (1.97)
Constant	−2.669*** (−4.92)	−2.633*** (−4.86)	0.376 (0.32)	0.370 (0.31)	1.754 (1.19)	1.718 (1.17)
年度	控制	控制	控制	控制	控制	控制
N	16807	16807	1319	1319	1159	1159
Pseudo R^2	0.027	0.027	0.022	0.025	0.026	0.028

注：***，**，*分别表示 1%，5%和 10%的显著性水平，括号内为 z 值。

表 3 汇报了市场竞争对事务所选择的回归结果。从 Panel A 整体样本回归结果可见，无论是用 HHI 还是 LNN 衡量的产品市场竞争，都与事务所选择变量在 5% 的水平下显著相关，其中 HHI 与事务所选择显著负相关（系数为 −0.435）、LNN 与事务所选择显著正相关（系数为 0.037），整体上说明了在控制其他因素不变的情况下，产品市场竞争越激烈时，上市公司越倾向于选择"本地小所"（较低质量的事务所）；相反，当产品市场竞争越不激烈时，上市公司越倾向于选择非"本地小所"（较高质量的事务所）。表 3 中 Panel A 的回归结果整体上表明市场竞争这一外部治理机制与外部独立审计机制存在替代效应，当产品市场竞争程度越高时，公司对高审计质量的需求越低，因此表现为更加倾向选择"本地小所"，而当市场竞争程度较低时，公司对高审计质量的需求较高，因此处于竞争程度低的行业中的企业更加倾向于选择非"本地小所"。回归结果验证了假设 1 中产品市场竞争与事务所选择的关系。

表 3 中 Panel B 前两列列示了产品市场竞争变化程度与事务所变更的回归结果。回归结果表明，在控制其他因素后，总体样本中，用赫芬达尔指数变化的绝对值衡量的产品市场竞争变化变量与事务所是否变更之间在 10% 的水平下显著相关，系数为 0.283，用行业内上市公司数量变化值的绝对值衡量的产品市场竞争变化变量与事务所是否变更在 5% 的水平下显著相关，系数为 0.742。回归结果说明产品市场竞争发生变化会促使事务所发生变更。

在表 3 中 Panel B 后四列中进一步检验了产品市场竞争变化程度与事务所变更方向的关系，实证结果表明：当市场竞争变得更加激烈时，与同级变更相比，公司更加可能发生降级变更（由非"本地小所"变更为"本地小所"），不太可能发生升级变更（由"本地小所"变更为非"本地小所"）。

表 3 中 Panel B 的回归结果整体上验证了市场竞争变化程度与事务所变更的关系，研究结果表明，产品市场竞争程度发生变化与企业变更事务所存在正相关关系，当产品市场竞争变得更激烈时，企业对高质量审计的需求会随之下降，因此表现为公司更容易由非"本地小所"变更为"本地小所"。回归结果验证了假设 1 中产品市场竞争变化程度与事务所变更之间的关系。

表 4　　　　　　　　　不同产权性质下竞争对事务所选择的影响

Panel A　　　　　　不同产权性质下产品市场竞争与事务所选择

变量	模型（1）因变量：事务所选择			
	非国企		国企	
HHI	−0.283 (−1.15)		−0.422* (−1.71)	
LNN		0.028 (1.12)		0.045** (2.09)
Size	−0.049* (−1.78)	−0.047* (−1.73)	−0.279*** (−13.82)	−0.280*** (−13.96)

变量	模型(1) 因变量：事务所选择			
	非国企		国企	
Lev	−0.195 (−1.36)	−0.180 (−1.25)	0.268** (2.14)	0.278** (2.23)
Growth	0.036 (0.88)	0.035 (0.86)	0.043 (0.96)	0.043 (0.96)
Ind	0.756* (1.66)	0.762* (1.67)	−0.502 (−1.14)	−0.508 (−1.16)
Opin	0.010 (0.08)	0.012 (0.10)	0.311*** (2.77)	0.311*** (2.77)
Dual	−0.180*** (−3.10)	−0.183*** (−3.13)	0.054 (0.71)	0.054 (0.72)
Market	0.060*** (5.18)	0.060*** (5.10)	0.115*** (10.12)	0.117*** (10.31)
Age	0.049 (1.34)	0.055 (1.50)	0.056 (1.31)	0.062 (1.47)
Constant	0.240 (0.42)	0.038 (0.07)	4.863*** (11.26)	4.599*** (10.08)
年度	控制	控制	控制	控制
N	7492	7492	9315	9315
Pseudo R^2	0.022	0.022	0.056	0.056

Panel B　　　　不同产权性质下产品市场竞争与事务所变更方向

变量	模型(2) 因变量：事务所变更方向			
	升级变更(1 由"本地小所"变为其他所，0 为同级变更)		降级变更(1 由其他所变为"本地小所"，0 为同级变更)	
	非国企	国企	非国企	国企
HHI_CHANGE	0.656 (1.58)	0.223 (0.51)	−0.265 (−0.45)	0.080 (0.14)
LNN_CHANGE	−2.820** (−2.06)	−3.495* (−1.69)	1.863 (1.52)	1.267 (1.23)
Size	0.025 (0.21)	0.019 (0.16)	−0.110 (−1.48)	−0.106 (−1.43)	−0.271* (−1.91)	−0.265* (−1.87)	−0.079 (−0.90)	−0.080 (−0.92)

变量	模型(2) 因变量：事务所变更方向							
	升级变更(1 由"本地小所"变为其他所，0 为同级变更)				降级变更(1 由其他所变为"本地小所"，0 为同级变更)			
	非国企		国企		非国企		国企	
Lev	−0.370 (−0.61)	−0.331 (−0.54)	0.718 (1.49)	0.727 (1.50)	0.288 (0.42)	0.255 (0.37)	0.799 (1.33)	0.791 (1.33)
Roa	−1.997 (−1.121)	−2.080 (−1.15)	−0.259 (−0.20)	−0.318 (−0.242)	−1.576 (−0.76)	−1.573 (−0.76)	0.686 (0.42)	0.592 (0.36)
Dual	−0.159 (−0.58)	−0.115 (−0.41)	−0.045 (−0.16)	−0.065 (−0.22)	−0.27 (−0.85)	−0.338 (−1.04)	0.263 (0.80)	0.275 (0.85)
Opin	0.287 (0.70)	0.303 (0.72)	0.687** (1.98)	0.691** (2.02)	−0.150 (−0.33)	−0.150 (−0.33)	−0.090 (−0.27)	−0.051 (−0.15)
Loss	0.934** (2.19)	0.917** (2.13)	0.034 (0.079)	0.028 (0.07)	0.135 (0.25)	0.157 (0.29)	0.944** (2.44)	0.958** (2.48)
Constant	−1.443 (−0.60)	−1.320 (−0.55)	1.151 (0.75)	1.118 (0.73)	3.872 (1.40)	3.734 (1.35)	0.229 (0.13)	0.206 (0.12)
年度	控制	控制	控制	控制	控制	控制	控制	控制
N	446	446	873	873	405	405	754	754
Pseudo R^2	0.030	0.032	0.043	0.046	0.060	0.064	0.036	0.038

注：***，**，*分别表示1%，5%和10%的显著性水平，括号内为z值。

表4中 Panel A 列示了不同产权性质下分组检验的产品市场竞争与事务所选择关系的结果，从整体回归结果可见，在非国有企业中产品市场竞争与事务所选择的关系并不显著（其中 HHI 的回归系数为−0.283，t 值为−1.15；LNN 的回归系数为 0.028，t 值为 1.12），但产品市场竞争与对事务所选择的影响在国有企业中显著（其中 HHI 的回归系数为−0.422，t 值为−1.71；LNN 的回归系数为 0.045，t 值为 2.09），这验证了假设 2，国有企业由于其存在代理问题更加严重、审计质量较低的问题，产品市场竞争对外部审计的替代效应更明显，即控制其他因素不变时，竞争对事务所选择的影响在国有企业中更为显著。

表4中 Panel B 列示了不同产权性质下分组检验竞争变化与事务所变更方向的回归结果，从回归结果可见，在国有企业与非国有企业中竞争变化与事务所是否为升级变更的关系都是显著的，而在国有企业中竞争变化对事务所是否为升级变更的影响程度更大，这在一定程度上也进一步检验了假设 2，国有企业中竞争对外部审计替代的效应更强①。

———————

① 在降级变更的检验中，无论是在国有企业还是非国有企业中，竞争程度变化变量与事务所变更方向均不显著，通过进一步分析"事务所发生变更的类型"（Switch_Type），我们预计不显著的结果可能是样本的分布偏差导致的，"事务所发生变更的类型"中降级变更的数量为 198 个，远小于同级变更的数量（961 个）。

5. 稳健性检验

5.1 删除交叉上市的公司观测值

由于同时发行 A 股和 B 股或者 H 股的企业会受到两个市场的监督，在事务所选择上与其他 A 股上市公司存在一定差异，因此本文将同时发行 A、B 股和 A、H 股的公司观测值删除，共删除 1328 个观测值，在删除之后共剩下 15479 个公司年度观测值。虽然在显著性水平和回归系数上与前面列示的结果存在差异：总体样本 HHI 的系数为 −0.443（t 值为 −2.47），LNN 的系数为 0.049（t 值为 2.94）；非国有企业中关系不显著；在国有企业中 HHI 系数为 −0.487（t 值为 −1.89），LNN 系数为 0.068（t 值为 2.984）。但是整体回归结果与主检验是一致的，因此本文的研究结论具有稳健性。

5.2 改变衡量事务所审计质量的方式

根据 Chan 等（2006）的研究，与"异地所"相比，"本地所"往往会受对本地客户经济依赖及政治因素的影响，为了不损失经济利益较容易丧失独立性，因此"本地所"的审计质量要低于"异地所"。本文将"本地所"视为低质量审计，"异地所"视为高质量审计，虽然回归结果在显著性水平和回归系数上与前面的结果存在差异：总体样本 HHI 的系数为 −0.804（t 值为 −4.30），LNN 的系数为 0.081（t 值为 4.40）；非国有企业中 HHI 的系数不显著，LNN 的系数为 0.064（t 值为 2.13）；在国有企业中 HHI 系数为 −0.955（t 值为 −3.70），LNN 系数为 0.075（t 值为 3.18）（见表 5）。但是整体回归结果与主检验基本是一致的，因此本文的研究结论具有稳健性。

表5　　　　　　　　　　稳健性检验结果（因变量为"本地所"）

产品市场竞争与事务所选择

变量	总样本		非国企		国企	
HHI	−0.804 *** (−4.30)		−0.439 (−1.58)		−0.955 *** (−3.70)	
LNN		0.081 *** (4.40)		0.064 ** (2.13)		0.075 *** (3.18)
Size	−0.098 *** (−5.53)	−0.100 *** (−5.62)	−0.010 (−0.32)	−0.010 (−0.30)	−0.171 *** (−7.66)	−0.177 *** (−7.93)
Lev	−0.089 (−0.87)	−0.053 (−0.52)	−0.596 *** (−3.72)	−0.569 *** (−3.57)	0.296 ** (2.16)	0.333 ** (2.44)
Growth	−0.042 (−1.25)	−0.043 (−1.27)	−0.041 (−0.86)	−0.041 (−0.86)	−0.030 (−0.62)	−0.030 (−0.62)

变量	总样本		非国企		国企	
Ind	−0.227 (−0.65)	−0.227 (−0.65)	0.851 (1.56)	0.875 (1.61)	−0.633 (−1.39)	−0.641 (−1.41)
Opin	0.050 (0.56)	0.054 (0.61)	−0.080 (−0.61)	−0.075 (−0.57)	0.077 (0.64)	0.080 (0.66)
Dual	−0.010 (−0.19)	−0.015 (−0.29)	−0.048 (−0.68)	−0.054 (−0.76)	0.071 (0.86)	0.073 (0.88)
Market	0.331*** (34.65)	0.332*** (34.81)	0.339*** (23.19)	0.337*** (23.06)	0.332*** (25.09)	0.337*** (25.42)
Age	0.007 (0.23)	0.025 (0.83)	−0.078* (−1.80)	−0.065 (−1.48)	0.074 (1.57)	0.089* (1.91)
Constant	0.271 (0.73)	−0.206 (−0.53)	−1.633** (−2.49)	−2.025*** (−3.02)	1.705*** (3.62)	1.319*** (2.66)
年度	控制	控制	控制	控制	控制	控制
N	16,807	16,807	7,492	7,492	9,315	9,315
Pseudo R^2	0.111	0.111	0.134	0.134	0.099	0.099

注：***，**，*分别表示1%，5%和10%的显著性水平，括号内为z值。

5.3 改变衡量市场竞争的方式

根据 Li 等(2012)的研究有三种衡量来自现有竞争者竞争的方式：赫芬达尔指数、公司数量及行业内营业收入前四的营业收入与行业内所有公司营业收入之和的比值，因此，将产品市场竞争用 IND-CON4 进行衡量，对本文的上述假设进行实证检验，检验结果与主检验中 HHI 列示的回归结果基本一致(在总样本回归中并不显著，但是在国有企业中 IND-CON4 的系数为−18.56(t 值为−2.02))。

6. 研究结论

本文以 2004—2014 年中国沪深两市上市公司为研究样本，对产品市场竞争与会计师事务所选择的关系进行了研究，研究结果表明：产品市场竞争一方面会通过降低代理成本进而影响企业对高质量审计的需求，另一方面竞争会促进公司提高信息披露质量，进而替代事务所在提高信息披露质量方面的作用，因此表现为在竞争程度较高的行业中企业倾向于选择低质量事务所(本文中的"本地小所")。同时，本文还研究了产品市场竞争变化与事务所变更之间的关系，分析结果表明产品市场竞争变化会引起事务所变更，且其变化程度与事务所变更方向相关，当产品市场竞争变得越激烈时，更容易发生事务所降级变更，更不可能发生升级变更。由于国有企业与非国有企业在代理成本及审计质量方面都存在差异，因此本文进一步检验了不同产权性质下竞争对事务所选择的影响，研究结论表明在国有企业中竞争对事务所选择的影响更加显著。

本文的研究在制度背景、经济因素的基础上进一步拓展了事务所选择的外部影响因素研究，丰富了事务所选择理论；产品市场竞争是行业层面上一项重要的外部治理机制，但现有文献对其与事务所的关系关注还不够，而本文探讨了两者的关系，丰富了这一领域的研究。

本文也具有重要的政策启示。我国正在建立以市场为主要资源配置方式的社会主义市场经济体系，可以预期的是市场竞争会更为激烈，不仅表现在国内企业的发展与壮大会加剧市场竞争，而且也有来自全球其他国家企业的进入所带来的竞争。本文的研究结果表明，市场竞争会在一定程度上降低企业对高质量审计的需求，表现为处于竞争性行业的企业更倾向于选择地区小所。因此，从监管上，我们需要迫切提高地区小所的职业水平与审计质量，切实发挥外部审计在公司治理中的关键作用。当然我们也欣喜地看到，我国会计师事务所正处在较大规模的整合趋势中，这必将大幅优化地区性事务所的生存环境和提高它们的审计质量。

◎ 参考文献

[1] 车宣呈.独立审计师选择与公司治理特征研究——基于中国证券市场的经验证据[J]. 审计研究，2007（2）.

[2] 陈冬，陈平，唐建新.实际控制人类型、法律保护与会计师事务所变更——基于国企民营化的经验研究[J].会计研究，2009(11).

[3] 陈关亭，兰凌.操控性应计利润审计质量的实证比较[J].审计与经济研究，2004(4).

[4] 戴亦一，潘越，陈芬.媒体监督、政府质量与审计师变更[J].会计研究，2013(10).

[5] 杜兴强，周泽将，杜颖洁.政治联系、审计师选择的"地缘"偏好与审计意见——基于国有上市公司的经验证据[J].审计研究，2011(2).

[6] 樊纲，王小鲁，朱恒鹏.中国市场化指数——各地区市场化相对进程 2011 年报告[M].北京：经济科学出版社，2011.

[7] 龚启辉，吴联生，王亚平.政府控制与审计师选择[J].审计研究，2012(5).

[8] 姜付秀，黄磊，张敏.产品市场竞争、公司治理与代理成本[J].世界经济，2009（10）.

[9] 雷光勇，邱保印，王文忠.社会信任、审计师选择与企业投资效率[J].审计研究，2014（4）.

[10] 李寿喜.产权、代理成本和代理效率[J].经济研究，2007(1).

[11] 李奇凤，宋琰纹.事务所地域与其对盈余管理的抑制能力[J].中国会计评论，2007（1）.

[12] 刘启亮，周连辉，付杰，肖建.政治联系、私人关系、事务所选择与审计合谋[J].审计研究，2010(4).

[13] 平新乔，范瑛，郝朝艳.中国国有企业代理成本的实证分析[J].经济研究，2003

（11）.

［14］饶茜，刘斌，陈建凯.区域性会计师事务所行为研究——来自中国市场的经验证据［J］.财经理论与实践，2011(4).

［15］温国山.会计师事务所规模、审计质量与市场反应——来自中国证券审计市场的证据［J］.审计与经济研究，2009(6).

［16］王善平，赵聪聪，赵国宇.扭亏动机下审计师变更决策与年报披露的及时性研究［J］.审计与经济研究，2014(1).

［17］王雄元，刘焱.产品市场竞争与信息披露质量的实证研究［J］.经济科学，2008 (1).

［18］王烨.股权控制链，代理冲突与审计师选择［J］.会计研究，2009(6).

［19］王咏梅，王鹏."四大"与"非四大"审计质量市场认同度的差异性研究［J］.审计研究，2006(5).

［20］邢立全，陈汉文.产品市场竞争，竞争地位与审计收费——基于代理成本与经营风险的双重考量［J］.审计研究，2013 (3).

［21］徐伟.国有控股公司控股方行为及其治理绩效实证研究［M］.北京：经济科学出版社，2016.

［22］伊志宏，姜付秀，秦义虎.产品市场竞争、公司治理与信息披露质量［J］.管理世界，2010 (1).

［23］曾颖，叶康涛.股权结构代理成本与外部审计需求［J］.会计研究，2005(10).

［24］朱小平，郭志英.公司治理结构与会计师事务所变更的实证研究［J］.审计与经济研究，2007(5).

［25］Ali, A., Klasa, S., E. Yeung. Industry concentration and corporate disclosure policy［J］. *Journal of Accounting and Economics*, 2014, 58(2).

［26］Baggs, J., Bettignies, JED. Product market competition and agency costs ［J］. *The Journal of Industrial Economics*, 2007, 55(2).

［27］Bamber, L. S., Cheon, Y. S. Discretionary management earnings forecast disclosures: Antecedents and outcomes associated with forecast venue and forecast specificity choices ［J］. *Journal of Accounting Research*, 1998, 36(2).

［28］Botosan, C. A., Stanford., M. Managers' motives to withhold segment disclosures and the effect of SFAS No. 131 on analysts' information environment［J］. *The Accounting Review*, 2005, 80(3).

［29］Bushman, R. M., Smith, A. J. Financial accounting information and corporate governance ［J］. *Journal of Accounting and Economics*, 2001, 32(1).

［30］Chan, K. H., Lin, K. Z., Mo, L. L. A political-economic analysis of auditor reporting and auditor switches［J］. *Review of Accounting Studies*, 2006, 11(1).

［31］Choi, J. H., Wong, T. J. Auditors' governance functions and legal environments: an international investigation［J］. *Contemporary Accounting Research*, 2007, 24(1).

［32］Chow, C. W. The demand for external auditing: Size, debt and ownership influences［J］. *The Accounting Review*, 1982.

[33] Deangelo, L. E. Auditor size and audit quality[J]. *Journal of Accounting and Economics*, 1981, 3(3).

[34] Defond, M. L. The association between changes in client firm agency costs and auditor switching[J]. *Auditing*, 1992, 11(1).

[35] Francis, J. R., Wilson, E. R. Auditor changes: A joint test of theories relating to agency costs and auditor differentiation[J]. *The Accounting Review*, 1988.

[36] Harris, M. S. The association between competition and managers' business segment reporting decisions[J]. *Journal of accounting research*, 1998, 36(1).

[37] Hart, O. D. The market mechanism as an incentive scheme[J]. *The Bell Journal of Economics*, 1983(11).

[38] Jagannathan, R., Srinivasan, S. Does product market competition reduce agency costs[J]. The North American *Journal of Economics and Finance*, 1999, 10(2).

[39] Jensen, M. C., Meckling, W. H. Theory of the firm: Managerial behavior, agency costs and ownership structure[J]. *Journal of Financial Economics*, 1976, 3(4).

[40] Leventis, S., Weetman, P., Caramanis, C. Agency costs and product market competition: The case of audit pricing in Greece[J]. *The British Accounting Review*, 2011, 43(2).

[41] Li, F., Lundholm, R., Minnis, M. A measure of competition based on 10-K Filings[J]. *Journal of Accounting Research*, 2012, 51(2).

[42] Marciukaityte, D., Park, J. C. Market competition and earnings management [J]. Available at SSRN 1361905, 2009.

[43] Nickell, S. J. Competition and corporate performance[J]. *Journal of political economy*, 1996(10).

[44] Wang, Q., Wong, T. J., Xia, L. State ownership, the institutional environment, and auditor choice: evidence from China [J]. *Journal of Accounting & Economics*, 2008, 46(1).

[45] Watts, R. L., Zimmerman, J. L. Agency problems, auditing, and the theory of the firm: some evidence[J]. *The Journal of Law & Economics*, 1983, 26(3).

Product Market Competition and Auditor Choice

Liu Lihua[1]   Kong Dongmin[1,2]

(1   School of Economics, Huazhong University of Science and Technology, Wuhan, 430074;

2   School of Finance, Zhongnan University of Economics, Wuhan, 430073)

Abstract: Based on data from China's stock markets for the period from 2004 to 2014, we establish hypotheses regarding the relationship between product market competition and auditor choice and attempt to explain the factor of auditor choice from the perspective of industry level. On the one hand, competition can influence the demand of high quality auditor by reducing the agency cost. On the other hand, competition can improve the quality of the financial reports which

73

can substitute for the function of auditor in making sure of high quality financial reports. Thus, competition can influence the auditor choice of companies. This study finds that competition intensity has significantly positive impact on the choice of low quality auditors. Besides, when the competition becomes more intense, companies tend to switch from a high quality auditor to a low quality auditor. This paper further explores the different impact of competition on auditor choice for firms with different ownership. Our study enriches the literature for auditor choice.

Key words：Product market competition；Auditor choice；Ownership

专业主编：辛清泉

货币政策与民企税收筹划研究[*]

● 唐建新[1]　夏韵仪[2]　范　蕊[3]　陈　冬[4]

（1，2，3，4 武汉大学经济与管理学院　武汉　430072）

【摘　要】货币政策调整将影响民营企业税收筹划行为。本文以 2003—2015 年 A 股上市公司为研究样本，检验结果发现：第一，货币政策变得紧缩时，民企会加大税收筹划程度。第二，货币政策变得紧缩时，选择进行税收筹划的民企更能够降低现金流敏感度，缓解企业融资约束问题。第三，当民企具有好的投资机会时，紧缩货币政策时期的税收筹划有助于提升投资效率。研究结果有助于从宏观经济政策变化的角度来理解民企进行税收筹划的动机和经济后果。

【关键词】货币政策　税收筹划　融资约束　投资效率

中图分类号：F822　　文献标识码：A

1. 引言

货币政策对微观企业而言是非常重要的宏观经济事件，其变化对企业财会行为有举足轻重的作用。本文研究 2003–2015 年我国民营企业税收筹划程度对货币政策调整的反应及避税收益。民营企业在遵守税法的前提下，通过规避涉税风险，控制或减轻税负，以实现企业财务管理目标。本文的研究受到以下三个方面启发：第一，税收筹划是企业获取内源融资的重要方式。企业所得税支出占利润总额的 1/4 到 1/3。根据宪法和法律规定，纳税支出是企业必须承担的一种强制、无偿且单向的完全现金支付义务（盖地，2016）。Beck（2014）发现企业通过税收筹划可以获得替代性内源融资。Edward（2016）发现企业进行税收筹划能积累内部现金储蓄缓解融资约束。Cai 和 Liu（2009）发现，在中国许多工业企业通过税收筹划获取资金支持，以满足企业投资需求。Rajan 和 Zingales（1998）发现，获得融资支持的企业更有利于其战略发展。由于政策性负担、"父爱主义"、银行歧视（discrimination）以及预算软约束等原因（林毅夫等，2004；Kornail 等，2003；Brandt 等，

＊ 基金项目：国家自然科学基金（项目批准号：71102159、71772139）、教育部人文社会科学研究青年基金（项目批准号：16YJC790005）、中央高校基本科研业务费专项资金资助，武汉大学自主科研项目（人文社会科学）研究成果。

通讯作者：唐建新，E-mail：wh_tjx1221@ 126. com。

2003），民企比国企更难以获得融资，特别是银根紧缩时期，民企从银行获得贷款的机会变得更少（叶康涛，2009；陆正飞等，2009）。第二，民企存在较强的避税动机。研究发现，在税收利益分配时，民企股东与政府存在冲突，因此，民企税收筹划的激进程度常高于国企（王跃堂等，2012）。整体来看，货币政策紧缩时企业融资难度尤其大，民企比国企融资难度更大，而税收筹划能筹措内部资金替代外部融资（饶品贵和姜国华，2013a）。这是启发我们研究货币政策与民企税收筹划程度间关系及其经济后果的重要原因。第三，会计学和财务学界对企业税收筹划的研究较为丰富且大多基于微观企业层面，但企业避税行为也会受国家层面宏观经济政策影响，学者们呼吁把经济、金融等因素纳入对企业税收筹划研究中，进一步丰富企业税收筹划的研究成果（Hanlon & Heitzman，2010）。货币政策研究视角有助于我们认识民企在宏观经济政策变化背景下进行税收筹划的动机和经济后果。

我们以税收筹划的权衡理论为基础，研究两个具体问题：第一个问题是，企业通过税收筹划可以获得内部现金储蓄，当货币政策进入紧缩时期，民企税收筹划程度是否会有所改变。一方面，货币政策的调整改变了企业的信息环境。当企业与外部市场的信息不对称程度上升时，为支持项目投资，内源融资是企业融资的首选（Myers & Majluf，1984）。另一方面，民企融资对货币政策调整更敏感（靳庆鲁等，2012）；银根紧缩时期，民企获取银行贷款难（叶康涛和祝继高，2009）。一般而言，企业进行税收筹划会面临风险，也存在成本，非货币紧缩时期民企可以选择其他融资方式而非税收筹划。但是，在货币紧缩时期，企业融资渠道有限，民企外部融资成本会增加，可获得的融资减少，很难或无法取得银行信贷资金的民企在避税收益大于避税成本的情况下，可能使用避税作为替代性融资来源。第二个问题是，如果民企在紧缩货币政策时期进行税收筹划，其避税收益是什么？我们从是否缓解融资约束、提高投资效率两个角度进行分析。一方面，民企通过税收筹划将节税收入作为内部现金储蓄，弥补货币政策紧缩时外源融资不足，缓解融资约束。另一方面，融资约束是导致企业投资环境变差且阻碍企业发展的重要原因（Minetti & Zhu，2011）。货币政策紧缩时期，企业面临融资约束，投资项目资金短缺，形成非效率投资，不利于企业战略性目标与可持续发展（黄宏斌等，2016）。有好的投资机会时，企业通过避税形成内部现金储蓄，缓解融资约束，适时选择投资项目，以提升投资效率。

本文的研究贡献体现在以下三个方面：第一，现有对货币政策与企业会计及财务行为的研究主要涉及投资贷款敏感性、会计稳健性、信贷资源配置、投资效率（王义中，2015）、现金持有（祝继高和陆正飞，2009）等方面。有研究发现企业在货币政策趋紧时增持现金（陈栋和陈运森，2012）、利用商业信用应对外部融资环境变化（饶品贵和姜国华，2013b）。本文探索性地研究企业税收筹划这一重要财务决策应对货币政策变化的反应，拓展和深化了货币政策与企业财务会计行为之间影响关系的研究。在货币政策对企业的影响研究文献中，货币政策调整与企业行为的关系受到越来越多的讨论。本文提出民企的税收筹划也可以成为替代性融资来源，这一探索有助于深化理解企业如何应对货币政策的调整。

第二，从货币政策的视角拓展和丰富宏观层面企业避税影响因素的研究。宏观层面企业避税的影响因素研究主要涉及税制、会计准则、金融发展、政治关联、政治不确定性等。此外，Edwards（2016）通过利用对银行放贷标准的调查，从宏观经济环境的角度衡量融资约束，当融资约束问题严重时，企业更倾向于进行更多的税收筹划活动；税收筹划收益可以由企业自行支配，将之用于日常经营或投资活动等。本文将货币政策作为研究视角，探究民企面对货币政策调整时是否选择将税收筹划活动作为替代性融资方案，并从缓解融资约束、提升投资效率两个角度分析避税收益，细分投资机会好和差进行分析，有利于我们认识宏观经济政策与民企会计、财务行为间的关系及其后果。

第三，拓展和丰富了非正规机制与经济增长的相关研究。研究发现，中国民营企业投资活动的发展壮大离不开丰富的现金流。例如，Poncet（2010）对中国14967家企业的研究发现，在民营企业的投资活动中，现金流起到了决定性的作用，进而促进企业可持续发展。Guariglia（2011）对中国统计局发布的2000—2007年79841家中国工业企业的数据进行了统计研究，发现现金流占总资产比重与资产增长率显著相关，在中国企业发展以及社会经济增长过程中，现金流起到了非常重要的作用。Song（2011）通过构建经济增长模型认为，由于金融制度存在或多或少的缺陷，一些企业进行投资活动时依赖内源融资，企业充足的内部储蓄是支撑企业投资和中国经济增长的关键环节。本文的检验结果表明，降低企业税负对于缓解企业融资约束、增加现金积累和提升投资效率起到了重要作用，进而对促进我国企业发展和经济增长具有重要的意义。

2. 理论分析和研究假设

2.1 货币政策与民企税收筹划

货币政策的投资驱动效应和传导机制表明：在紧缩的货币政策下，企业所处的金融生态环境会进一步恶化，企业更难获得外部融资，此时企业外部融资成本上升，融资规模受限，融资约束增加，进一步导致投资支出受到抑制。同时，过去的研究表明，由于政策性负担、"父爱主义"、银行的贷款歧视以及预算软约束等一系列因素，民营企业在紧缩货币政策时期更难获得足够的信贷支持（Qian等人，1994），与国有企业相比，民营企业在货币政策紧缩时期面临的融资约束问题通常更加严重。

货币政策的调整加大了企业与外部市场的信息不对称程度。在企业与外部市场信息不对称程度大的情况下，内源融资成为企业融资的首选。在紧缩货币政策时期，企业进行税收筹划能够降低公司税收负担，能节余因缴纳税款而支出的现金流出，该部分资金可以弥补外部融资不足的问题，支持企业相关战略投资决策。因此，税收筹划是企业获取现金和内部资金来源的途径，在货币政策调整时期可以通过税收筹划形成内部现金储备，这属于企业税收筹划带来的收益。

税收筹划权衡理论认为，税收筹划是避税收益和避税成本之间的权衡（范子英和田彬彬，2013）。避税收益来自增加的留存收益和减少的企业强制性的纳税现金支付，货币政策紧缩时，资金稀缺程度增大，企业进行税收筹划，获得的边际收益会较大。避税成本主要包括税务稽查成本和财务报告成本。有研究发现避税成本不一定会因企业税收筹划而大幅上升，企业的财务报告成本还可能因为税收筹划而降低。货币政策紧缩时期，税收筹划收益若大于成本，企业更有可能进行税收筹划。

企业可以通过多种手段进行税收筹划。紧缩货币政策时期，企业可以通过充分利用税法中的优惠政策、不违背税法精神的前提下选择不同的会计政策和会计方法、利用会计准则与税法对收入费用项目认定的差异、运用价格调整进行转嫁筹划、对成本费用项目进行调整、合理滞延纳税时间等手段，达到税收筹划的目的。紧缩货币政策时期，税收筹划成本上升幅度较小而税收筹划收益有所增加，将可能导致税收筹划收益大于税收筹划成本，最终增加企业价值，因此，民企可能会通过进行更多的税收筹划活动以获得更多的内部现金储备来弥补外部融资缺陷。值得注意的是，企业税收筹划程度增加的同时风险也在增加，企业如果能很好地把控风险，税收筹划产生的收益超过由此产生的成本时，民企会选择提升税收筹划的程度以面对紧缩货币政策时期的种种困难。综上所述，提出假设1。

H1：货币政策紧缩时期民企将显著提高税收筹划程度。

2.2 货币政策调整下的企业税收筹划收益

货币政策紧缩与否会对民企所处的外部融资环境造成影响。货币政策是中央银行调控宏观经济环境的重要手段之一，宏观经济环境的变动也会对微观企业层面产生重要影响。货币政策的作用机制是先由中央银行设定一定的经济目标，如充分就业或经济环境稳定等，再通过一系列的调节工具如调节货币供应量或者市场利率，从而影响资本市场上的资本投资，这一系列举措对微观企业层面所处的经济环境造成了影响，进而导致企业行为有所变化，最终影响宏观经济环境。经济学理论认为，货币政策通过货币渠道和信贷渠道对经济体系产生影响：货币渠道主要通过利率变化，信贷渠道主要是指银行的信贷资源，货币政策调整通过这两种渠道作用于企业的外部融资环境。有研究提出货币政策具有信贷传导机制：货币政策调整工具不仅仅有货币供应量和利率，还可以通过影响信贷市场上的信贷资源以实现对实体经济的调控。有研究证明了货币政策传导机制在我国微观企业层面同样存在。我国由于存在利率管制的影响，我们更多关注货币政策通过信贷资源渠道对微观企业的影响。在货币政策传导机制下，当货币政策从宽松转为紧缩时，资本市场上信贷资金缺乏，并且信贷资金分配不均，由于政府通常给予国有企业更多的经济和政治支持，金融机构更愿意将信贷资金优先分配给国企，对民企具有信贷歧视，民企融资约束问题会更加严重（Almeida 等，2004；Harford 等，2014）。因此，在货币政策紧缩时期，民企更可能进行税收筹划，通过税收筹划形成内部现金储蓄，增加企业内部资本补充，改善外部融资不足，减少融资约束，降低再融资风险。综上所述，提出假设2。

H2：货币政策紧缩时期，民企通过税收筹划缓解融资约束。

货币政策紧缩与否还会影响企业投资情况（黄兴李等，2016）。货币政策调整会对民企所处的金融生态环境造成影响，改变民企的外部融资条件，尤其是在宽松的货币政策下，银行信贷资源充足，能够给民企提供足够的外部资本，此时，民企面临的融资约束问题能够得到一定程度上的缓解。值得思考的是，无论企业是在货币政策宽松时期获得了银行信贷资源，还是在货币政策紧缩时期通过税收筹划获得了内部现金来源，民企都获得了足够的资本用以投资，但是企业的投资效率是否能够提高。我们认为还应该将民企面临的投资环境和投资机会考虑进来。当企业面临较好的投资项目时，企业应该抓住机会，将企业投资规模进一步扩大，此时企业通常需要通过外部或者内部融资来筹集足够的资金，用以追加投资并不断开拓市场寻求新的投资项目。货币政策宽松时期，外部融资来源较为充足，有利于支撑民企长期的战略发展决策，选择合适的投资项目，从而提升企业投资效率；当货币政策趋紧时，民企可能由于外部融资不足而被迫放弃较好的投资机会，造成投资效率低下的局面。此时企业如果进行税收筹划，则能够节约资金形成内部现金储蓄，此时企业可以将获得的内部资金用以弥补外部融资缺陷，使用内部资金投资到好的投资项目上，同样可以达到提升投资效率、开拓新市场的目的，实现企业战略发展目标。此外，税收筹划形成的现金储蓄属于股东财富，将这部分资金用来投资表明所有的风险由股东承担。在货币政策紧缩时期投资风险上升的情况下，股东会更加谨慎地避免非效率投资。当民企面临较好的投资机会时，往往选择扩张投资规模，这需要更多的融资支持，税收筹划形成的现金储备能够提供充足的融资来源，进而提高投资效率。综上所述，提出假设3。

H3：货币政策紧缩时期，民企通过税收筹划提升投资效率。

3. 样本选取与研究设计

3.1 样本选取

以 2003—2015 年期间深沪两市 A 股民营上市公司年度数据为初选样本，选取该期间进行研究主要是出于以下考虑：选择 2003 年为起始点是由于自 2003 年起，中国证监会强制要求所有上市公司对公司最终控制人进行披露，因此从 2003 年起国有企业和民营企业的划分变得更加精确，更易识别；选择 2015 年为终点是由于 2016 年 CCER 数据库对企业性质披露得不完整，最终我们得到初选样本 11138 条观测值。进一步按以下筛选标准进行处理：(1)剔除样本期内所得税费用为负、公司实际税率公式分母为负、实际税率大于 1 或小于 0、名义税率信息缺失的公司；(2)剔除金融行业上市公司；(3)剔除财务数据不全、控制变量缺失的公司；(4)剔除当年新上市的公司(吴联生，2009)。(5)剔除总资产小于零、资产负债率小于零等异常值公司。为去除离群值对回归结果的影响，本文对所有连续变量在 1% 的水平上进行了 winsorize 处理。构造变量所用到的财务数据、企业性质数据来自 CSMAR、CCER 数据库，企业名义税率数据来自 WIND 数据库，衡量货币政策所用到的贷款利率数据来自中经网数据库。

3.2 研究设计

3.2.1 货币政策与税收筹划程度

$$ETR_{i,t} = C + \beta_1 \times M_{2i,t} + Control + \in_{i,t} \tag{1}$$

其中 ETR 为实际税率(effective tax rate)，衡量企业税收筹划程度，ETR 越小表示企业税收筹划程度越高。M_2 为广义货币供给量增长率，衡量货币政策，M_2 越小表示货币政策越紧缩。会计应计可能对实际税率产生影响，因此我们控制了企业可操控性应计的绝对值(DA)。其他影响企业实际税率的一组控制变量包括：Taxrate、Size、Lev、Inv、Gap、

Roa、MTB，控制变量及其具体定义见表1。

表1   **变量计算及说明**

变量名称	变量	变量含义
税收筹划程度	ETR	ETR =（所得税费用−递延所得税费用）/（调整的税前会计利润−递延所得税费用/名义税率），调整的税前会计利润＝税前会计利润+减值准备−投资收益
税收筹划程度哑变量	ETRd	实际税率低于样本中位数，则 ETRd 取值为1，否则为0
货币政策	M_2	广义货币供给量增长率
经营性现金流	CF	经营性现金流量/总资产
现金持有量	ΔCash	（货币资金和短期投资当年增加额）/总资产
投资水平	Investment	购建固定资产、无形资产和其他长期资产支付的现金/总资产
名义税率	Taxrate	上市公司适用的名义税率
企业规模	Size	总资产的自然对数
存货密集度	Inv	存货/总资产
资本密集度	Gap	固定资产净值/总资产
资产收益率	Roa	利润/总资产
净资产收益率	Roe	净利润/净资产
可操控性应计	DA	企业可操控性应计的绝对值
市账比	MTB	市值/总资产
资产负债率	Lev	负债/总资产
主营业务收入增长率	Growth	（本年营业收入−上年营业收入）/上年营业收入
短期负债的增加额	ΔSTD	短期流动负债的增加额/总资产
资本支出	Expen	当年现金流量表中购买固定资产和无形资产的现金支出/总资产
并购情况	M&A	年度并购金额(剔除债务重组)/总资产
非现金营运资本增加额	ΔNWC	非现金的营运资本增加量/总资产

3.2.2 货币政策、税收筹划与融资约束

$$\Delta CASH_{i,t} = C + \beta_1 \times CF_{i,t} + \beta_2 \times CF_{i,t} \times ETRd_{i,t} + \beta_3 \times ETRd_{i,t} + Control + \in_{i,t}$$

（2）

其中 ΔCASH 是现金持有量，CF 为经营性现金流量占总资产的比重，其系数为现金的现金流敏感度。为便于对分析结果进行解释说明，我们使用实际税率哑变量 ETRd 衡量税收筹划程度，若民企实际税率低于样本中位数，则 ETRd 取值为1，表示税收筹划程度高，

否则为 0。使用广义货币增长率衡量紧缩货币政策，将样本按从小到大排列，当 M_2 小于样本第一四分位数（25%）时，表示紧缩货币政策，当 M_2 大于样本第三四分位数（75%）时，表示宽松货币政策。本文预期税收筹划可以缓解民企在紧缩货币政策时期的融资约束，即 CF×ETRd 的系数 β_2 在紧缩货币政策时期显著为负。模型（2）用到的控制变量包括 Size、Growth、ΔSTD、ΔNWC、Expen、M&A，变量具体定义见表 1。

3.2.3 货币政策、税收筹划与投资效率

$$Investment_{i,t} = C + \beta_1 \times CF_{i,t} + \beta_2 \times CF_{i,t} \times ETRd_{i,t} + \beta_3 \times ETRd_{i,t} + Control + \in_{i,t} \qquad （3）$$

其中 Investment 是衡量公司投资水平的代理变量，CF 和 ETRd 与模型（2）相同。本文预期税收筹划可以改善民企在紧缩货币政策时期的投资效率，即 CF×ETRd 的系数 β_2 在紧缩货币政策时期显著为负。本文进一步使用模型（3）对货币政策紧缩时期民企投资效率进行研究：资本逐利规律表明，公司的投资机会可以反映在其现有盈利能力上，因此本文使用净资产收益率 ROE 哑变量衡量潜在投资机会，将样本按从小到大排列并分为三组，当 ROE 小于样本第一四分位数（25%）时，表示投资机会较差，当 ROE 大于样本第三四分位数（75%）时，表示投资机会较好，其余构成投资机会一般组别。本文主要报告了投资机会较好组和较差组。本文预期在紧缩货币政策时期，具有较好投资机会的民企通过税收筹划可以改善公司投资效率，即 CF×ETRd 的系数 β_2 显著为负，在投资机会较差时变得不显著。模型（3）用到的控制变量包括 Size、Growth、Lev、MTB、Inv、Roa、M&A，变量具体定义见表 1。

4. 实证检验

表 2 报告了主要变量的描述性统计。表 3 报告了货币政策与税收筹划的回归结果，货币政策 M_2 的系数显著为正，说明货币政策趋紧时，民企将显著提高税收筹划程度，H1 得到验证。

表 2 描述性统计

变量名称	变量	mean	sd	p25	p50	p75
税收筹划程度	ETR	0.170	0.110	0.100	0.150	0.210
税收筹划程度哑变量	ETRd	0.420	0.490	0	0	1
货币政策	M_2(%)	15.84	4.180	13.34	14.86	17.57
现金持有量	ΔCash	0.0100	0.0900	-0.0300	0.0100	0.0500
投资水平	Investment	0.0600	0.0600	0.0100	0.0400	0.0800
名义税率	Taxrate	0.200	0.0700	0.150	0.150	0.250
企业规模	Size	21.71	1.370	20.79	21.54	22.41
存货密集度	Ivn	0.160	0.150	0.0600	0.120	0.210
资本密集度	Gap	0.250	0.180	0.110	0.220	0.360

变量名称	变量	mean	sd	p25	p50	p75
资产收益率	Roa	0.0300	0.0700	0.0100	0.0300	0.0600
可操控性应计	DA	−0.0400	0.120	−0.100	−0.0300	0.0200
市账比	MTB	2.640	2.110	1.360	1.940	3.070
资产负债率	Lev	0.130	0.170	0	0.0400	0.200
经营性现金流	CF	0.0400	0.0800	0	0.0400	0.0900
主营业务收入增长率	Growth	0.190	0.560	−0.0500	0.100	0.270
短期负债的增加额	ΔSTD	0.0400	0.130	−0.0200	0.0300	0.100
资本支出	Expen	0.0500	0.0500	0.0100	0.0400	0.0700
并购情况	M&A	0.0300	0.110	0	0	0
非现金营运资本增加额	ΔNWC	0	0.110	−0.0600	0	0.0500

表3　　　　　　　　　　　货币政策紧缩时期民企税收筹划程度检验结果

模型（1）因变量：税收筹划（ETR）　民企全样本											
M_2	Taxrate	Size	Inv	Gap	Roa	DA	MTB	Lev	Ind/ Year	Observations	Adj-R^2
0.006 ***	0.380 ***	−0.006 ***	−0.004	−0.113 ***	−0.161 ***	0.010	−0.002 **	−0.054 ***	yes	6032	0.225
（0.001）	（0.023）	（0.002）	（0.011）	（0.010）	（0.033）	（0.012）	（0.001）	（0.009）	yes	/	/

注：***，**，分别代表0.01，0.05的统计水平上显著。

表4报告了税收筹划是否缓解融资约束的回归结果，经营性现金流、公司税收筹划程度的交互项 CF×ETRd 系数显著为负，表明进行税收筹划能够降低现金的现金流敏感度，即民企进行税收筹划能够显著缓解融资约束。进一步，本文根据货币政策 M_2 划分货币政策紧缩和宽松两组，在货币政策趋紧时，经营性现金流、公司税收筹划程度的交互项 CF× ETRd 系数显著为负；在货币政策宽松时期，交互项的系数变得不显著。即验证了 H2：货币政策紧缩时期，民企通过税收筹划缓解融资约束。ETRd 与 ΔCash 显著正相关，这与理论分析相符，企业通过税收筹划能够结余现金，增加现金储蓄。

表4　　　　　　　　　　　税收筹划是否缓解融资约束检验结果

模型（2）	因变量：现金持有量（ΔCash）		
VARIABLES	全样本	紧缩时期	宽松时期
CF×ETRd	−0.078 **	−0.084 *	−0.079
	（0.033）	（0.047）	（0.073）
CF	0.262 ***	0.215 ***	0.435 ***
	（0.020）	（0.031）	（0.040）

模型（2）	因变量：现金持有量（ΔCash）		
ETRd	0.021***	0.024***	0.022***
	(0.003)	(0.004)	(0.006)
Size	0.013***	0.014***	0.007**
	(0.001)	(0.002)	(0.003)
Growth	0.020***	0.026***	0.010**
	(0.002)	(0.003)	(0.004)
ΔSTD	0.041***	−0.025	0.144***
	(0.011)	(0.018)	(0.020)
Expen	−0.343***	−0.329***	−0.343***
	(0.025)	(0.039)	(0.047)
M&A	0.026***	0.041***	−0.116***
	(0.008)	(0.010)	(0.036)
ΔNWC	−0.191***	−0.255***	−0.049**
	(0.012)	(0.018)	(0.023)
Constant	−0.293***	−0.312***	−0.175**
	(0.031)	(0.045)	(0.071)
Ind	yes	yes	yes
Year	yes	yes	yes
Observations	5752	2752	926
Adj-R^2	0.243	0.215	0.286

注：表中数据为各个自变量的回归系数，括号内为 T 值，***、**、* 分别代表 0.01、0.05 和 0.1 的统计水平上显著。

表 5 报告了税收筹划是否能改善企业投资效率的回归结果，经营性现金流、公司税收筹划程度的交互项 CF×ETRd 系数显著为负；进一步，在货币政策紧缩时期，CF×ETRd 系数显著为负，货币政策宽松时期，CF×ETRd 系数变得不显著。可以发现货币政策紧缩时期 CF×ETRd 的系数比民企全样本中更显著，紧缩时期的民企投资水平与现金流之间的敏感性更强，表明在货币政策紧缩时期，民企通过税收筹划改善企业投资效率，在货币政策宽松时期更少使用税收筹划或税收筹划对投资效率影响不显著。

表5 税收筹划是否影响投资效率检验结果

模型（3）a	因变量：投资水平（Investment）		
VARIABLES	全样本	紧缩时期	宽松时期
CF×Etrd	−0.027*	−0.040**	0.032
	(0.015)	(0.020)	(0.047)
CF	0.064***	0.073***	0.047
	(0.011)	(0.017)	(0.030)
ETR	−0.000	0.001	−0.010**
	(0.001)	(0.002)	(0.005)
Lev	0.068***	0.061***	0.053***
	(0.005)	(0.007)	(0.015)
MTB	0.000	−0.000	0.003**
	(0.000)	(0.000)	(0.002)
Ivn	−0.065***	−0.048***	−0.087***
	(0.006)	(0.008)	(0.014)
Roa	0.092***	0.044**	0.151***
	(0.010)	(0.017)	(0.023)
Size	0.001	−0.002	0.005*
	(0.001)	(0.001)	(0.003)
M&A	−0.014***	−0.021***	−0.001
	(0.005)	(0.005)	(0.028)
Growth	−0.000	0.001	−0.002
	(0.001)	(0.001)	(0.003)
Constant	0.047**	0.083***	−0.035
	(0.019)	(0.029)	(0.056)
Ind	yes	yes	yes
Year	yes	yes	yes
Observations	5468	2548	908
Adj-R^2	0.196	0.177	0.229

注：表中数据为各个自变量的回归系数，括号内为 T 值，***、**、* 分别代表0.01、0.05 和 0.1 的统计水平上显著。

表6继续使用模型（3），在表5报告的结果上进一步分析了在货币政策紧缩时期，当面临好坏不同的投资机会时，民企进行税收筹划是否能改善企业投资效率的问题。在货币政策紧缩时期：在民企全样本中，经营性现金流、公司税收筹划程度的交互项 CF×ETRd 系数显著为负；投资机会较好时，经营性现金流、公司税收筹划程度的交互项 CF×ETRd

系数显著为负，投资机会较差时变得不显著，表明在民企全样本和企业面临较好投资机会时，民企投资水平与现金流之间的敏感性更强，民企通过税收筹划改善企业投资效率，企业面临较差投资机会时更少使用税收筹划或税收筹划对投资效率影响不显著。即验证了H3：货币政策紧缩时期，民企通过税收筹划提升投资效率。

表6   税收筹划是否影响投资效率检验结果

模型（3）b	因变量：投资水平（Investment）		
	货币紧缩时期		
VARIABLES	全样本	投资机会好	投资机会差
CF×ETRd	−0.040 **	−0.072 **	0.035
	（0.020）	（0.034）	（0.055）
CF	0.073 ***	0.118 ***	0.003
	（0.017）	（0.034）	（0.031）
ETRd	0.001	0.004	−0.005
	（0.002）	（0.005）	（0.004）
Lev	0.061 ***	0.059 ***	0.042 ***
	（0.007）	（0.018）	（0.013）
MTB	−0.000	−0.001	0.000
	（0.000）	（0.001）	（0.001）
Ivn	−0.048 ***	−0.032	−0.063 ***
	（0.008）	（0.020）	（0.014）
Roa	0.044 **	0.046	0.065 **
	（0.017）	（0.046）	（0.030）
Size	−0.002	−0.002	0.002
	（0.001）	（0.003）	（0.003）
M&A	−0.021 ***	−0.007	−0.030 ***
	（0.005）	（0.013）	（0.008）
Growth	0.001	0.000	−0.001
	（0.001）	（0.003）	（0.003）
Ind	yes	yes	yes
Year	yes	yes	yes
Constant	0.083 ***	0.082	0.001
	（0.029）	（0.067）	（0.060）
Observations	2548	540	670
Adj-R^2	0.196	0.180	0.156

注：表中数据为各个自变量的回归系数，括号内为 T 值，***、**、* 分别代表 0.01、0.05 和 0.1 的统计水平上显著。

5. 稳健性检验

5.1 使用基准贷款利率衡量货币政策

基准贷款利率是央行运用的货币政策之一，使用 1 年期基准贷款利率 LILV 替换 M_2 从资本成本角度来衡量货币政策，基准利率越高表明货币政策越紧缩。对除自变量和因变量以外的所有变量进行滞后一年的处理。基准贷款利率 LILV 系数显著为负，表明利率越大即货币政策越紧缩时，实际税率 ETR 越小即民企税收筹划程度越大。紧缩货币政策下民企增加税收筹划的结论仍成立，见表 7。

表 7　　货币政策与税收筹划程度

因变量：税收筹划（ETR）	
VARIABLES	民企全样本
LILV	−0. 008 ***
	（0. 003）
Taxrate	0. 330 ***
	（0. 023）
Size	−0. 005 ***
	（0. 002）
Ivn	0. 057 ***
	（0. 012）
Gap	−0. 094 ***
	（0. 010）
Lev	−0. 098 ***
	（0. 007）
Roa	0. 016
	（0. 023）
DA	−0. 036 ***
	（0. 011）
MTB	−0. 001
	（0. 001）
Ind	yes
Year	yes
Constant	0. 197 ***
	（0. 046）
Observations	6，252
Adj-R^2	0. 184

注：表中数据为各个自变量的回归系数，括号内为 T 值，***、**、* 分别代表 0. 01、0. 05 和 0. 1 的统计水平上显著。

5.2 使用不同的实际税率计算方法

借鉴吴联生等(2009)、吴文锋等(2009)的研究，使用下面三种不同的实际税率进行替代：实际税率1：$ETR_1 = ($所得税费用 - 递延所得税费用$)/$息税前利润；实际税率2：$ETR_2 = $所得税费用$/($税前利润 - 递延所得税费用$/$法定税率$)$；实际税率3：$ETR_3 = ($所得税费用 - 递延所得税费用$)/($税前利润 - 递延所得税费用$/$法定税率$)$。依旧使用$M_2$衡量货币政策，对模型(1)进行回归后得出：$M_2$系数均显著为正，紧缩货币政策下民企增加税收筹划的结论仍成立，见表8。

表8　　　　　　　　　　　货币政策与税收筹划程度

	因变量：税收筹划(ETR)		
VARIABLES	ETR_1	ETR_2	ETR_3
M_2	0.005***	0.005**	0.004**
	(0.002)	(0.003)	(0.002)
Taxrate	0.344***	0.622***	0.531***
	(0.034)	(0.049)	(0.033)
Size	−0.003	0.002	0.004*
	(0.002)	(0.003)	(0.002)
Ivn	0.005	−0.003	0.023
	(0.016)	(0.022)	(0.015)
Gap	−0.109***	−0.032	−0.018
	(0.015)	(0.021)	(0.014)
Roa	−0.376***	−0.613***	−0.768***
	(0.048)	(0.067)	(0.044)
DA	0.014	−0.038*	−0.050***
	(0.017)	(0.023)	(0.015)
MTB	−0.000	0.001	0.001
	(0.001)	(0.002)	(0.001)
Lev	−0.088***	0.013	−0.012
	(0.013)	(0.018)	(0.012)
Ind	yes	yes	yes
Year	yes	yes	yes
Constant	−0.053	−0.222**	−0.212***
	(0.073)	(0.106)	(0.070)
Observations	5982	5758	5758
Adj-R^2	0.115	0.112	0.218

注：表中数据为各个自变量的回归系数，括号内为T值，***、**、*分别代表0.01、0.05和0.1的统计水平上显著。

5.3 加入新的控制变量

控制地区市场化程度(MI)、财政收入增长率(GR)对税收筹划的可能影响。使用樊纲等

（2011）的"市场化指数"衡量市场化程度，主要反映地区的外部融资市场化程度。加入刘慧龙和吴联生（2014）研究中的财政收入压力指标，用地区上年财政收入增长率衡量，当地区财政收入增长速度越快时，地方政府财政创收的压力越大，企业面临的税收负担也越重。使用M_2度量货币政策时，市场化程度、财政收入增长率分别与实际税率在10%统计水平上显著正相关；使用利率度量货币政策时，财政收入增长率与实际税率在5%统计水平上显著正相关。外部融资市场化程度和地区财政收入压力显著提升了企业的所得税负，加入市场化程度、财政收入增长率后，货币政策与税收筹划之间的关系仍成立，见表9。

表9 货币政策与税收筹划程度

VARIABLES	因变量：税收筹划（ETR）	
	M_2	LILV
货币政策	0.006 ***	−0.010 ***
	（0.001）	（0.003）
Taxrate	0.374 ***	0.316 ***
	（0.023）	（0.024）
GR	0.044 *	0.057 **
	（0.024）	（0.025）
MI	0.016 *	0.001
	（0.009）	（0.008）
Size	−0.006 ***	−0.005 ***
	（0.002）	（0.002）
Ivn	−0.004	0.060 ***
	（0.011）	（0.012）
Gap	−0.112 ***	−0.094 ***
	（0.010）	（0.011）
Roa	−0.157 ***	0.015
	（0.033）	（0.024）
DA	0.011	−0.033 ***
	（0.011）	（0.012）
MTB	−0.002 **	−0.001
	（0.001）	（0.001）
Lev	−0.053 ***	−0.103 ***
	（0.009）	（0.007）
Ind	yes	yes
Year	yes	yes
Constant	−0.030	0.202 ***
	（0.051）	（0.049）
Observations	6032	6043
Adj-R^2	0.200	0.183

注：表中数据为各个自变量的回归系数，括号内为 T 值，***、**、* 分别代表0.01、0.05 和 0.1 的统计水平上显著。

5.4 使用 KZ 指数衡量融资约束

使用 KZ 指数衡量融资约束，借鉴 Lamont（1997）的 KZ 指数计算方法，综合经营现金流量、托宾 Q、资产负债率、股利支付率以及现金持有等变量，进行 logit 回归，得出 KZ 指数，KZ 指数越大说明受融资约束的程度越高。对 KZ 指数取哑变量 KZd，小于样本中位数 KZd 取 1，否则取 0。M_2 与 ETR 显著正相关，再次验证了货币政策与民企税收筹划间的关系；交互项 $M_2 \times$KZd 系数与实际税率 ETR 显著正相关，税收筹划与融资约束之间的关系仍成立，见表 10。

表 10 货币政策与税收筹划程度

VARIABLES	因变量：税收筹划（ETR）
	民企全样本
M_2	0.005***
	(0.001)
$M_2 \times$KZd	0.002***
	(0.000)
Taxrate	0.380***
	(0.023)
Size	−0.006***
	(0.002)
Ivn	0.015
	(0.011)
Gap	−0.098***
	(0.011)
Roa	−0.257***
	(0.034)
DA	0.056***
	(0.012)
MTB	−0.002**
	(0.001)
Lev	−0.048***
	(0.009)
Ind	yes
Year	yes
Constant	(0.050)
Observations	5902
R-squared	0.202

注：表中数据为各个自变量的回归系数，括号内为 T 值，***、**、* 分别代表 0.01、0.05 和 0.1 的统计水平上显著。

6. 结论

本文研究了货币政策调整与民营企业税收筹划行为间的关系及其经济后果，并从融资约束、投资效率两个方面分析紧缩货币政策下税收筹划带来的收益。研究发现：第一，货币政策越紧缩，民企税收筹划程度越高。当货币政策由宽松走向紧缩时，资本市场上信贷资源缺乏且分配不均，较之国企而言，民企在货币政策紧缩时期面临更严重的融资约束，此时民企会进行更多的税收筹划活动。第二，民企税收筹划能够有效缓解融资约束问题。货币政策紧缩时期，民企通过税收筹划，能减轻公司税收负担，形成内部现金储蓄，因此进行税收筹划的企业能够一定程度上缓解融资约束问题。第三，拥有好的投资机会时，民企通过税收筹划还能够缓解货币政策紧缩时期的非效率投资，提升投资效率。货币政策紧缩时期，即使民企此时面临较好的投资机会，但由于更严重的融资约束，民企缺乏足够的外部资金来源，无法把握投资机会。进行税收筹划能够形成内部资金来源，缓解融资约束问题，将该部分资金用于投资，有利于提升企业投资效率，完成企业战略投资决策。

作为一种重要的非正规机制，企业进行税收筹划能够有效地弥补外源融资不足的缺陷，这对企业应对融资约束、非效率投资等问题具有重要作用。对政策制定者和企业而言，减轻企业税收负担，有利于企业改变流动性管理策略，改善融资和投资成本，从而有利于对融资和投资做出灵活调整，同时也为进一步推进和深化结构性减税、供给侧改革提供了理论支持和政策参考。

◎ 参考文献

[1] 陈栋，陈运森. 银行股权关联、货币政策变更与上市公司现金管理[J]. 金融研究，2012(12).

[2] 樊纲，王小鲁，朱恒鹏. 中国市场化指数：各地区市场化相对进程2011年报告[M]. 北京：经济科学出版社，2011.

[3] 范子英，田彬彬. 税收竞争、税收执法与企业避税[J]. 经济研究，2013(9).

[4] 盖地. 税务会计与纳税筹划[M]. 大连：东北财经大学出版社，2016.

[5] 黄宏斌，翟淑萍，陈静楠. 企业生命周期、融资方式与融资约束——基于投资者情绪调节效应的研究[J]. 金融研究，2016(7).

[6] 黄兴李，邓路，曲悠. 货币政策、商业信用与公司投资行为[J]. 会计研究，2016(2).

[7] 靳庆鲁，孔祥，侯青川. 货币政策、民营企业投资效率与公司期权价[J]. 经济研究，2012(5).

[8] 林毅夫，李志赟. 政策性负担、道德风险与预算软约束[J]. 经济研究，2004(2).

[9] 刘慧龙，吴联生. 制度环境、所有权性质与企业实际税率[J]. 管理世界，2014(4).

[10] 陆正飞，祝继高，樊铮. 银根紧缩、信贷歧视与民营上市公司投资者利益损失[J]. 金融研究，2009(8).

[11] 饶品贵，姜国华.货币政策、信贷资源配置与企业业绩[J].管理世界，2013(3).

[12] 饶品贵，姜国华.货币政策对银行信贷和商业信用互动关系影响研究[J].经济研究，2013(1).

[13] 王义中，陈丽芳，宋敏.中国信贷供给周期的实际效果：基于公司层面的经验证据[J].经济研究，2015(1).

[14] 王跃堂，王国俊，彭洋.控制权性质影响税收敏感性吗[J].经济研究，2012(4).

[15] 吴联生.国有股权、税收优惠与公司税负[J].经济研究，2009(10).

[16] 吴文锋，吴冲锋，芮萌.中国上市公司高管的政府背景与税收优惠[J].管理世界，2009(3).

[17] 杨兴全，李庆德，尹兴强.货币政策与公司投资效率：现金持有"双刃剑"[J].云南财经大学学报，2018(9).

[18] 叶康涛，祝继高.银根紧缩与信贷资源配置[J].管理世界，2009(1).

[19] 钟凯，程小可，张伟华.货币政策适度水平与企业"短贷长投"之谜[J].管理世界，2016(3).

[20] 祝继高，陆正飞.货币政策、企业成长与现金持有水平变化[J].管理世界，2009(3).

[21] Almeida,H.,Campello,M.,Weisbach M.S.The cash flow sensitivity of cash[J]. *The Journal of Finance*, 2004,59(4).

[22] Beck,T.,Liu, C.,Ma, Y.Why do firms evade taxes? The role of information sharing and financial sector outreach[J].*Journal of Finance*, 2014,69(2).

[23] Brandt, L.,Li,H.B.Bank discrimination in transition economies：Ideology, information,or incentives[J].*Journal of Comparative Economics*, 2003,31(3).

[24] Cai, H.,Liu, Q. Competition and corporate tax avoidance：Evidence from Chinese industrial firms[J].*Economic Journal*, 2009,119(537).

[25] Edwards, A.,Schwab, C.,Shevlin, T. Financial constraints and cash tax savings[J]. *The Accounting Review*, 2016,91(3).

[26] Guariglia, A., X. X., Liu, L., Song. Internal finance and growth：Microeconometric evidence on Chinese firms[J].*Journal of Development Economics*, 2011,96(1).

[27] Hanlon, M., Heitzman, S. A review of tax research [J]. *Journal of Accounting and Economics*, 2010, 50(2).

[28] Harford, J.,Klasa, S., Maxwell, W. Refinancing risk and cash holdings[J]. *Journal of Finance*,2014, 69(3).

[29] Kim, J.B.,Li, O. Z.,Li, Y.Corporate tax avoidance and bank loan contracting[C]. SSRN Working Paper,2010.

[30] Kornail, J.,Maskin, E.,Roland, G.Understanding the soft budget constraint[J].*Journal of Economic Literature*, 2003,41(4).

[31] Lamont, O., Polk, C.,Saá-Requejo, J.Financial constraints and stock returns[J].*Review of Financial Studies*,1997,14(2).

[32] Minetti, Raoul, Susan Chun Zhu. Credit constraints and firm export: Microeconomic evidence from Italy[J]. *Journal of International Economics*, 2011, 83(2).

[33] Myers, S. C., Majluf, N. S. Corporate financing and investment decisions when firms have information that investors do not have[J]. *Journal of Financial Economics*, 1984, 13(2).

[34] Poncet, S., Steingress, W., Vandenbussche, H. Financial constraints in China: Firm level evidence[J]. *China Economics Review*, 2010, 21(3).

[35] Qian, Y. A theory of shortage in socialist economies based on the soft budget constraint[J]. *American Economic Review*, 1994, 84.

[36] Rajan, R. G., Zingales, L. Financial development and growth [J]. *American Economic Review*, 1998, 88(3).

[37] Z., Song, Storesletten, K., Zilibotti, F. Growing like China [J]. *American Economics Review*, 2011, 101(1).

Monetary Policy and Tax Planning

Tang Jianxin [1]   Xia Yunyi[2]   Fan Rui[3]   Chen Dong[4]

(1, 2, 3, 4 Economics and Management School of Wuhan University, Wuhan, 430072)

Abstract: This paper analyzes the relations between monetary policy and Chinese non-state-owned listed companies' tax planning and its economic consequences. Based on 2003-2015 A-share non-state-owned listed companies, we found: (1) non-state-owned enterprises conduct more aggressive tax planning level under tightening monetary policy. (2) Tax planning helps to reduce the sensitivity of cash flow and ease the financing constraints for non-state-owned listed companies. (3) While companies have good investment opportunities under tight monetary policy, tax planning also helps to enhance investment efficiency. These findings enrich our understandings on motivation and economic consequences of tax planning under macroeconomics policy.

Key words: Monetary policy; Tax planning; Financing constraints; Efficiency of investment

专业主编：辛清泉

《劳动合同法》实施、制度成本与实体企业金融化*

● 杨 筝[1] 邹梓叶[2] 王红建[3]
(1 武汉纺织大学管理学院 武汉 430200;
2 上海海事大学经济管理学院 上海 201306;
3 南昌大学经济管理学院 南昌 330031)

【摘 要】关于制度成本是否驱动了实体经济金融化是当前理论界与实务界争议的热点问题。本文选择了2001—2016年非金融上市公司作为研究样本,以2008年我国《劳动合同法》实施为准自然实验,基于企业劳动密集型程度构成双重差分模型,实证检验《劳动合同法》实施导致制度成本的增加是否促进了实体企业金融化。经过系列严格检验发现:《劳动合同法》实施并没有显著增加实体企业金融化程度,且按照产权性质分组后,《劳动合同法》实施与实体企业金融化两者之间均未发现稳定的显著相关关系。这表明,通过上述严格的实证结果检验证明,未有充足证据表明《劳动合同法》实施促进了实体企业金融化。因此,本文研究从《劳动合同法》实施视角澄清了制度成本与实体经济虚拟化之间的关系,为有效遏制金融资本"脱实向虚"实施精准对策提供了理论依据。

【关键词】劳动合同法 制度成本 金融化 双重差分模型
中图分类号:F275.5 文献标识码:A

1. 引言

随着我国经济逐渐步入"新常态",在经济转型的过程中,如何合理引导虚拟经济与实体经济以促进经济正常发展是我国当前亟待解决的问题(陈健和龚晓莺,2018)。以银行为代表的金融行业等虚拟经济凭借其行政垄断地位及其信息优势等,一直拥有着极高的资本回报率,而房价居高不下及其丰厚的投资收益,也使得房地产行业持续受到众多投资

* 基金项目:湖北省高等学校人文社会科学重点研究基地企业决策支持研究中心重大项目"大数据与智能情景下决策知识获取与信息资源"(项目批准号:DSS20180204);湖北金融发展与金融安全研究中心2018年重点课题"利率市场化对我国实体企业投资结构选择影响研究"(项目批准号:2018Z002)。

通讯作者:杨筝,E-mail:yangzheng704@gmail.com。

者关注(宋军和陆旸,2015)。实体企业却面临着传统生产行业利润率下降,制度性红利及人口红利下降等带来的更为严峻的融资约束,因此大量实体企业向金融及房地产行业进行投资,以追逐更高的经济回报。近年来,我国越来越多的非金融企业在进行资产配置时,将企业的投资标的与获利渠道向金融资产倾斜,减少了对生产性资产的投资,这种行为就是实体企业的"金融化"(张成思和张步昙,2015),而虚拟经济和虚拟资本逐渐主导和支配实体经济和物质资本的投资和积累,致使实体经济低迷与虚拟经济膨胀并存,造成实体企业"脱实向虚"(向松祚,2014)。

根据《中国经济报告》,中国金融业增加值占 GDP 的比重从 2001—2005 年的平均4.4%增长到 2016 年的8.3%,远超《金融业发展和改革"十二五"规划》中 5%的目标值。同时,近年来我国民间投资与制造业投资增速均持续走低,一度低于全部投资增速,反映了当前实体经济投资回报率下降的现状。相比之下,我国金融投资规模却在不到 5 年的时间里增长了约 4 倍,扩展到超过 100 万亿元的水平,大量资金从实体企业流向了金融业和房地产业等高回报率的行业,体现了当前实体经济与虚拟经济之间较大的利润差距。据测算,我国工业平均利润率仅为 6%左右,而证券、银行业则在 30%左右①。可以明显看出金融资本侵占了产业资本的利润(徐策,2012)。于是大量实体企业加大了对虚拟经济的投资,如北京中科三环高技术股份有限公司 2018 年召开董事会审议通过了议案,使用自有资金购买银行理财产品,占公司 2017 年度审计净资产的 25.57%。② 而北京荣之联科技股份有限公司在 2018 年甚至预计当年委托理财实际发生额将超过最近一年经审计净资产的 50%。③ 面对实体企业对金融资产如此大力的投资,我国促进金融机构突出主业,防止脱实向虚的政策目标更加充满挑战。

当前诸多学者对实体企业金融化的影响研究大致分为宏观与微观两方面,宏观层面的研究主要从社会经济增长、经济稳定及社会稳定等方面来考量金融化的影响。Epstein(2005)认为金融化会加大贫富差距,使得资源配置向金融部门倾斜。在经济增长停滞、产品市场竞争趋于激烈的背景下,最终会引发实体经济规模收缩和金融危机。Palley(2010)认为经济过度金融化会带来融资结构失衡,致使企业负债率上升,金融脆弱性加剧,最终引发金融危机。Freeman(2010)认为金融化会导致失业。González 和 Sala(2014)研究发现金融化对失业率有显著的提高作用。Ortiz 和 Pablo(2014)甚至将金融化的弊端用AIDS 病毒来形容,指出金融化剥夺了其他部门的发展空间,占据了经济内部资源进行自我复制和强化。综合看来,宏观研究上更多地是从金融化破坏正常经济运行等方面对其负面影响做出了阐述。

---

① 董涛. 如何遏制资金"脱实向虚"[EB/OL]. http://news. hexun. com/2017-07-18/190090385. html,2017-07-18.

② 北京中科三环高技术股份有限公司董事会. 中科三环:关于使用自有资金购买银行保本型理财产品的公告[EB/OL]. http://vip. stock. finance. sina. com. cn/corp/view/vCB_AllBulletinDetail. php? gather=1&id=4167937,2018-03-30.

③ 北京荣之联科技股份有限公司董事会. 北京荣之联科技股份有限公司关于使用闲置自有资金购买银行理财产品的公告[EB/OL]. https://www. tianyancha. com/announcement/0c2c0a437ee8da3047c27c3d702d8724,2018-02-10.

微观层面的研究则主要关注实体企业金融化的过程及其对公司产生的具体影响。微观上对实体企业金融化的研究主要是从"挤出效应"（crowding out effect）和"蓄水池效益"（reservoir effect）这两个角度来分析。一方面，Orhangazi（2007）的研究发现金融化存在对企业实体投资的"挤出效应"，谢家智等（2014）研究则认为制造业的过度金融化会削弱其发展基础，抑制企业创新能力。另一方面，实体企业在金融化过程中，增加高回报的金融资产投资，有利于短期内提升公司股东价值，缓解企业融资约束。Baud 和 Durand（2012）研究发现 1990—2007 年持有较高金融资产比例的零售业企业能缓冲主业带来的利润下降。张军和丁丹（2008）研究发现金融化改革缓解了企业的外部融资，促进了企业投资。宋军和陆旸（2015）进一步研究发现了金融化与经营收益率之间的 U 形关系，在不同业绩的情况下，金融化分别表现为"替代效应"和"富余效应"。相对于宏观分析中一致地对金融化负面作用的认同，微观层面对实体企业金融化的研究结论尚未获得一致认可。

从企业金融化本身的影响因素角度看，周游和张成思（2015）认为传统生产性行业的利润率下降导致了企业金融化。企业追求更高的利润，自然地会在回报率更高的虚拟经济中加大投资。陈雨露（2015）认为金融活动较高的收益率成为产业投资的机会成本。实体经济企业难以获得价格合理的融资，所以被迫放弃了生产性的投资机会。邓超等（2017）研究认为稳定的宏观经济环境可以刺激总需求持续上升，从而会使企业加大固定资产投资，减少金融资产投资。反之，波动较大的宏观经济环境会加大企业金融化程度。宋军和陆旸（2015）认为充沛的待投资资本为企业金融化提供了资金支持，高业绩的企业由于资金充足、生产性投资机会相对欠缺，出于受行业规模制约与投资风险的考虑，会倾向于投资更多的金融资产。

通过对以往研究的回顾可以知道，当前的研究主要关注于实体企业金融化带来的影响，而少有文献从实体企业金融化的影响因素角度来进行研究，更是缺少从制度性成本角度对实体企业金融化的研究。研究该问题不仅有利于进一步揭示宏观经济政策对实体企业金融化的具体影响，而且有助于更好地认识宏观经济政策对企业金融化产生影响的内在方式。《劳动合同法》明确了劳动合同双方当事人的权利和义务，强化了对员工合法权益的保护，增加了企业的雇员成本，降低了雇员的灵活性，进而影响了企业的雇员水平。因此，《劳动合同法》的实施会一定程度上提高企业的制度性成本，进而可能对企业经营业绩产生负面的影响，出于改善业绩的考虑，企业有可能会加大金融化程度。因此本文对《劳动保护费》的实施是否通过制度成本对企业脱实向虚产生影响进行研究，2008 年《劳动合同法》的实施为本文研究提供了机会。

鉴于此，本文选择了 2001—2016 年非金融上市公司作为研究样本，以 2008 年我国《劳动合同法》实施为准自然实验，基于企业劳动密集型程度构成双重差分模型，实证检验《劳动合同法》实施导致制度成本的增加是否促进了实体企业金融化。本文系列检验发现：《劳动合同法》实施并没有显著增加实体企业金融化程度，且按照产权性质、行业竞争程度以及地区制度环境分组后，《劳动合同法》实施与实体企业金融化两者之间均未发现稳定的显著相关关系。这表明，通过上述严格的实证结果检验证明，未有充足证据表明《劳动合同法》实施会促进实体企业金融化。因此，本文研究从《劳动合同法》实施视角澄清了制度成本与实体经济虚拟化之间的关系，为有效遏制金融资本"脱实向虚"实施精准对策提供了理论依据。

本文的理论贡献可能有以下三点：第一，已有文献分别从技术创新、主营业务收入变化等视角研究了实体企业金融化产生的后果，但是仅有少量文献考察了我国实体企业金融化产生的具体动机，尤其是没有文献从制度成本视角揭示其产生的原因，本文则从《劳动合同法》实施这一独特视角，研究《劳动合同法》实施与实体企业金融化的关系，该研究有助于澄清制度成本与实体经济虚拟化之间的关系，为有效遏制金融资本"脱实向虚"实施精准对策提供了理论依据。第二，《劳动合同法》自实施之日起，关于《劳动合同法》实施对经济增长不利影响的争议不断，不少研究分别从固定资产投资、就业乃至技术创新等方面研究《劳动合同法》产生的宏微观经济效应，而本文则利用《劳动合同法》实施的准自然实验，从实体企业金融化视角澄清了《劳动合同法》可能产生的经济后果。第三，借助于《劳动合同法》实施的准自然实验，基于劳动密集型程度构建双重差分模型来检验制度成本与实体企业金融化之间的关系，有助于缓解这两者之间潜在的内生性问题。

2. 制度背景、理论分析与研究假设

2.1 制度背景

自我国 1994 年通过《劳动法》确立了劳动合同制度后，经过 11 年的发展，《劳动法》已无法完全适应新形势的要求，所以原劳动保障部认真总结我国现行劳动合同制度，并借鉴发达市场经济国家的劳动合同制度，起草了《劳动合同法》，不断研究修改最终通过，于 2008 年 1 月 1 日正式实施。相比于 1994 年施行的《劳动法》，2008 年施行的《劳动合同法》对企业的影响主要体现在用工成本和人力资源配置等方面。一是企业用工的违法违约成本大幅提高；二是《劳动合同法》中无固定期限的劳动合同、解除劳动合同的经济补偿等条款会降低企业的用工灵活性；三是《劳动合同法》会对企业员工的工作效率产生影响，正如很多发达国家高福利所带来的影响，更高的保障可能助长员工工作上的低效率。

2.2 理论分析与假设提出

《劳动合同法》中的无固定期限劳动合同、用人单位与员工协商一致解除劳动合同等相关条款，会显著降低企业用工的灵活性，进而不利于企业人力资源的配置效率。刘媛媛和刘斌（2014）研究发现《劳动合同法》的实施会显著增加企业的人工成本黏性。韩兆洲等（2011）认为实施《劳动合同法》对企业成本的影响主要是体现在新增成本、回归成本和违法成本三个方面，即终止合同的赔偿成本增加，社会保险总支出的增加以及违法解除劳动等行为的成本增加。潘红波和陈世来（2017）研究认为《劳动合同法》的实施，可能会加重最具活力的民营经济的政策性负担，降低其用工的灵活性和人力资源配置效率，抑制其投资活动。《劳动合同法》降低了员工面临的惩罚成本，进而可能保护低效率的员工，最终不利于员工工作的积极性和工作效率。大量研究表明《劳动合同法》的实施增加了企业的制度性成本，且劳动密集型行业受到的影响更明显，这也给本文通过《劳动合同法》的实

施对制度性成本与企业脱实向虚的关系进行分析提供了研究机会。

实体企业金融化本质上是一种金融投资行为,目前关于实体企业金融化动机可以简要归结为两类:一类文献认为当存在较大程度外部融资摩擦时,实体企业配置金融资产主要是为了缓解企业面临的融资约束,以平滑企业固定资产投资(Brown et al.,2011;胡奕明等,2017;杨筝等,2017),具有该动机的实体企业金融化与企业未来固定资产投资呈现正相关关系。另一类文献则认为实体企业金融化是在实体投资回报率日益微薄的冲击下,主要为了追逐金融行业超额回报率,基于该动机的金融资产配置行为与固定资产投资呈现显著的替代关系(杜勇等,2017;王红建等,2017)。

如果将固定投资与金融投资作为企业的一个投资组合决策,那么《劳动合同法》实施如何影响实体企业金融化可以使用资源约束条件下的投资组合理论来分析。对于固定资产投资特别是处于劳动密集型行业的投资而言,因《劳动合同法》实施而增加了劳动雇佣成本和解雇成本,在行业利润率给定的情况下成本的增加会降低固定资产投资的回报率,但对于金融资产投资而言,资本密集型行业特征致使配置金融资产的回报率受《劳动合同法》实施的冲击较小。根据投资组合理论,如果《劳动合同法》实施产生的制度成本对固定资产投资回报率产生了不利的影响,那么在资源约束的条件下企业会将有限的资源配置到更多回报率相对更高的金融资产上,从而促进了实体企业金融化。基于以上分析,本文提出以下研究假设:

H1:《劳动合同法》实施显著促进了实体企业金融化。

3. 研究设计与样本选择

3.1 样本与数据

本文选取了2001—2016年中国沪深两市A股上市公司作为研究样本。其中上市公司财务数据主要来自CSMAR数据库,而产权性质数据则主要来源于CCER数据库,在回归之前本文对原始样本进行了如下处理:(1)剔除金融、保险等金融类上市公司;(2)剔除数据缺失的样本;(3)剔除产权性质不明的样本,最终获得了25363个公司年度观测值。同时,为尽可能地消除极端值噪音,对所有连续型变量均作上下1% Winsorize截尾处理,描述性统计分析和实证检验均使用截尾处理后的数据,所有数据处理和实证分析使用的统计软件为Stata12.0。

3.2 研究设计

为了对本文研究假设进行实证检验,本文建立如下回归方程:

$$Fina_{it} = \beta_0 + \beta_1 \times Post\,2008_{it} + \beta_2 \times Labor_{it} + \beta_3 \times Post\,2008_{it} \times Labor_{it} + \sum_{j=1}^{n} \beta_{j+3} x_{it} + \xi_{it}$$

在上述模型中,$Fina_{it}$为因变量,表示实体企业金融化程度,本文分别使用金融资产占期末总资产的比重(Fina_asset)和金融渠道收益占税前利润的比重(Fina_income)来衡量。Post2008表示《劳动合同法》实施的虚拟变量,2008—2016年的年份取值为1,其余年份取值为 0。Labor 则为是否属于劳动密集型企业，本文分别根据单位资产的雇佣人数（ALabor）和单位营业收入的雇佣人数（ILabor）按照中位数进行分组，大于中位数则表示劳动密集型企业，否则定义为非劳动密集型企业。β_1 表示非劳动密集型行业的企业在《劳动合同法》实施前后，实体企业金融化的差异。β_2 表示《劳动合同法》实施之前，劳动密集型行业与非劳动密集型企业的金融化差异。β_3 为待检验系数，表示《劳动合同法》实施与劳动密集型企业交乘构造的双重差分项，若该回归系数显著为正，则表示《劳动合同法》显著提高了劳动密集型企业的金融化程度。x_{it} 为根据理论和已有文献发现的结果控制的一系列可能影响公司金融化程度的变量，具体包括：公司规模（Lnsize）、资本结构（Lev）、资产净利润率（ROA）、公司成长性（Growth）、现金比重（Cash）、固定资产占比（Tang）、经营净现金流（CFO）、资本投资规模（Invest）以及总资产周转率（Turnover）等。以上变量的具体定义见表 1。

表 1 主要变量的具体定义

变量类型	变量符号与名称	变量定义
因变量	金融化程度（Fina）	第一种方法：使用期末金融资产与总资产之比来表示 第二种方法：使用年度投资收益占总利润之比来表示
自变量	《劳动合同法》（Post2008）	以 2008 年《劳动合同法》实施为界，2008 年及之后取值为 1，否则取值为 0，表示《劳动合同法》实施
自变量	劳动密集型企业（Labor）	第一种方法：使用雇员人数除以期末总资产的中位数进行分组，大于中位数取值为 1，否则为 0 第二种方法：使用雇员人数除以年营业收入的中位数进行分组，大于中位数取值为 1，否则为 0
控制变量	公司规模（Lnsize）	使用期末总资产取自然对数来表示
控制变量	资本结构（Lev）	使用期末总负债除以期末总资产来表示
控制变量	资产净利润率（ROA）	使用年度净利润除以期末总资产来表示
控制变量	公司成长性（Growth）	使用营业收入的增长率来表示
控制变量	现金比重（Cash）	使用现金资产除以期末总资产来表示
控制变量	固定资产占比（Tang）	使用固定资产占期末总资产之比来表示
控制变量	经营净现金流（CFO）	使用经营净现金流除以期末总资产之比来表示
控制变量	资本投资规模（Invest）	使用现金流量表中构建固定资产、无形资产等支付的现金除以期末总资产来表示
控制变量	总资产周转率（Turnover）	使用营业收入除以期末总资产来表示

4. 实证结果与分析

4.1 描述性统计

表 2 为本文主要变量的描述性统计,分别列报了方程 1 中涉及的被解释变量、解释变量以及控制变量等。从表 2 可知,基于总资产标准化的金融资产表示的金融化指标(Fina_asset)的最小值为 0.010,而最大值为 0.760,均值为 0.212,而以营业收入标准化的金融化指标(Fina_income)的均值为 3.644,最小值为 −0.299,而最大值则高达 217.414,这说明该变量在样本期间内表现出较大的变异性。作为核心解释变量,《劳动合同法》实施与劳动密集型程度交互项的均值分别为 0.291、0.294,表明样本呈现一定的非对称性。以上也说明本文主要变量在样本期间内存在较大的变异性,其他控制变量的统计分布与已有结果基本一致,这也说明了本文研究具有一定的可靠性。

表 2   主要变量的描述性统计

Variable	NO	Mean	Std	Min	P25	Median	P75	Max
Fina_asset	25363	0.212	0.150	0.010	0.102	0.172	0.284	0.760
Fina_income	25363	3.644	21.442	−0.299	0	0.054	0.419	217.414
Post2008	25363	0.701	0.458	0	0	1	1	1
ALabour	25363	0.487	0.500	0	0	0	1	1
ILabour	25363	0.458	0.500	0	0	0	1	1
Post2008×ALabour	25363	0.291	0.454	0	0	0	1	1
Post2008×ILabour	25363	0.294	0.456	0	0	0	1	1
Lnsize	25363	21.717	1.202	19.204	20.867	21.566	22.372	25.444
Lev	25363	0.452	0.203	0.0480	0.297	0.456	0.608	0.905
ROA	25363	0.060	0.171	−0.937	0.019	0.056	0.120	0.565
Growth	25363	0.195	0.458	−0.593	−0.021	0.120	0.293	2.978
Cash	25363	0.179	0.132	0.008	0.086	0.143	0.234	0.707
Tang	25363	0.268	0.175	0.006	0.132	0.235	0.379	0.756
CFO	25363	0.048	0.074	−0.183	0.007	0.046	0.090	0.263
Invest	25363	0.059	0.055	0	0.018	0.042	0.082	0.270
Turnover	25363	0.654	0.461	0.062	0.353	0.540	0.812	2.601

4.2 实证结果与分析

表3报告了研究假设的检验结果，即《劳动合同法》实施、制度成本与实体企业金融化的回归结果，其中表3第(1)列和第(2)列以基于期末总资产标准化的金融资产占比为被解释变量，而第(3)列和第(4)列则以金融渠道收益占比为被解释变量。检验结果显示：第(1)列中《劳动合同法》的实施与劳动密集型企业的交互项(Post2008×ALabour)回归系数为-0.008，且在1%的统计水平上显著为负；第(2)列中《劳动合同法》实施与劳动密集型企业的交互项(Post2008×ILabour)回归系数为0.002，回归系数不显著；第(3)列和第(4)列中《劳动合同法》实施与劳动密集型企业交互项(Post2008×ALabour，Post2008×ILabour)的回归系数均不显著。以上实证结果的四个待检验系数中三个不显著，且第一个系数也仅显著为负，但从《劳动合同法》实施的(Post2008)单项系数来看，四列结果均在1%的统计水平上显著为正，这说明未有充足证据表明《劳动合同法》实施后导致制度成本的增加对实体企业金融化程度产生显著影响，不支持研究假设1的逻辑推理，这与沈永建等(2017)的发现是一致的。

表3　　　　　　　　　　　　《劳动合同法》实施与实体企业金融化

	(1)	(2)	(3)	(4)
	金融资产占比		金融渠道收益占比	
Post2008	0.037***	0.031***	2.738***	3.155***
	(10.47)	(9.69)	(3.25)	(3.43)
ALabour	0.003		0.653	
	(1.33)		(0.84)	
Post2008×ALabour	-0.008***		-0.082	
	(-3.07)		(-0.09)	
ILabour		-0.002		0.934
		(-0.82)		(1.05)
Post2008×ILabour		0.002		-0.739
		(0.86)		(-0.78)
Lnsize	0.002	0.002*	0.613***	0.588**
	(1.63)	(1.94)	(2.68)	(2.55)
Lev	-0.053***	-0.053***	4.560***	4.579***
	(-7.13)	(-7.11)	(3.83)	(3.84)
ROA	0.021***	0.021***	1.541	1.546
	(2.75)	(2.75)	(1.60)	(1.61)

	（1）	（2）	（3）	（4）
	金融资产占比		金融渠道收益占比	
Growth	-0.007 ***	-0.007 ***	-0.155	-0.154
	（-5.37）	（-5.32）	（-0.57）	（-0.56）
Cash	0.878 ***	0.878 ***	9.853 ***	9.864 ***
	（76.57）	（76.77）	（4.99）	（5.00）
Tang	-0.113 ***	-0.114 ***	-0.687	-0.586
	（-13.58）	（-13.41）	（-0.58）	（-0.50）
CFO	0.042 ***	0.040 ***	-1.518	-1.283
	（4.27）	（4.14）	（-0.65）	（-0.54）
Invest	-0.135 ***	-0.136 ***	7.989 **	8.056 **
	（-9.82）	（-9.67）	（2.38）	（2.40）
Turnover	-0.016 ***	-0.017 ***	-0.034	0.232
	（-6.08）	（-6.15）	（-0.07）	（0.47）
_cons	0.053 **	0.048 **	-16.104 ***	-15.993 ***
	（2.33）	（2.06）	（-3.08）	（-2.99）
行业效应	控制	控制	控制	控制
年度效应	控制	控制	控制	控制
Adj. R^2	0.793	0.793	0.012	0.012
F Value	1473.356	1477.163	7.679	7.816
N	25363	25363	25363	25363

注：括号内为经过公司层面 Cluster 之后的 T 值，＊，＊＊，＊＊＊分别表示 10%，5%，1%的统计水平上显著。

在我国由于国有企业的特殊属性，它们需要承担社会性负担而致使其往往存在超额雇员情况，因而《劳动合同法》实施对国有企业的冲击可能较小，而非国有企业一般在竞争较为激烈的行业中经营，竞争压力大，受《劳动合同法》冲击较大。若《劳动合同法》实施对实体企业金融化存在促进作用，那么其在这两类企业中应存在异质性。因此，本文考察了不同产权性质下《劳动合同法》实施与实体企业金融化之间的差异，表 4 报告了分组检验结果，其中第（1）～（4）列以基于期末总资产标准化的金融资产占比为被解释变量，第（5）～（8）列以金融渠道收益占比为被解释变量，在表 3 的研究基础上，将样本分组为国有企业和非国有企业进行研究，表 4 中奇数列为国有企业样本的实证结果，偶数列为非国有企业的实证结果。检验结果显示：《劳动合同法》实施与劳动密集型程度的交互项（Post2008×ALabour，Post2008×ILabour）除第（1）列和第（2）列显著为负之外，在其他列中均不显著，且国有企业组和非国有企业组没有显著差异，说明即使通过产权性质分组本文依然发现《劳动合同法》实施并没有显著促进实体企业金融化，以上结果进一步佐证了表3的发现结果。

表4　　　　　　　　产权属性、《劳动合同法》实施与实体企业金融化

	(1)	(2)	(3)	(4)	(5)	(6)	(7)	(8)
	金融资产占比				金融渠道收益占比			
	国有企业	非国有企业	国有企业	非国有企业	国有企业	非国有企业	国有企业	非国有企业
Post2008	0.038***	0.037***	0.032***	0.030***	3.739***	1.040	3.985***	1.226
	(8.52)	(6.80)	(7.80)	(5.51)	(2.99)	(1.05)	(3.03)	(1.08)
ALabour	0.001	0.005			1.419	−1.051		
	(0.47)	(1.40)			(1.44)	(−0.92)		
Post2008×ALabour	**−0.010*****	**−0.008****			**−0.792**	**1.662**		
	(−2.69)	**(−1.99)**			**(−0.63)**	**(1.34)**		
ILabour			−0.003	−0.001			2.211*	−1.703
			(−1.41)	(−0.14)			(1.94)	(−1.35)
Post2008×ILabour			**0.001**	**0.003**			**−0.914**	**1.100**
			(0.22)	**(0.84)**			**(−0.70)**	**(0.85)**
Lnsize	0.001	0.002	0.001	0.003	0.543	0.705***	0.616*	0.589**
	(0.51)	(0.93)	(0.91)	(1.13)	(1.55)	(2.81)	(1.75)	(2.38)
Lev	−0.070***	−0.042***	−0.070***	−0.043***	6.732***	2.524*	6.784***	2.499
	(−6.60)	(−3.80)	(−6.58)	(−3.79)	(3.84)	(1.65)	(3.89)	(1.64)
ROA	0.017	0.026**	0.017	0.027**	3.790**	−0.913	3.863**	−1.093
	(1.63)	(2.52)	(1.62)	(2.56)	(2.51)	(−0.76)	(2.56)	(−0.90)
Growth	−0.001	−0.011***	−0.001	−0.011***	−0.184	−0.100	−0.136	−0.158
	(−0.60)	(−6.05)	(−0.52)	(−5.99)	(−0.46)	(−0.26)	(−0.34)	(−0.42)
Cash	0.890***	0.870***	0.890***	0.870***	11.461***	8.663***	11.622***	8.571***
	(52.44)	(59.64)	(52.11)	(59.77)	(3.19)	(4.03)	(3.22)	(4.00)
Tang	−0.107***	−0.126***	−0.108***	−0.128***	0.193	−2.369	0.196	−1.980
	(−9.40)	(−10.80)	(−9.32)	(−10.69)	(0.11)	(−1.47)	(0.11)	(−1.25)
CFO	0.016	0.062***	0.014	0.061***	−3.062	0.274	−2.705	0.602
	(1.25)	(4.26)	(1.09)	(4.20)	(−0.83)	(0.09)	(−0.72)	(0.21)
Invest	−0.098***	−0.154***	−0.098***	−0.158***	11.427**	4.744	11.161**	5.490
	(−5.80)	(−7.58)	(−5.67)	(−7.64)	(2.04)	(1.21)	(2.01)	(1.39)
Turnover	−0.017***	−0.017***	−0.019***	−0.017***	−0.254	0.081	0.403	−0.072
	(−4.80)	(−4.23)	(−5.04)	(−4.08)	(−0.33)	(0.15)	(0.51)	(−0.13)

	（1）	（2）	（3）	（4）	（5）	（6）	（7）	（8）
	金融资产占比				金融渠道收益占比			
	国有企业	非国有企业	国有企业	非国有企业	国有企业	非国有企业	国有企业	非国有企业
_cons	0.084***	0.046	0.077***	0.039	−15.280*	−17.038***	−17.889**	−14.078***
	(3.47)	(0.97)	(3.13)	(0.82)	(−1.86)	(−3.27)	(−2.14)	(−2.68)
行业效应	控制	控制	控制	控制	控制	控制	控制	控制
年度效应	控制	控制	控制	控制	控制	控制	控制	控制
Adj. R^2	0.778	0.799	0.777	0.799	0.015	0.007	0.015	0.007
F Value	1071.036	1048.561	1067.932	1048.305	5.500	2.896	5.689	2.929
N	13445	11884	13445	11884	13445	11884	13445	11884

注：括号内为经过公司层面 Cluster 之后的 T 值，*，**，***分别表示 10%，5%，1%的统计水平上显著。

考虑《劳动合同法》的实施对企业金融化的影响效果可能在时间上存在迟滞性，若仅以当期检验结果不显著就断言《劳动合同法》实施并没有显著促进实体企业金融化可能不够可靠，为此本文将分别检验《劳动合同法》实施对下一期、下两期的实体企业金融化的影响进行检验，其中表 5 报告了下一期的检验结果，而表 6 则报告了下两期的检验结果，其中表 5 和表 6 第（1）列和第（2）列以下一期的金融资产占比为被解释变量，第（3）列和第（4）列以下一期的金融渠道收益占比为被解释变量。表 5 中的奇数列对劳动密集型企业划分基于总资产进行标准化，偶数列对劳动密集型企业划分基于营业收入进行标准化。

表 5 中的检验结果显示：《劳动合同法》实施与劳动密集型程度交互项（Post2008×ALabour，Post2008×ILabour）除第（1）列显著为负之外，在其他列中均不显著，这说明《劳动合同法》实施并没有对下一期实体企业的金融化决策产生实质性影响。以上结果进一步佐证了表 3 的发现结果。

表 5　　　《劳动合同法》实施与实体企业金融化（下一期）

	（1）	（2）	（3）	（4）
	金融资产占比		金融渠道收益占比	
Post2008	0.069***	0.058***	2.661***	2.984***
	(13.88)	(12.13)	(3.44)	(3.41)
ALabour	0.003		1.083	
	(1.21)		(1.39)	
Post2008×ALabour	**−0.009*****		**−0.482**	
	(−2.70)		**(−0.54)**	

	（1）	（2）	（3）	（4）
	金融资产占比		金融渠道收益占比	
ILabour		−0.005*		1.284
		（−1.84）		（1.42）
Post2008×ILabour		**0.005**		**−1.002**
		（1.12）		**（−1.03）**
Lnsize	−0.001	−0.001	0.762***	0.740***
	（−0.73）	（−0.41）	（3.17）	（3.08）
Lev	−0.048***	−0.048***	4.138***	4.156***
	（−5.20）	（−5.15）	（3.27）	（3.29）
ROA	0.019*	0.019*	−0.382	−0.386
	（1.94）	（1.93）	（−0.38）	（−0.39）
Growth	−0.006***	−0.006***	0.617	0.626
	（−2.92）	（−2.89）	（1.50）	（1.51）
Cash	0.609***	0.608***	10.121***	10.144***
	（41.45）	（41.60）	（4.68）	（4.70）
Tang	−0.099***	−0.100***	−0.966	−0.846
	（−10.43）	（−10.34）	（−0.74）	（−0.65）
CFO	0.102***	0.100***	−2.713	−2.447
	（7.06）	（6.98）	（−1.11）	（−0.99）
Invest	−0.270***	−0.272***	1.588	1.610
	（−14.88）	（−14.74）	（0.55）	（0.56）
Turnover	−0.002	−0.003	−0.054	0.289
	（−0.66）	（−0.99）	（−0.10）	（0.54）
_cons	0.135***	0.133***	−17.736***	−17.705***
	（4.86）	（4.65）	（−3.16）	（−3.14）
行业效应	控制	控制	控制	控制
年度效应	控制	控制	控制	控制
Adj. R^2	0.519	0.519	0.011	0.011
F Value	553.763	553.462	6.930	6.923
N	22526	22526	22526	22526

注：括号内为经过公司层面 Cluster 之后的 T 值，*，**，***分别表示 10%，5%，1%的统计水平上显著。

表 6 中的检验结果显示：《劳动合同法》实施与劳动密集型程度交互项（Post2008 × ALabour，Post2008×ILabour）除第（1）列显著为负之外，在其他列中均不显著，这说明《劳动合同法》实施并没有对下两期实体企业的金融化决策产生实质性影响。以上结果进一步佐证了表 3 的发现结果。

表6　　　　　　　　《劳动合同法》实施与实体企业金融化（下二期）

	（1）	（2）	（3）	（4）
	金融资产占比		金融渠道收益占比	
Post2008	0.078 ***	0.067 ***	− 2.574 **	− 2.806 **
	(14.30)	(12.54)	(−2.35)	(−2.23)
ALabour	0.002		1.650 **	
	(0.56)		(2.36)	
Post2008×ALabour	**−0.007** *		**−1.179**	
	(−1.74)		**(−1.47)**	
ILabour		− 0.009 **		0.961
		(−2.43)		(1.12)
Post2008×ILabour		**0.006**		**−0.950**
		(1.19)		**(−1.05)**
Lnsize	− 0.002	− 0.002	0.542 **	0.484 **
	(−1.10)	(−1.00)	(2.31)	(2.04)
Lev	− 0.042 ***	− 0.042 ***	4.900 ***	4.904 ***
	(−3.71)	(−3.69)	(3.51)	(3.52)
ROA	0.017	0.016	0.419	0.346
	(1.43)	(1.39)	(0.42)	(0.35)
Growth	− 0.008 ***	− 0.009 ***	0.815 *	0.808 *
	(−3.76)	(−3.83)	(1.88)	(1.87)
Cash	0.434 ***	0.434 ***	10.511 ***	10.520 ***
	(23.86)	(23.94)	(4.60)	(4.62)
Tang	− 0.101 ***	− 0.101 ***	0.166	0.392
	(−9.11)	(−9.01)	(0.12)	(0.28)
CFO	0.132 ***	0.130 ***	− 1.780	− 1.506
	(7.83)	(7.77)	(−0.65)	(−0.55)
Invest	− 0.300 ***	− 0.301 ***	0.605	0.707
	(−14.24)	(−14.14)	(0.19)	(0.22)
Turnover	0.002	0.000	0.281	0.530
	(0.54)	(0.00)	(0.52)	(0.94)

	（1）	（2）	（3）	（4）
	金融资产占比		金融渠道收益占比	
_cons	0. 167 ***	0. 174 ***	−7. 312	−5. 841
	(4. 91)	(4. 98)	(−1. 32)	(−1. 03)
行业效应	控制	控制	控制	控制
年度效应	控制	控制	控制	控制
Adj. R^2	0. 371	0. 371	0. 011	0. 011
F Value	274. 276	274. 417	6. 090	5. 934
N	19959	19959	19959	19959

注：括号内为经过公司层面 Cluster 之后的 T 值，*，**，***分别表示10%，5%，1%的统计水平上显著。

5. 稳健性检验

为了使研究结论更加可靠，本文分别进行了如下稳健性检验：

第一，本文直接使用基于营业收入或者总资产进行标准化的员工数量作为测度劳动密集程度的连续变量，并与《劳动合同法》实施(Post2008)进行交互，以构造双重差分模型(DID)，从而检验《劳动合同法》实施对实体企业金融化的影响，检验结果见表7。从中可以发现，Post2008×ALabour 和 Post2008×ILabour 系数与主检验结果是一致的。

表7　　　　　　　《劳动合同法》实施与实体企业金融化(稳健性检验)

	（1）	（2）	（3）	（4）
	金融资产占比		金融渠道收益占比	
Post2008	0. 039 ***	0. 026 ***	2. 531 ***	2. 756 ***
	(10. 28)	(7. 21)	(2. 89)	(3. 50)
ALabour	1038. 085		221632. 538	
	(1. 39)		(0. 69)	
Post2008×ALabour	**−4941. 467 ***		**141943. 752**	
	(−3. 47)		**(0. 35)**	
ILabour		−292. 418		87615. 101
		(−0. 87)		(0. 77)
Post2008×ILabour		**2012. 569**		**36. 437**
		(1. 51)		**(0. 00)**

	（1）	（2）	（3）	（4）
	金融资产占比		金融渠道收益占比	
Lnsize	0.002	0.003**	0.619***	0.588**
	(1.49)	(2.19)	(2.68)	(2.49)
Lev	−0.053***	−0.053***	4.579***	4.602***
	(−7.11)	(−7.07)	(3.82)	(3.85)
ROA	0.021***	0.023***	1.579	1.706*
	(2.74)	(2.81)	(1.62)	(1.73)
Growth	−0.007***	−0.007***	−0.163	−0.159
	(−5.45)	(−5.23)	(−0.59)	(−0.57)
Cash	0.877***	0.878***	9.924***	9.907***
	(76.36)	(76.87)	(5.00)	(4.98)
Tang	−0.113***	−0.114***	−0.714	−0.550
	(−13.51)	(−13.43)	(−0.60)	(−0.47)
CFO	0.043***	0.040***	−1.559	−1.318
	(4.30)	(4.12)	(−0.67)	(−0.55)
Invest	−0.134***	−0.138***	7.910**	8.077**
	(−9.76)	(−9.77)	(2.36)	(2.40)
Turnover	−0.016***	−0.016***	−0.038	0.225
	(−5.94)	(−5.82)	(−0.08)	(0.46)
_cons	0.056**	0.039	−16.153***	−15.738***
	(2.40)	(1.61)	(−3.04)	(−2.88)
行业效应	控制	控制	控制	控制
年度效应	控制	控制	控制	控制
Adj. R^2	0.793	0.793	0.012	0.011
F Value	1469.702	1469.019	7.698	7.643
N	25289	25289	25289	25289

注：括号内为经过公司层面 Cluster 之后的 T 值，*，**，***分别表示10%，5%，1%的统计水平上显著。

第二，为排除2007年"两税合一政策"的影响，本文使用 Post2008 与名义税率的交互项来控制税改对实体企业金融化的影响，其检验结果见表8。从中可以发现，Post2008×ALabour 和 Post2008×ILabour 系数除第（1）列显著为负之外，其余均不显著，这表明即使控制了 2007 年税率改革政策的影响，《劳动合同法》的实施对实体企业金融化的影响依然是不显著的。

表8　　　　　　　　《劳动合同法》实施与实体企业金融化（排除税率变化）

	(1)	(2)	(3)	(4)
	金融资产占比		金融渠道收益占比	
Post2008	−0.002	−0.008	3.235**	3.678**
	(−0.39)	(−1.62)	(2.27)	(2.36)
ALabour	0.001		0.570	
	(0.69)		(0.73)	
Post2008×ALabour	**−0.006****		**−0.023**	
	(−2.46)		**(−0.03)**	
ILabour		−0.002		0.847
		(−1.28)		(0.96)
Post2008×ILabour		**0.004**		**−0.716**
		(1.44)		**(−0.75)**
Tax	0.011	0.012	4.772	4.729
	(1.27)	(1.40)	(1.10)	(1.10)
Post2008×Tax	**0.178*****	**0.179*****	**−6.492**	**−6.590**
	(7.54)	**(7.54)**	**(−1.15)**	**(−1.17)**
Lnsize	0.001	0.002	0.614***	0.585***
	(1.24)	(1.58)	(2.77)	(2.62)
Lev	−0.057***	−0.057***	4.477***	4.493***
	(−7.61)	(−7.59)	(3.73)	(3.74)
ROA	0.023***	0.023***	1.530	1.529
	(2.94)	(2.94)	(1.59)	(1.59)
Growth	−0.007***	−0.007***	−0.165	−0.165
	(−5.35)	(−5.30)	(−0.59)	(−0.59)
Cash	0.883***	0.883***	9.680***	9.689***
	(79.70)	(79.91)	(5.25)	(5.26)
Tang	−0.113***	−0.114***	−0.837	−0.730
	(−13.64)	(−13.47)	(−0.72)	(−0.63)
CFO	0.044***	0.042***	−1.799	−1.579
	(4.52)	(4.40)	(−0.76)	(−0.66)
Invest	−0.123***	−0.125***	7.882**	7.963**
	(−9.43)	(−9.31)	(2.39)	(2.42)

	（1）	（2）	（3）	（4）
	金融资产占比		金融渠道收益占比	
Turnover	−0.017 ***	−0.018 ***	−0.015	0.222
	（−6.21）	（−6.26）	（−0.03）	（0.45）
_cons	0.069 ***	0.063 ***	−16.822 ***	−16.594 ***
	（3.02）	（2.71）	（−3.31）	（−3.17）
行业效应	控制	控制	控制	控制
年度效应	控制	控制	控制	控制
Adj. R^2	0.798	0.798	0.011	0.011
F Value	1420.552	1421.791	7.360	7.471
N	25145	25145	25145	25145

注：括号内为经过公司层面 Cluster 之后的 T 值，*，**，***分别表示10%，5%，1%的统计水平上显著。

第三，为了排除金融危机的影响，考虑到金融危机主要冲击出口企业，本文以企业境外收入占比作为分组变量，与 Post2008 进行交乘，以控制金融危机可能存在的对实体企业金融化的影响，其检验结果见表9。从中可以发现，Post2008×ALabour 和 Post2008×ILabour 系数除第（1）列显著为负之外，其余均不显著，这表明即使控制了 2008 年金融危机的影响，《劳动合同法》实施对实体企业金融化的影响依然是不显著的。

表9　　　　　　　　《劳动合同法》实施与实体企业金融化（排除金融危机）

	（1）	（2）	（3）	（4）
	金融资产占比		金融渠道收益占比	
Post2008	0.036 ***	0.030 ***	2.765 ***	3.168 ***
	（10.26）	（9.49）	（3.23）	（3.37）
ALabour	0.002		0.682	
	（1.30）		（0.87）	
Post2008×ALabour	**−0.008 ***		**−0.102**	
	（−3.13）		**（−0.11）**	
ILabour		−0.002		0.958
		（−0.88）		（1.08）
Post2008×ILabour		**0.002**		**−0.749**
		（0.82）		**（−0.79）**

	（1）	（2）	（3）	（4）
	金融资产占比		金融渠道收益占比	
Foreign	0.012**	0.013**	−2.211	−2.246
	（2.39）	（2.55）	（−1.07）	（−1.09）
Post2008×Foreign	−0.004	−0.006	1.730	1.838
	（−0.63）	（−0.99）	（0.78）	（0.83）
Lnsize	0.002	0.002*	0.616***	0.591**
	（1.62）	（1.93）	（2.69）	（2.56）
Lev	−0.053***	−0.053***	4.547***	4.566***
	（−7.11）	（−7.10）	（3.82）	（3.83）
ROA	0.021***	0.022***	1.534	1.542
	（2.78）	（2.77）	（1.59）	（1.60）
Growth	−0.007***	−0.007***	−0.153	−0.151
	（−5.39）	（−5.33）	（−0.56）	（−0.55）
Cash	0.877***	0.877***	9.883***	9.891***
	（76.67）	（76.92）	（4.99）	（5.00）
Tang	−0.113***	−0.114***	−0.684	−0.584
	（−13.60）	（−13.44）	（−0.58）	（−0.50）
CFO	0.042***	0.041***	−1.568	−1.330
	（4.30）	（4.16）	（−0.67）	（−0.56）
Invest	−0.136***	−0.138***	8.123**	8.177**
	（−9.95）	（−9.80）	（2.39）	（2.41）
Turnover	−0.016***	−0.018***	−0.024	0.250
	（−6.08）	（−6.19）	（−0.05）	（0.50）
_cons	0.053**	0.048**	−16.140***	−16.040***
	（2.33）	（2.07）	（−3.09）	（−3.00）
行业效应	控制	控制	控制	控制
年度效应	控制	控制	控制	控制
Adj. R^2	0.793	0.793	0.012	0.012
F Value	1416.572	1419.665	7.377	7.484
N	25363	25363	25363	25363

注：括号内为经过公司层面 Cluster 之后的 T 值，*，**，***分别表示 10%，5%，1%的统计水平上显著。

第四，通过最低工资标准构造三重差分模型，以检验《劳动合同法》实施与最低工资交互效应对实体企业金融化的影响，如果劳动成本上升会导致实体企业金融化加剧，那么《劳动合同法》实施与最低工资交互会显著促进实体企业金融化程度，其检验结果见表10。从中可以发现：三重交互项系数除第(1)列显著为正以外，其余均不显著，表明即使使用三重差分模型，也不能得到《劳动合同法》实施显著促进实体企业金融化的稳健性结论。

表10　　　　　　　　　**最低工资、《劳动合同法》实施与实体企业金融化**

	（1）	（2）	（3）	（4）
	金融资产占比		金融渠道收益占比	
Post2008	−0.063	−0.138**	8.595	15.607
	(−0.90)	(−2.11)	(0.48)	(0.81)
ALabour	0.054		−5.018	
	(1.57)		(−0.41)	
Post2008×ALabour	−0.117**		21.511	
	(−2.13)		(1.39)	
Minwage	0.012**	0.003	−0.314	−0.026
	(2.29)	(0.57)	(−0.15)	(−0.01)
Post2008×Minwage	0.005	0.016*	−1.258	−2.223
	(0.54)	(1.77)	(−0.48)	(−0.80)
ALabour×Minwage	−0.008		0.937	
	(−1.48)		(0.47)	
Post2008×ALabour×Minwage	**0.016****		**−3.195**	
	(2.00)		**(−1.35)**	
ILabour		−0.019		−3.667
		(−0.58)		(−0.27)
Post2008×ILabour		−0.040		11.547
		(−0.74)		(0.72)
ALabour×Minwage		0.003		0.764
		(0.54)		(0.35)
Post2008×ILabour×Minwage		**0.006**		**−1.863**
		(0.70)		**(−0.75)**
Lnsize	0.002	0.002*	0.645***	0.611***
	(1.50)	(1.85)	(2.82)	(2.64)

	（1）	（2）	（3）	（4）
	金融资产占比		金融渠道收益占比	
Lev	-0.053 ***	-0.053 ***	4.399 ***	4.401 ***
	(-6.98)	(-6.95)	(3.70)	(3.70)
ROA	0.023 ***	0.023 ***	1.486	1.492
	(2.86)	(2.86)	(1.51)	(1.52)
Growth	-0.007 ***	-0.007 ***	-0.149	-0.144
	(-5.20)	(-5.17)	(-0.53)	(-0.51)
Cash	0.875 ***	0.875 ***	10.084 ***	10.099 ***
	(75.32)	(75.52)	(5.04)	(5.05)
Tang	-0.113 ***	-0.114 ***	-0.918	-0.775
	(-13.40)	(-13.23)	(-0.74)	(-0.63)
CFO	0.043 ***	0.042 ***	-1.336	-1.161
	(4.35)	(4.24)	(-0.56)	(-0.48)
Invest	-0.136 ***	-0.138 ***	8.489 **	8.399 **
	(-9.72)	(-9.59)	(2.46)	(2.44)
Turnover	-0.017 ***	-0.018 ***	-0.008	0.259
	(-6.13)	(-6.18)	(-0.02)	(0.50)
_cons	0.021	0.074 **	-11.561	-12.989
	(0.54)	(1.98)	(-0.77)	(-0.84)
行业效应	控制	控制	控制	控制
年度效应	控制	控制	控制	控制
Adj. R^2	0.792	0.792	0.012	0.012
F Value	1341.956	1343.923	7.083	7.181
N	24881	24881	24881	24881

注：括号内为经过公司层面 Cluster 之后的 T 值，*，**，***分别表示 10%，5%，1%的统计水平上显著。

第五，安慰剂检验。具体来说，本文虚拟假定《劳动合同法》实施发生在 2006 年和 2007 年，然后分别通过与劳动密集型程度交乘进行安慰剂检验，检验结果分别如表 11 和表 12。从中可以发现，Post2006×ALabour 和 Post2006×ILabour 系数以及 Post2007×ALabour 和 Post2007×ILabour 系数与主检验结果是一致的，即充分的证据表明《劳动合同法》实施显著并没有促进实体企业金融化，说明研究结论通过了安慰剂检验。

表 11　　《劳动合同法》和实体企业金融化(假定事件发生 2006 年进行安慰剂检验)

	（1）	（2）	（3）	（4）
	金融资产占比		金融渠道收益占比	
Post2006	0.007**	−0.003	5.478***	6.209***
	(2.41)	(−1.21)	(4.72)	(5.01)
ALabour	0.006***		0.200	
	(2.70)		(0.22)	
Post2006×ALabour	**−0.011*****		**0.493**	
	(−3.76)		**(0.50)**	
ILabour		−0.002		0.864
		(−1.24)		(0.79)
Post2006×ILabour		**0.003**		**−0.562**
		(1.07)		**(−0.51)**
Lnsize	0.002	0.002*	0.619***	0.590**
	(1.62)	(1.95)	(2.70)	(2.55)
Lev	−0.054***	−0.053***	4.564***	4.591***
	(−7.14)	(−7.11)	(3.83)	(3.85)
ROA	0.021***	0.021***	1.536	1.548
	(2.76)	(2.75)	(1.60)	(1.61)
Growth	−0.007***	−0.007***	−0.155	−0.154
	(−5.35)	(−5.32)	(−0.56)	(−0.56)
Cash	0.878***	0.878***	9.857***	9.839***
	(76.58)	(76.80)	(4.99)	(4.99)
Tang	−0.113***	−0.114***	−0.687	−0.585
	(−13.59)	(−13.41)	(−0.58)	(−0.50)
CFO	0.042***	0.040***	−1.544	−1.276
	(4.27)	(4.14)	(−0.66)	(−0.54)
Invest	−0.135***	−0.136***	7.982**	7.993**
	(−9.84)	(−9.69)	(2.37)	(2.38)
Turnover	−0.016***	−0.017***	−0.054	0.221
	(−6.07)	(−6.16)	(−0.11)	(0.44)
_cons	0.051**	0.049**	−15.881***	−15.975***
	(2.24)	(2.09)	(−3.03)	(−2.98)
行业效应	控制	控制	控制	控制
年度效应	控制	控制	控制	控制
Adj. R^2	0.793	0.793	0.012	0.011
F Value	1471.867	1478.268	7.650	7.690
N	25363	25363	25363	25363

注：括号内为经过公司层面 Cluster 之后的 T 值，*，**，***分别表示 10%，5%，1%的统计水平上显著。

表 12　《劳动合同法》和实体企业金融化(假定事件发生 2007 年进行安慰剂检验)

	（1）	（2）	（3）	（4）
	金融资产占比		金融渠道收益占比	
Post2007	0.040 ***	0.029 ***	2.451 ***	2.855 ***
	(10.08)	(9.14)	(2.69)	(2.87)
ALabour	0.006 ***		0.346	
	(2.82)		(0.38)	
Post2007×ALabour	**-0.011 *****		**0.329**	
	(-3.89)		**(0.32)**	
ILabour		-0.003		0.635
		(-1.54)		(0.62)
Post2007×ILabour		**0.004**		**-0.298**
		(1.31)		**(-0.28)**
Lnsize	0.002	0.002 *	0.618 ***	0.592 **
	(1.60)	(1.95)	(2.70)	(2.57)
Lev	-0.054 ***	-0.053 ***	4.562 ***	4.597 ***
	(-7.14)	(-7.11)	(3.83)	(3.85)
ROA	0.021 ***	0.021 ***	1.538	1.539
	(2.76)	(2.75)	(1.60)	(1.60)
Growth	-0.007 ***	-0.007 ***	-0.155	-0.157
	(-5.36)	(-5.33)	(-0.56)	(-0.57)
Cash	0.878 ***	0.878 ***	9.855 ***	9.836 ***
	(76.59)	(76.78)	(4.99)	(4.98)
Tang	-0.113 ***	-0.114 ***	-0.686	-0.592
	(-13.59)	(-13.41)	(-0.58)	(-0.51)
CFO	0.042 ***	0.040 ***	-1.541	-1.273
	(4.28)	(4.13)	(-0.66)	(-0.54)
Invest	-0.135 ***	-0.136 ***	7.970 **	8.000 **
	(-9.83)	(-9.68)	(2.37)	(2.38)
Turnover	-0.016 ***	-0.017 ***	-0.050	0.216
	(-6.06)	(-6.17)	(-0.10)	(0.44)
_cons	0.052 **	0.049 **	-15.966 ***	-15.835 ***
	(2.26)	(2.09)	(-3.04)	(-2.95)
Adj. R^2	0.793	0.793	0.012	0.011
F Value	1471.476	1480.175	7.666	7.755
N	25363	25363	25363	25363

注：括号内为经过公司层面 Cluster 之后的 T 值，*，**，***分别表示 10%，5%，1%的统计水平上显著。

第六，本文从用工成本视角检验《劳动合同法》实施是否增加了企业用工成本，以考察《劳动合同法》实施对实体企业金融化影响的具体作用机制，其中用工成本借鉴沈永建等(2017)的研究方法，使用支付给职工以及为职工支付的现金(剔除高管薪酬)除以营业收入来表示，检验结果见表 13。从中可以发现，Post2008×ALabour 和 Post2008×ILabour 系数均显著为正，表明《劳动合同法》实施显著增加了劳动密集型企业的用工成本。这表明《劳动合同法》的实施显著增加了实体企业用工成本，但是这并没有直接导致实体企业金融化的加剧，从而澄清了制度成本与实体企业金融化之间的关系。

表 13 《劳动合同法》实施与用工成本

	（1）	（2）
	员工薪酬除以营业收入	
Post2008	0.014 ***	0.006 ***
	(4.94)	(2.64)
ALabour	0.029 ***	
	(11.25)	
Post2008×ALabour	**0.025 *****	
	(9.04)	
ILabour		0.034 ***
		(15.65)
Post2008×ILabour		**0.040 *****
		(16.39)
Lnsize	−0.008 ***	−0.006 ***
	(−8.76)	(−7.07)
Lev	−0.037 ***	−0.030 ***
	(−6.49)	(−5.56)
ROA	−0.060 ***	−0.058 ***
	(−9.42)	(−9.70)
Growth	−0.013 ***	−0.012 ***
	(−12.10)	(−11.97)
Cash	0.022 ***	0.019 ***
	(2.90)	(2.70)
Tang	−0.003	−0.004
	(−0.55)	(−0.68)
CFO	0.008	0.029 ***
	(0.94)	(3.67)

	（1）	（2）
	员工薪酬除以营业收入	
Invest	0.012	−0.006
	（1.04）	（−0.57）
Turnover	−0.066 ***	−0.037 ***
	（−28.96）	（−21.04）
_cons	0.274 ***	0.207 ***
	（14.17）	（11.53）
行业效应	控制	控制
年度效应	控制	控制
Adj. R^2	0.444	0.499
F Value	83.815	116.932
N	25361	25361

注：括号内为经过公司层面 Cluster 之后的 T 值，*，**，***分别表示 10%，5%，1%的统计水平上显著。

6. 研究结论与政策启示

随着我国经济逐渐步入"新常态"，在经济转型的过程中，如何合理引导虚拟经济与实体经济以促进经济正常发展是我国当前亟待解决的问题，关于制度成本是否驱动了实体经济金融化是当前理论界与实务界争议的热点问题。本文选择了 2001—2016 年非金融上市公司作为研究样本，以 2008 年我国《劳动合同法》实施为准自然实验，基于企业劳动密集型程度构成双重差分模型，实证检验《劳动合同法》实施导致制度成本的增加是否促进了实体企业金融化。本文系列严格的实证检验结果显示：《劳动合同法》实施并没有显著增加实体企业金融化程度，且按照产权性质分组后，《劳动合同法》实施与实体企业金融化两者之间均未发现稳定的显著相关关系。本文的研究结果说明未有充足证据表明《劳动合同法》实施显著促进实体企业金融化。

本研究可能有以下政策启示意义：第一，关于实体经济与虚拟经济协调发展是当前理论界与实务界关心的重要问题，而《劳动合同法》自实施之日起就引起了广泛关注，部分学者甚至认为《劳动合同法》实施是否导致近年来经济增长速度下滑的直接原因，而本文使用双重差分模型重点检验了《劳动合同法》实施与实体企业金融化之间的关系，澄清了长期以来关于《劳动合同法》实施是否促进实体企业金融化的争论，从而为《劳动合同法》的修改和完善提供了理论依据。第二，关于实体企业金融化产生的动因，有部分观点认为是因为制度成本的不断增加，本文则从《劳动合同法》视角澄清了实体企业金融化是否存在制度诱因，从而为政府进一步厘清实体经济与虚拟经济之间的关系提供了理论参考。

◎ 参考文献

[1] 陈健，龚晓莺. 新时代实体经济与虚拟经济协调发展研究[J]. 经济问题探索，2018
(3).

[2] 陈雨露. 促进金融和实体经济的有效结合[J]. 金融博览，2015(5).

[3] 邓超，张梅，唐莹. 中国非金融企业金融化的影响因素分析[J]. 财经理论与实践，
2017，38(2).

[4] 丁丹. 中国的金融改革是否缓解了企业的融资约束？[D]. 上海：复旦大学硕士学位论
文，2008.

[5] 丁守海. 最低工资管制的就业效应分析——兼论《劳动合同法》的交互影响[J]. 中国社
会科学，2010(1).

[6] 杜勇，张欢，陈建英. 金融化对实体企业未来主业发展的影响：促进还是抑制[J]. 中
国工业经济，2017 (12).

[7] 韩兆洲，安康，孔丽娜.《劳动合同法》对企业成本影响的测算方法与实证研究——金
融危机下的应急措施[J]. 暨南学报(哲学社会科学版)，2011，33(1).

[8] 胡奕明，王雪婷，张瑾. 金融资产配置动机："蓄水池"或"替代"？——来自中国上市
公司的证据[J]. 经济研究，2017 (1).

[9] 刘媛媛，刘斌. 劳动保护、成本黏性与企业应对[J]. 经济研究，2014(5).

[10] 罗英恒.《劳动合同法》对企业用工成本的影响[D]. 北京：北京交通大学硕士学位论
文，2010.

[11] 潘红波，陈世来.《劳动合同法》、企业投资与经济增长[J]. 经济研究，2017(4).

[12] 沈永建，范从来，陈冬华，刘俊. 显性契约、职工维权与劳动力成本上升：《劳动合
同法》的作用[J]. 中国工业经济. 2017(2).

[13] 盛安琪，汪顺，盛明泉. 产融结合与实体企业竞争力——来自制造业样本的实证分
析[J]. 广东财经大学学报，2018(1).

[14] 宋军，陆旸. 非货币金融资产和经营收益率的 U 形关系——来自我国上市非金融公司
的金融化证据[J]. 金融研究，2015(6).

[15] 王红建，曹瑜强，杨庆，杨筝. 实体企业金融化促进还是抑制了企业创新——基于中
国制造业上市公司的经验研究[J]. 南开管理评论，2017，20(1).

[16] 王甫希，程延园，冯娇娇.《劳动合同法》对企业用工灵活性的影响——基于无固定期
限劳动合同条款的研究[J]. 中国人民大学学报，2018，32(1).

[17] 向松祚. 金融资本主义和贫富分化[J]. 博鳌观察，2014(4).

[18] 谢家智，江源，王文涛. 什么驱动了制造业金融化投资行为——基于 A 股上市公司的
经验证据[J]. 湖南大学学报(社会科学版)，2014(4).

[19] 谢家智，王文涛，江源. 制造业金融化、政府控制与技术创新[J]. 经济学动态，2014
(11).

[20] 徐策. 关注金融业与实体经济利润反差问题[J]. 宏观经济管理，2012(7).

[21] 杨筝，刘放，王红建.企业交易性金融资产配置：资金储备还是投机行为？[J].管理评论，2017,29(2).

[22] 张成思，张步昙.再论金融与实体经济：经济金融化视角[J].经济学动态，2015(6).

[23] 周游，张成思.经济金融化分析[J].中国金融，2016(4).

[24] 邹旸.经济金融化的内涵、表现与治理：一个文献综述[J].南方金融，2018(2).

[25] Baud, C., Durand, C. Financialization, globalization and the making of profits by leading retailers[J]. *Post-Print*, 2012, 10(2).

[26] Boone, J., Ours, J. V., Belot, M.Welfare-improving employment protection[C]// DEGIT Conference Papers. *Dynamics*, *Economic Growth*, *and International Trade*, 2004.

[27] Brown, J. R., Fazzari,S. M., and Petersen, B. C., Financing innovation and growth: Cash flow, external equity and the 1990s R&D boom[J]. *Journal of Finance*, 2009, 64(1).

[28] Epstein, G. A. *Financialization and the world economy*[M]// Northampton: Edward Elgar Press, 2005.

[29] Freeman, R. B. It's financialization![J]. *International Labour Review*, 2010, 149(2).

[30] González, I., Sala, H. Investment crowding-out and labor market effects of financialization in the US[J]. *Scottish Journal of Political Economy*, 2014, 61(5).

[31] Hopenhayn, H., Rogerson, R. Job turnover and policy evaluation: A general equilibrium analysis[J]. *Journal of Political Economy*, 2016, 101(5).

[32] Ortiz, J. P. D., Pablo J. Financialization: The aids of economic system[J]. *Ensayos DE Economia*, 2014, 23(44).

[33] Orhangazi, Ö. Financialisation and capital accumulation in the non-financial corporate sector[J]. *MPRA Paper*, 2007, 32(6).

[34] Palley, T. The economies of deleveraging: The aftermath of financialization[J]. *European Journal of Economics & Economic Policies Intervention*, 2010, 7(2).

[35] Suedekum, J., Ruehmann, P. Severance payments and firm-specific human capital[J]. *Labour*, 2003, 17(1).

The Implementation of Labor Contract Law, Institutional Cost and Financialization of Entity Enterprises

Yang Zheng[1] Zou Ziye[2] Wang Hongjian[3]

(1 School of Management, Wuhan Textile University, Wuhan, 430200;

2 School of Economics and Management, Shanghai Maritime University, Shanghai, 201306;

3 School of Economics and Management, Nanchang University, Nanchang, 330031)

Abstract: Whether the institutional cost promotes the financialization of the entity enterprises is a hot issue in current theoretical and practical circles. This paper selects the data of Chinese non-financial listed companies from 2001 to 2016 as a research sample and takes the implementation of China's Labor Contract Law in 2008 as a quasi-natural experiment. Based on the labor- intensive degree of the enterprises, we constitute a DID model. The empirical research tests whether the implementation of the Labor Contract law promotes the financialization of the entity enterprises by improving the institutional costs. After a serious of careful experiments, it can be found that the implementation of the Labor Contract Law did not significantly increase the degree of financialization of the entity, and after grouping according to the nature of property rights, no significant difference was found between the implementation of the Labor Contract Law and the financialization of the entity enterprises. Based on the observations mentioned above, there is not enough evidence to show that the Implementation of the Labor Contract Law promotes the financialization of the entity enterprises. Therefore, this paper clarifies the relationship between institutional costs and the virtualization of the entity enterprises and provides a theoretical basis of effectively preventing money moving from the real sector to the virtual sector.

Key words: Labor contract law; Institutional cost; Financialization; Difference-in-difference model

专业主编：辛清泉

注册会计师在风险导向审计中
包含未来经营风险吗[*]

● 刘芬芬

（武汉大学经济与管理学院　武汉　430072）

【摘　要】本文以 2007—2016 年沪深两市 A 股上市公司为样本，研究上市公司未来经营风险对审计决策的影响。实证结果表明：在控制了当期经营风险的情况下，未来经营风险较高的上市公司，审计收费更高；未来经营风险较高的公司被注册会计师出具非标审计意见的可能性也更大；进一步的研究发现，对未来经营风险较低的公司，审计师还存在着机会主义行为，具体表现为对审计风险的容忍度较高，审计质量较差。本文的研究结果表明，在风险导向的审计模式下，审计师不仅将当期的经营风险包含在审计中，同时会包含企业的未来经营风险进而降低审计风险及审计的经营风险。

【关键词】未来经营风险　审计风险　审计收费　审计意见

中图分类号：F239　　文献标识码：A

1. 引言

高质量的审计可以为财务报表的可信度提高担保，减轻公司的代理问题，从而有利于优化资源配置、提高契约效率（Jensen & Meckling，1976；Watts & Zimmerman，1983；DeFond & Zhang，2014；谢获宝等，2018）。公众期望审计人员能毫无遗漏地发现被审计单位的严重舞弊行为，然而，审计师的资源和精力是有限的，即使是最勤勉的审计人员也不可能发现被审计单位所有的舞弊行为(徐伟，2004；谢志华等，2006)。为了积极应对

* 基金项目：教育部人文社科青年基金项目"股票市场中的谣言研究：诱因、后果及澄清机制"（项目批准号：18YJC630258）；湖北省技术创新软科学项目"高校科研人员创业、产学研协同与企业技术创新：基于湖北省高新技术企业的实证研究"（项目批准号：2018ADC054）。

通讯作者：刘芬芬，E-mail：liufenfens@163.com。

审计服务和公众对审计服务期望的差距，风险导向审计①应运而生。

我国财政部于 2006 年颁布的《中国注册会计师执业准则》的核心就在于引入风险导向审计模式(李莫愁等，2015)。风险导向审计通过风险评估来确定客户的高风险环节，从而确定审计范围和审计重点。然而，这一风险评估理念的转变引发了学者们的另一种担心——审计师在审计过程中发现了被审计单位不符合会计准则的一些现象，但由于风险在可接受水平从而仍出具无保留意见的审计报告，这可能会促使审计沦为以风险和收益权衡为核心的生意(黄世忠等，2002；刘峰等，2002)。

由此，风险导向审计的引入需要搞清楚一些根本问题，即风险导向审计中"风险"的内涵是什么？边界应该在哪里？在这些风险中，审计师是否包含企业的未来经营风险？

已有关于审计风险的研究大多围绕着公司各个层面的风险因素来考率其对审计收费及审计意见类型的影响，如大股东质押的情况、负债水平、亏损状况、信息风险、公司的未决诉讼等(Lennox，2000；方军雄等，2004；薄仙慧等，2011；张俊瑞等，2015，2017)。这些文献关注的都是公司当期经营风险对审计决策的影响，但是，关于公司未来经营风险是否被审计师所考量则鲜有涉及。

本文立足于公司未来经营风险对审计师决策的影响，具体研究与此相关的两个问题：第一，未来经营风险是否影响审计收费？第二，未来经营风险低的企业，审计师是否会采取机会主义行为以降低审计质量？本文以分析师预测的公司未来业绩来衡量未来经营风险，以 2007—2016 年所有 A 股上市公司作为基础样本，主要发现：未来经营风险较高的上市公司，审计收费更高；同时，未来经营风险较高的公司被注册会计师出具非标审计意见的可能性也更大；进一步的研究发现，对未来经营风险较低的公司，审计师还存在着机会主义行为，具体表现为对审计质量的容忍度较高，审计质量较差。本文的研究结果表明，在风险导向的审计模式下，审计师不仅将当期的经营风险包含在审计中，同时会包含企业的未来经营风险进而降低审计风险及审计的经营风险。

本文的学术贡献在于：(1)本文首次探讨了未来经营风险对审计师决策的影响，现有文献中仅 Stanley(2011)提出了审计收费和公司未来经营风险的关系，但只是从投资者能否根据审计费用判断公司经营状况的角度来讨论审计费用和公司未来经营状况的关系，并没有就未来经营风险会如何影响审计师的具体决策进行深入探讨。(2)本文从公司未来经营风险的角度为审计师可能存在的机会主义行为提供了实证支持，加深了学术界对风险导向审计的认识。(3)本文拓展了分析师与审计师相互关系的研究，已有文献指出分析师跟踪有利于降低审计成本(Fang et al.，2014；Gotti，2012；施先旺等，2015；周冬华等，2015)，但是少有文献具体指出分析师提供的什么信息有助于审计师的审计决策，本文利用分析师的预测数据来讨论未来风险和审计收费及审计意见的关系，从某种程度上为审计师可能会借助分析师预测来了解被审计公司的信息环境，评估其审计风险提供了证据支持。本文还具有一定的实践意义，本文为投资者等相关利益者提供了一个新的角度来了解

---

① 风险导向审计是以审计风险评价为中心的审计程序(王泽霞，2002)，其基本逻辑是：根据审计风险模型对客户风险进行分析，以风险控制来引导审计的实施，最终把财务报表审计的总体风险控制在可接受的水平(陈志强，2006)。

上市公司的经营状况，即投资者可以参考审计师的审计收费和审计意见来评价公司未来的业绩情况。

后文的结构安排如下：第2部分是文献回顾；第3部分是理论分析和研究假说；第4部分是研究设计；第5部分是实证结果与分析；第6部分进一步研究审计师的机会主义行为；第7部分是研究结论。

2. 文献回顾

风险导向审计是以风险控制来引导审计的实施，最终把财务报表审计的总体风险控制在可接受的水平（陈志强，2006）。那么，到底哪些因素会影响审计风险呢？这需要回归到审计的本质和方法。审计的本质是对已经发生的经济事项进行的事后鉴证，它并不能改变经济交易的实质，由此，审计风险与被审计单位的经营活动密切相关：审计风险不仅包括错报风险，还包括客户经营失败可能对审计人员或审计组织产生伤害的营业风险（徐政旦等，1998）；Johnstone（2000）提出客户经营风险既会影响财务报告的可靠性（审计风险），也会影响审计师的预期损失（审计师经营风险）（Jonathan，2000，2013）；谢荣（2004）、邢立全等（2013）也认为风险导向审计要更多地考虑企业的战略风险和经营风险。同时，由于对审计效率的追求，审计方法从详细审计演变为抽样审计，抽样审计方法的采用使得审计风险将愈发不能为审计师所完全掌控（谢志华等，2006）。

关于审计风险的实证研究，往往是从审计费用和审计意见的角度来进行的。

审计费用代表审计师为利益相关者就财务报表符合会计准则提供担保所承担的预期成本（Simunic，1980），主要由两方面因素决定：一是审计成本，投入审计的资源和时间越多，则需收取更高的审计费用来补偿成本；二是审计风险，审计师判定客户公司的审计风险越高，则收取更高的审计收费来弥补风险（张俊瑞等，2017）。基于国外的研究发现，审计费用和当期的债务水平、亏损、市场波动性正相关，和流动比率、资产回报率以及市场回报率负相关（Whisenant et al.，2003；Francis and Wang，2005；Krishnan et al.，2005；Ghosh and Pawlewicz，2009；Choi et al.，2010）。基于中国审计市场的研究也同样证实了审计收费和审计风险的正相关性，如大股东股权质押、资产减值损失、盈余管理、经营风险与审计费用正相关（曹琼等，2013；张俊瑞等，2017；段远刚等，2017）。

Krishnan和Krishnan（1996）指出，审计师在出具审计意见时会考虑未来的潜在损失①。高负债公司由于破产风险较高，而陷入财务困境的公司由于违约风险高，因而它们被出具非标意见的概率更高（Lennox，2000；Biddle & Hilary，2006）；随着诉讼风险的增加，公司被出具非标意见的概率增加（Krishnan等，2007）；客户的破产事前风险越大，审计师越稳健，越可能出具非标意见（Lennox & Kausar，2017）。注册会计师在出具审计意见时非常关注客户的风险程度，越是出现亏损、被他人提起诉讼、股东占款比重和资产负债

---

① Krishnan和Krishnan（1996）把审计师出具审计意见的决策过程分为两个阶段：第一阶段，根据审计的结果，公司值得被出具标准意见的概率；第二阶段，审计师认为公司值得被出具某类审计意见的情况下，出具该审计意见的概率。他们认为，审计师在第二阶段会对未来的潜在损失等情况进行权衡。

率越高、公司的信息风险越高，被出具非标意见的可能性就越大(方军雄等，2000；薄仙慧和吴联生，2011)。风险导向审计模式下，审计师较为充分地考虑了公司的未决诉讼信息，并将其纳入了对审计风险的判断，存在未决诉讼的上市公司被出具非标准审计意见的可能性更大(张俊瑞等，2015)。

通过以上文献回顾，我们发现，审计费用及审计意见的研究主要集中在当期的风险因素上，而这也正好符合审计的实质，因为本质上审计是一项鉴证服务，主要是对历史财务信息进行审计，但是对于未来经营风险对审计定价及审计意见的影响尚无研究涉及。一方面，审计师不应该为企业未来的经营风险负责；但另一方面，企业的未来经营风险又会影响到审计风险或审计的经营风险，进而影响审计师的决策。因此本文通过实证研究探讨一个问题，即审计师在风险导向的审计中是否包含未来经营风险。

3. 理论分析与研究假说

3.1 企业未来经营风险与审计风险

《中国注册会计师审计准则第1101号——财务报表审计的目标和一般原则》第十七条规定："审计风险是指财务报表存在重大错报而注册会计师发表不恰当审计意见的可能性。"该准则第十八条规定："审计风险取决于重大错报风险和检查风险。注册会计师应当实施审计程序，评估重大错报风险，并根据评估结果设计和实施进一步审计程序，以控制检查风险。"重大错报风险是指财务报表在审计前存在重大错报的可能性。检查风险是指某一认定存在错报，该错报单独或连同其他错报是重大的，但注册会计师未能发现这种错报的可能性。企业的经营风险越高，不管从经理人的动机还是实际业务来看，发生重大错报的风险也就越高。《中国注册会计师审计准则第1211号——了解被审计单位及其环境并评估重大错报风险》也将评估重大错报风险落脚在企业经营风险上。如果说企业的未来经营风险是肇始于当期并延续到未来的，那么不管此风险在当期是否被审计师发现，都表明企业当期的经营风险比较高，因此根据审计模型会相应地增加审计风险。

3.2 企业未来经营风险与审计师经营风险

企业的未来经营风险体现为两个方面，一方面是肇始于当期并延续到未来的经营风险，另一方面是未来的经营环境变化带来的风险。对于未来经营环境变化带来的经营风险理论上不应该影响审计风险，因为审计本质上是一项鉴证服务，审计师只对当期财务报告提供合理保证，而不应该对未来的财务报告提供保证。但是未来经营环境变化带来的风险会影响到审计的经营风险。因为未来的经营环境恶化，会导致企业未来的经营失败，进而导致投资者损失，促使财务报告使用者追溯性推定审计师存在审计失败或审计舞弊，从而提高审计师被起诉或处罚的风险。此外，经营失败的公司，更有可能被人拿着放大镜寻找问题，进而提高审计的经营风险。

3.3　审计定价

Simunic(1980)把审计费用分为两部分：第一，审计师基于对审计风险判读而投入的资源成本(投入成本)；第二，审计风险所带来的潜在损失的期望成本(风险溢价)。Houston 等(2005)则进一步将与审计定价相关的风险分解为重大错报导致的诉讼风险以及与重大错报无关的非审计风险，其中非审计风险还进一步被分解为剩余诉讼风险和非诉讼风险①。

根据 Houston 等(2005)的分析框架，企业的未来经营风险会通过以下四个方面影响到审计定价。第一，未来的经营风险有可能肇始于当期而提高重大错报风险，审计师因而要求相应的风险补偿；第二，未来经营风险高的企业很有可能导致未来经营失败，进而导致投资者损失，使报表的使用者拿着放大镜寻找问题，甚至追溯性地推定审计师存在审计失败或审计舞弊，从而提高与重大错报无关的诉讼风险，审计师因而要求相应的风险溢价；第三，经营失败的公司更有可能变更审计师，从而使审计师的前期投入无法获取相应收益，甚至影响到其在市场上的声誉，审计师也会要求相应的风险补偿；第四，审计风险提高会促使审计师投入更多资源进行审计，以期提高审计质量降低审计风险；审计经营风险的提高，会导致更多的防御性审计，从而提高审计成本。

综合以上的分析，我们提出本文的假说1：

假说1：分析师长期预测业绩较差的企业，事务所收取了更高的审计费用。

3.4　审计意见

面对高风险客户，审计师一方面会通过增加审计收费来补偿成本以及风险，另一方面，为降低可能面临的行政处罚以及声誉受损的风险，审计师在出具审计意见时也会更为谨慎。当公司风险评估较高时审计师更可能会出具非标准的审计意见(Lennox，2000)。对于未来的经营风险较高的企业，其未来经营风险可能肇事于当期而未被审计师发现，因而引起重大错报风险，而注册会计师为了降低发表不恰当审计意见的可能性，会更倾向于出具非标意见。Dies 和 Giroux(1992)发现如果审计师知道自己的工作会被第三方审查，并且会因为审计质量差而遭受处罚，审计师就会提高审计质量。未来经营风险较高的企业出现亏损的可能性较高，而一旦公司出现亏损致使投资者遭受损失，就会更容易引起投资者和监管机构的关注。出于规避潜在责任与检查风险的考虑，审计师出具审计报告时可能会从严把握某些尺度(例如对重要性的判断标准)，从而间接引起出具非标意见的概率增加。因此，我们预期审计师更可能对未来经营风险高的公司出具非标准的审计意见。由此，我们提出本文的假说2：

假说2：分析师长期预测业绩较差的企业，审计师更有可能出具非标意见。

---

① 剩余诉讼风险指与财务报告重大错报无关的预期诉讼风险，诸如客户经营失败导致财务报告使用人推定审计师存在审计失败或审计舞弊，从而被起诉的风险。非诉讼风险指与当期财务报告有关的非诉讼因素引起的收益损失风险，例如声誉受损。

4. 研究设计

4.1 样本选择

（1）由于上市公司于 2007 年开始执行新会计准则，为了剔除会计准则变更带来的影响，我们选择 2007—2016 年所有 A 股上市公司作为基础样本。

（2）由于我们对关键变量未来经营风险采用分析师的预测来度量，因此剔除当年没有分析师跟踪预测的公司。

（3）由于研究模型需要上一年的审计意见，剔除了当年新上市的公司。

（4）金融行业会计准则与其他行业会计准则有较大的差异，为了避免相关指标对金融行业与非金融行业之间的可比性带来的影响，因此剔除金融行业公司。

（5）为了剔除极值带来的影响，文中对所有连续变量进行了上下 0.5% 分位的 winsorize 处理。

本文的数据全部来自 CSMAR 数据库。

4.2 模型设定

为了检验上述假说，参考张俊瑞等（2017）、薄仙慧和吴联生（2011）、吕敏康和刘拯（2015）等的研究，我们采用以下模型对假说 1 进行检验：

$$
\begin{aligned}
\text{Fee} = {} & \beta_0 + \beta_1 \text{Futurerisk} + \beta_2 \text{Size} + \beta_3 \text{Roe} + \beta_4 \text{Lev} + \beta_5 \text{Bm} \\
& + \beta_6 \text{Rcv} + \beta_7 \text{Inv} + \beta_8 \text{Cfo} + \beta_9 \text{Big} + \beta_{10} \text{Avoidloss} \\
& + \beta_{11} \text{Soe} + \beta_{12} \text{Lag\_op} + \sum \text{Year} + \sum \text{Industry} + \varepsilon
\end{aligned} \tag{1}
$$

本文采用 Logistic 模型对假说 2 进行检验：

$$
\begin{aligned}
\text{Prob(Opinion} = 1) = {} & \beta_0 + \beta_1 \text{Futurerisk} + \beta_2 \text{Size} + \beta_3 \text{Roe} + \beta_4 \text{Lev} + \beta_5 \text{Bm} \\
& + \beta_6 \text{Rcv} + \beta_7 \text{Inv} + \beta_8 \text{Cfo} + \beta_9 \text{Big} + \beta_{10} \text{Avoidloss} \\
& + \beta_{11} \text{Soe} + \beta_{12} \text{Lag\_op} + \sum \text{Year} + \sum \text{Industry} + \varepsilon
\end{aligned} \tag{2}
$$

4.3 变量定义

4.3.1 被解释变量

（1）假说 1 的被解释变量：审计收费（Fee），对审计费用取自然对数。

（2）假说 2 的被解释变量：审计意见（Opinion），为虚拟变量，当审计师对上市公司财务报告出具非标准审计意见时，取值为 1，否则为 0。

4.3.2 解释变量

未来经营风险（Futurerisk），我们使用分析师的长期预测来度量企业的未来经营风险，其逻辑在于：作为资本市场的信息中介，分析师利用自己的专业性，同时充当信息发现者和信息解读者的双重角色。前者指分析师通过其所具有的信息渠道致力于挖掘私人信息；后者指分析师利用其所具备的行业和专业知识致力于整合解读海量的公共信息（Ramnath et al., 2008；曲晓辉等，2016；陈宋生等，2017）。分析师的研究报告发现不但为投资者提供了专业的投资意见，同时也揭示了企业的经营风险。具体实务中，分析师不仅会对短期(当期)的业绩进行预测，还会对企业长期(未来期)的业绩进行预测。从长期预测的角度来看，分析师不仅会考虑企业当期的经营风险，还会考虑到公司的长期战略、企业的创新效率、企业专利的未来价值、行业的发展态势、宏观经济政策等信息(Chen et al.，2017；Bae et al.，2017)。因此相对于短期预测更偏重于企业当期的经营状况，分析师长期预测会从更长远更全面的角度反映出企业的经营状况，揭示出企业的未来经营风险。

在本文中，我们首先选取分析师在 t 年度对 $t+1$ 年度的预测，然后取每个分析师该年度最后一次预测。对同一个公司，有多个分析师预测，我们取最差预测。预测为亏损或微利(由于分析师的普遍乐观性，很少分析师会主动出具亏损的预测，因此比照盈余管理的研究，我们选取预测 Roe<0.01 的为微利预测)，则未来经营风险取 1，否则取 0。

4.3.3　控制变量

根据已有的研究，我们引入最终控制人类型、上一年审计意见、事务所排名、公司规模、公司年度财务特征等对审计意见和审计收费有重要影响的因素作为控制变量，具体定义见表1。

表1　　　　　　　　　　　　　　　　　　变量名称表

变量性质	变量名	变量定义
被解释变量	Opinion	审计意见，为虚拟变量，当审计师对上市公司财务报告出具非标准审计意见时，取值为1，否则为0
	Fee	审计收费，对审计费用取自然对数
	Futurerisk	未来经营风险，取每个分析师 t 年度最后一次对 $t+1$ 年度的预测，如果有分析师预测 Roe<0.01，则取值为1，否则为0
控制变量	Size	公司规模，公司总资产取对数
	Roe	净资产收益率
	Lev	资产负债率
	Bm	账面市值比
	Rcv	应收账款资产比
	Inv	存货资产比
	Cfo	经营现金流
	Big	事务所排名，若为10大，则取值为1，否则为0
	Avoidloss	是否处于避亏区间，若 0<Roe<1%，则取值为1，否则为0
	Soe	最终控制人类型虚拟变量，若为国有控股则取值为1，否则为0
	Lag_op	滞后一期审计意见类型的虚拟变量，若为非标，取值为1，否则为0
	Year	年度虚拟变量
	Industry	行业虚拟变量，其中制造业做了进一步细分

5. 实证结果与分析

5.1 描述性统计

对各主要变量的描述性统计如表 2 所示。

表 2　　　　　　　　　　　　　　　主要变量描述性统计

变量	观测数	均值	中位数	标准差	最小值	Q1	Q3	最大值
Opinion	13778	0.0165	0.0000	0.1276	0.0000	0.0000	0.0000	1.0000
Fee	13778	13.6500	13.5300	0.7837	12.2100	13.1200	14.0000	17.0300
Futurerisk	13778	0.0355	0.0000	0.1850	0.0000	0.0000	0.0000	1.0000
Size	13778	22.2100	22.0200	1.2980	19.7000	21.2800	22.9400	26.6600
Roe	13778	0.0805	0.0794	0.1045	−0.6162	0.0397	0.1259	0.4182
Lev	13778	0.4488	0.4512	0.2076	0.0355	0.2865	0.6123	0.9284
Bm	13778	0.9218	0.6027	0.9267	0.0714	0.3536	1.1150	5.7570
Rcv	13778	0.1050	0.0787	0.0997	0.0000	0.0245	0.1564	0.5036
Inv	13778	0.1607	0.1219	0.1521	0.0000	0.0624	0.2025	0.7952
Cfo	13778	0.0493	0.0476	0.0762	−0.2304	0.0080	0.0928	0.2917
Big	13778	0.5690	1.0000	0.4952	0.0000	0.0000	1.0000	1.0000
Avoidloss	13778	0.0380	0.0000	0.1913	0.0000	0.0000	0.0000	1.0000
Soe	13778	0.4363	0.0000	0.4959	0.0000	0.0000	1.0000	1.0000
Lag_op	13778	0.0156	0.0000	0.1239	0.0000	0.0000	0.0000	1.0000

从表 2 中我们可以看到，Opinion 的均值为 1.65%，表明总样本中出具非标意见的公司只有 1.65%，一方面是由于我国上市公司被出具非标意见的比率本身偏低，另一方面是我们使用分析师的长期预测来度量未来经营风险，导致很多当期经营风险较高的企业没有分析师跟踪。我们认为这样虽然丢失了一些样本，但是更能反映问题的实质，因为我们关注的是企业未来的经营风险，通过分析师的跟踪相当于剔除了一部分当期经营风险较高的样本。Futurerisk 的均值为 3.55%，即通过分析师长期预测度量未来经营风险较高的企业占总样本的 3.55%。其他变量的描述性统计和已有研究基本一致，不再赘述。

5.2 相关性分析

各主要变量之间的相关性分析如表 3 所示，其中左下部分为 Pearson 相关系数，右上部分为 Spearman 相关系数。我们可以看到，未来经营风险变量（Futurerisk）和审计费用在 1% 的水平上显著正相关，表明未来经营风险较高的企业，审计收费更高，这初步印证了本文的假说 1；未来经营风险变量与企业当期的审计意见在 1% 的水平上显著负相关，表明未来经营风险较高的企业，审计师更有可能出具非标意见，这初步印证了本文的假说 2。其他变量之间的相关性与已有研究基本一致，不再赘述。

表3

主要变量相关系数表

	Opinion	Fee	Futurerisk	Size	Roe	Lev	Bm	Rcv	Inv	Cfo	Big	Avoidloss	Soe	Lag_op
Opinion	1	0.005	0.117***	-0.038***	-0.085***	0.079***	-0.015*	-0.025***	-0.031***	-0.051***	-0.012	0.019**	-0.002	0.415***
Fee	-0.006	1	0.079***	0.727***	0.051***	0.335***	0.370***	-0.131***	0.012	0.019**	0.235***	0	0.195***	0.005
Futurerisk	0.117***	0.102***	1	0.081***	-0.237***	0.112***	0.118***	-0.093***	-0.066***	-0.082***	0.020**	0.165***	0.102***	0.061***
Size	-0.046***	0.781***	0.100***	1	0.099***	0.531***	0.617***	-0.277***	0.047***	0	0.148***	-0.002	0.375***	-0.033***
Roe	-0.142***	0.028***	-0.276***	0.066***	1	-0.019**	-0.180***	-0.014*	0.012	0.348***	0.004	-0.288***	-0.014*	-0.032***
Lev	0.090***	0.330***	0.119***	0.515***	-0.089***	1	0.625***	-0.166***	0.270***	-0.154***	0.013	0.006	0.317***	0.071***
Bm	-0.007	0.411***	0.154***	0.618***	-0.153***	0.584***	1	-0.250***	0.151***	-0.144***	0.046***	0.056***	0.355***	-0.025***
Rcv	-0.017**	-0.114***	-0.086***	-0.218***	0.027***	-0.074***	-0.202***	1	0.054***	-0.190***	0.024***	-0.025***	-0.247***	-0.033***
Inv	-0.022**	0.030***	-0.059***	0.130***	0.045***	0.341***	0.235***	-0.104***	1	-0.243***	-0.036***	0.005	0.011	-0.039***
Cfo	-0.047***	0.032***	-0.069***	0	0.293***	-0.159***	-0.132***	-0.193***	-0.262***	1	0.01	-0.087***	0.041***	-0.019***
Big	-0.012	0.248***	0.020**	0.173***	-0.006	0.015*	0.082***	0.028***	-0.024***	0.01	1	-0.001	0.004	-0.013
Avoidloss	0.019**	0.001	0.165***	0	-0.143***	0.003	0.062***	-0.028***	-0.002	-0.068***	-0.001	1	0.035***	0.003
Soe	-0.002	0.227***	0.102***	0.377***	-0.028***	0.316***	0.321***	-0.214***	0.034***	0.036***	0.004	0.035***	1	0.016*
Lag_op	0.415***	-0.001	0.061***	-0.040***	-0.060***	0.079***	-0.015*	-0.024***	-0.026***	-0.019***	-0.013	0.003	0.016*	1

注：*、**、***分别表示10%、5%、1%的显著性水平。

5.3 实证检验结果

5.3.1 假说1的检验

表4第(1)列和第(2)列是未来经营风险和审计收费的回归检验结果。其中第(1)列为单变量分析,可以看到Futurerisk的系数在1%的水平上显著为正,表明未来的经营风险越大,审计收费越高。第(2)列为加入控制变量后的多元回归结果。可以看到,在加入控制变量后,Futurerisk的系数仍然在1%水平上显著为正,这支持了本文的假说1,即审计收费和未来经营风险正相关。另外,加入控制变量后,模型的调整 R^2 为66.1%,这说明本文回归模型对我国上市公司的审计收费具有较高的解释能力。从回归结果中我们还可以看到,公司规模(Size)越大,业务越复杂,审计工作量也越大,因此收费也越高;公司的当期净资产收益率(Roe)越高,审计收费越低,这表明审计师在审计收费中包含当期的经营风险,收取了相应的风险溢价;其他变量表明审计收费还受到审计业务复杂度(Size、Rcv、Inv)、事务所排名(Big)、最终控制人类型(Soe)等因素的显著影响。

5.3.2 假说2的检验

表4第(3)列和第(4)列报告了对假说2的检验结果,检验了未来经营风险对当期审计意见的影响。我们可以看到,无论是单变量检验,还是多元回归,Futurerisk的系数都在1%水平上显著为正,表明未来经营风险越大,审计师越可能出具非标准意见的审计报告,符合预期,支持了本文的假说2。此外,回归结果中其他变量的估计结果也是比较合理的。滞后一期期审计意见类型(Lag_op)、资产负债率(Lev)、是否处于避亏区间(Avoidloss)的回归系数显著为正,存货资产比(Rcv)的回归系数显著为负,这与薄仙慧(2011)的结果一致;最终控制人类型(Soe)的回归系数为负,这 Wang 等(2008)的结论一致;公司规模(Size)、净资产收益率(Roe)显著为负;而账面市值比(Bm)、应收账款资产比(Rcv)、经营现金流(Cfo)、事务所排名(Big)的回归系数不显著。

表4   未来经营风险与审计费用、审计意见回归结果

变量	(1) Fee	(2) Fee	(3) Opinion	(4) Opinion
Futurerisk	0.432 ***	0.096 ***	2.012 ***	1.175 ***
	(12.02)	(4.22)	(11.70)	(4.74)
Size		0.514 ***		−0.451 ***
		(109.61)		(−4.51)
Roe		−0.266 ***		−2.334 ***
		(−6.11)		(−5.40)
Lev		−0.099 ***		3.926 ***
		(−3.63)		(8.24)
Bm		−0.062 ***		−0.123
		(−9.21)		(−0.91)

变量	(1) Fee	(2) Fee	(3) Opinion	(4) Opinion
Rcv		0.369 ***		−1.214
		(7.68)		(−1.35)
Inv		0.025		−1.576 **
		(0.66)		(−2.19)
Cfo		0.320 ***		−1.237
		(5.45)		(−1.20)
Big		0.147 ***		0.052
		(17.96)		(0.31)
Avoidloss		−0.002		0.615 **
		(−0.09)		(2.05)
Soe		−0.062 ***		−0.297
		(−6.83)		(−1.64)
Lag_op		0.211 ***		3.763 ***
		(6.63)		(19.44)
Constant	13.638 ***	2.207 ***	−4.277 ***	4.148 *
	(2016.52)	(21.49)	(−57.30)	(1.91)
Year	Yes	Yes	Yes	Yes
Industry	Yes	Yes	Yes	Yes
N	13778	13778	13778	13778
Adj R^2	0.010	0.661		
Pseudo R^2			0.0406	0.334

注：括号中是 t 值或 z 值，* 、 ** 、 *** 分别表示10%、5%、1%的显著性水平。

5.4 稳健性分析

为了使本文的实证结论更为可靠，我们进行了如下稳健性检验。

(1)盈余管理的影响。企业在预期到自己未来经营风险较高时，可能未雨绸缪，提前进行盈余管理。而已有研究表明，盈余管理较高时，审计费用也会较高，出具非标审计意见的概率也越高。为了剔除盈余管理的影响，进一步证明我们的发现确实是因为未来经营风险较高带来的，我们在模型中添加盈余管理变量来控制盈余管理的影响，其中盈余管理使用修正后的琼斯模型得到。检验结果见表5的第(1)列和第(2)列。可以看到，在控制了盈余管理的情况下，不管对于审计收费还是审计意见，未来经营风险变量的系数都仍在1%水平上显著为正。

(2)当期经营风险的影响。当期经营风险较高的企业，审计收费也会越高，而非标审计意见的可能性也越高。虽然我们在回归模型中已经添加了控制当期经营风险的变量，但是为了进一步排除当期经营风险，我们剔除当期亏损的样本，重新检验。检验结果见表5的第(3)列和第(4)列。剔除当期亏损企业后，样本数从13778减少到12889。由表5的第

（3）列和第（4）列可以看到，在剔除了当期亏损企业，添加了盈余管理控制变量后，结果仍与主检验保持一致。

表5 稳健性检验

变量	（1） Fee	（2） Opinion	（3） Fee	（4） Opinion
Futurerisk	0.095***	1.165***	0.131***	0.917**
	(4.20)	(4.68)	(4.24)	(2.04)
Abs_da	−0.108***	−0.409	−0.115***	−0.672
	(−3.19)	(−0.77)	(−3.32)	(−0.99)
Size	0.513***	−0.450***	0.516***	−0.477***
	(109.64)	(−4.49)	(106.25)	(−3.68)
Roe	−0.258***	−2.334***	−0.173**	−1.605
	(−5.93)	(−5.37)	(−2.51)	(−1.32)
Lev	−0.091***	3.958***	−0.124***	2.795***
	(−3.34)	(8.25)	(−4.28)	(4.42)
Bm	−0.063***	−0.126	−0.049***	0.060
	(−9.31)	(−0.93)	(−6.73)	(0.33)
Rcv	0.361***	−1.224	0.391***	−1.340
	(7.50)	(−1.36)	(7.89)	(−1.17)
Inv	0.025	−1.582**	0.031	−2.707***
	(0.64)	(−2.19)	(0.78)	(−2.80)
Cfo	0.296***	−1.290	0.346***	−2.133
	(5.00)	(−1.23)	(5.51)	(−1.49)
Big	0.147***	0.054	0.147***	0.091
	(17.97)	(0.32)	(17.54)	(0.43)
Avoidloss	−0.002	0.611**	0.001	0.901***
	(−0.08)	(2.03)	(0.06)	(2.67)
Soe	−0.063***	−0.303*	−0.060***	−0.190
	(−6.90)	(−1.67)	(−6.44)	(−0.80)
Lag_op	0.221***	3.791***	0.182***	4.094***
	(6.91)	(19.22)	(4.91)	(16.40)
Constant	2.213***	4.125*	2.140***	5.283*
	(21.55)	(1.90)	(20.12)	(1.88)
Year	Yes	Yes	Yes	Yes
Industry	Yes	Yes	Yes	Yes
N	13778	13778	12889	12889
Adj R^2	0.661		0.667	
Pseudo R^2		0.335		0.282

注：括号中是 t 值或 z 值，*、**、***分别表示10%、5%、1%的显著性水平。

（3）使用分析师一致预测来度量未来经营风险。我们在主检验中使用分析师最差预测来度量未来经营风险，是考虑到审计师和分析师关注点的差异。与审计师更多关注风险信息不同，由于我国资本市场主要是做多的市场，分析师更多的动机是挖掘利好信息，因此分析师最差的预测更可能代表未来经营风险。但是为了保证实证结果的稳健性，我们使用分析师的一致预测来度量未来经营风险（$Futurerisk_2$），重新进行检验。检验结果见表6第（1）列和第（2）列，我们可以看到结果和主检验结果完全一致，并没有发生任何改变。

（4）使用分析师对 $t+2$ 年度的预测来度量未来经营风险。按照分析师的惯例，他们对当期进行预测的同时还会进行长期预测，长期预测通常为 $t+1$ 年和 $t+2$ 年的经营业绩。我们主检验中使用的是对 $t+1$ 年的预测来度量未来经营风险，这里我们使用对 $t+2$ 年的预测来度量未来经营风险（$Futurerisk_1$）并重新检验。检验结果见表6第（3）列和第（4）列，我们可以看到样本数从13778减少到11733，这主要是由于少部分分析师没有对第三年进行预测。未来经营风险（$Futurerisk_1$）仍分别在1%的统计水平上和审计费用、审计意见显著为正。这表明审计师在审计中不仅包含第二年的经营风险，而且包含第三年的经营风险，进一步表明了审计师在审计中包含未来经营风险，验证了我们的假说。

表6   稳健性检验

	（1） Fee	（2） Opinion	（3） Fee	（4） Opinion
$Futurerisk_1$			0.152 ***	1.338 ***
			(4.81)	(4.46)
$Futurerisk_2$	0.122 ***	0.994 ***		
	(3.70)	(3.25)		
Abs_da	−0.109 ***	−0.456	−0.130 ***	−0.869
	(−3.21)	(−0.86)	(−3.60)	(−1.50)
$Size$	0.514 ***	−0.451 ***	0.528 ***	−0.449 ***
	(109.68)	(−4.47)	(101.49)	(−4.04)
Roe	−0.272 ***	−2.455 ***	−0.303 ***	−1.804 ***
	(−6.31)	(−5.66)	(−6.57)	(−4.06)
Lev	−0.092 ***	3.977 ***	−0.119 ***	4.304 ***
	(−3.36)	(8.24)	(−3.90)	(8.24)
Bm	−0.062 ***	−0.068	−0.067 ***	−0.129
	(−9.11)	(−0.50)	(−8.98)	(−0.88)
Rcv	0.357 ***	−1.484	0.390 ***	−2.023 **
	(7.41)	(−1.64)	(7.20)	(−1.97)

	（1）Fee	（2）Opinion	（3）Fee	（4）Opinion
Inv	0.021	−1.703 **	0.042	−3.227 ***
	(0.55)	(−2.36)	(0.97)	(−3.79)
Cfo	0.295 ***	−1.413	0.280 ***	−2.276 *
	(4.98)	(−1.34)	(4.22)	(−1.90)
Big	0.147 ***	0.049	0.157 ***	0.014
	(17.98)	(0.30)	(17.04)	(0.08)
Avoidloss	0.004	0.683 **	−0.000	0.990 ***
	(0.18)	(2.28)	(−0.00)	(3.29)
Soe	−0.063 ***	−0.284	−0.066 ***	−0.120
	(−6.88)	(−1.57)	(−6.52)	(−0.60)
Lag_op	0.220 ***	3.783 ***	0.247 ***	3.744 ***
	(6.87)	(19.25)	(6.74)	(16.86)
Constant	2.200 ***	4.118 *	1.903 ***	3.500
	(21.40)	(1.88)	(16.73)	(1.43)
Year	Yes	Yes	Yes	Yes
Industry	Yes	Yes	Yes	Yes
N	13778	13778	11733	11733
Adj R^2	0.661		0.652	
Pseudo R^2		0.330		0.347

注：括号中是 t 值或 z 值，*、**、***分别表示 10%、5%、1%的显著性水平。

6. 进一步的研究：审计师是否存在机会主义行为

由前文可知，审计师在进行审计决策时会考虑未来经营风险的影响，那么对于未来经营风险较低的公司，注册会计师卷入诉讼的概率较低，在这种情况下，实施大规模费时费力、代价高昂的实质性测试显然不符合成本与效益原则（黄世忠和陈建明，2002）。那么审计师是否会采取机会主义行为，降低对未来经营风险较低公司的审计投入，提高对其审计风险的容忍度，从而降低审计质量？对此我们使用模型3进行进一步的检验。

$$\begin{aligned}
\mathrm{Abs\_Da} = {} & \beta_0 + \beta_1 \mathrm{feps} + \beta_2 \mathrm{Size} + \beta_3 \mathrm{Roe} + \beta_4 \mathrm{Lev} + \beta_5 \mathrm{Bm} + \beta_6 \mathrm{Rcv} \\
& + \beta_7 \mathrm{Inv} + \beta_8 \mathrm{Cfo} + \beta_9 \mathrm{Big} + \beta_{10} \mathrm{Avoidloss} + \beta_{11} \mathrm{Soe} \\
& + \beta_{12} \mathrm{Lag\_op} + \sum \mathrm{Year} + \sum \mathrm{Industry} + \varepsilon
\end{aligned} \tag{3}$$

133

其中，Abs_Da 为可操纵盈余的绝对值，用来度量公司的审计质量；Feps 为分析师在 t 年度最后一次对公司 $t+1$ 年度 Eps 的预测值，分别用分析师的一致预测 Avgfeps 和分析师预测的最低值 Lowfeps 来度量。

回归结果如表 7 所示，其中第(1)列和第(2)列为全样本的回归结果。另外对于被出具非标意见的公司，审计师已经使用非标意见对自己进行了保护，而被出具非标意见公司的盈余管理程度可能本身就比较高，因此为了排除被出具非标意见的公司带来的影响，我们剔除它们重新检验，结果见第(3)列和第(4)列。从表 7 我们可以看到，无论使用分析师一致预测(Avgfeps)还是最低预测(Lowfeps)，无论样本中是否包含被出具非标意见的公司，预期未来业绩较好(未来经营风险较低)的公司盈余管理程度都更高，并且都在 1% 的统计水平上显著。这表明审计师对未来经营风险较低的公司容忍度更高，其审计质量较低，也即审计师存在机会主义行为。

表 7　　　　　　　　　　　　审计师是否存在机会主义行为

	(1) Abs_Da	(2) Abs_Da	(3) Abs_Da	(4) Abs_Da
Avgfeps	0.011 ***		0.010 ***	
	(4.58)		(4.89)	
Lowfeps		0.008 ***		0.010 ***
		(2.59)		(3.47)
Size	-0.002 *	-0.001	-0.003 *	-0.002
	(-1.67)	(-1.02)	(-1.82)	(-1.24)
Roe	0.057 ***	0.067 ***	0.071 ***	0.078 ***
	(4.55)	(5.34)	(5.18)	(5.77)
Lev	0.072 ***	0.072 ***	0.075 ***	0.075 ***
	(10.30)	(10.22)	(9.43)	(9.41)
Bm	-0.005 ***	-0.006 ***	-0.006 ***	-0.007 ***
	(-3.08)	(-3.44)	(-3.13)	(-3.53)
Rcv	-0.076 ***	-0.077 ***	-0.068 ***	-0.069 ***
	(-6.24)	(-6.26)	(-4.83)	(-4.92)
Inv	-0.009	-0.010	-0.002	-0.002
	(-0.95)	(-0.98)	(-0.16)	(-0.19)
Cfo	-0.236 ***	-0.235 ***	-0.249 ***	-0.249 ***
	(-15.67)	(-15.58)	(-14.49)	(-14.50)
Big	0.000	0.000	-0.001	-0.001
	(0.08)	(0.09)	(-0.44)	(-0.43)

	（1） Abs_Da	（2） Abs_Da	（3） Abs_Da	（4） Abs_Da
Avoidloss	0.002	0.001	0.009	0.009
	（0.39）	（0.25）	（1.48）	（1.40）
Soe	−0.006**	−0.006***	−0.005**	−0.006**
	（−2.49）	（−2.61）	（−1.96）	（−2.17）
Lag_op	0.132***	0.131***	0.150***	0.149***
	（12.57）	（12.49）	（12.35）	（12.26）
Constant	0.080***	0.066**	0.079***	0.064**
	（2.99）	（2.48）	（2.64）	（2.17）
Year	Yes	Yes	Yes	Yes
Industry	Yes	Yes	Yes	Yes
N	13550	13550	11542	11542
Adj R^2	0.134	0.134	0.153	0.152

注：括号中是 t 值，*、**、***分别表示10%、5%、1%的显著性水平。

7. 研究结论

本文以2007—2016年的A股上市公司为样本，从未来经营风险的角度研究审计风险对审计师决策的影响，发现审计师对未来经营风险较大的公司收取更高的审计费用；对于未来经营风险较大的上市公司，审计师出具非标意见的可能性也较大。

本文的研究结论表明审计师在进行审计时，除了考虑公司当期的风险之外，还会考虑公司未来的经营风险。本文进一步发现，未来经营风险不但会促使审计师在审计中变得更为谨慎，还会引致审计师的机会主义行为，即审计师会降低未来经营风险低的公司的审计质量。

本文的研究局限性和进一步研究方向：本文讨论审计师的机会主义行为时，由于数据的局限性，无法获取审计师在审计过程中的投入工时，进一步的研究可以关注未来审计风险如何影响审计师在审计时的具体操作；审计师在审计决策中会考虑公司未来经营风险，那么未来的研究可以考虑审计收费和审计意见是否能够提供信息增量来帮助投资者预测公司未来经营状况。

◎ 参考文献

[1] 薄仙慧，吴联生.盈余管理、信息风险与审计意见[J].审计研究，2011(1).

[2] 曹琼，卜华，杨玉凤，等.盈余管理、审计费用与审计意见[J].审计研究，2013(6).

［3］陈宋生，刘青青. 外部审计师与卖方分析师相互影响及治理效应——一个文献综述［J］. 审计研究，2017(1).

［4］段远刚，陈波. 资产减值损失、审计收费与审计意见［J］. 审计研究，2017(2).

［5］方军雄，洪剑峭，李若山. 我国上市公司审计质量影响因素研究：发现和启示［J］. 审计研究，2004(6).

［6］黄世忠，陈建明. 美国财务舞弊症结探究［J］. 会计研究，2002(10).

［7］李莫愁，周红，夏立军. 风险导向的审计准则是否提高了注册会计师的风险敏感性？［J］. 财经研究，2015，41(9).

［8］刘峰，许菲. 风险导向型审计·法律风险·审计质量——兼论"五大"在我国审计市场的行为［J］. 会计研究，2002(2).

［9］吕敏康，刘拯. 媒体态度、投资者关注与审计意见［J］. 审计研究，2015(3).

［10］曲晓辉，毕超. 会计信息与分析师的信息解释行为［J］. 会计研究，2016(4).

［11］施先旺，李志刚，刘拯. 分析师预测与上市公司审计收费研究——基于信息不对称理论的视角［J］. 审计与经济研究，2015，30(3).

［12］谢获宝，刘芬芬，惠丽丽. 能力不足还是独立性缺失——基于污点审计师审计质量的实证检验［J］. 审计研究，2018(3).

［13］谢志华，崔学刚. 风险导向审计：机理与运用［J］. 会计研究，2006(7).

［14］辛清泉. 会计选择与证券审核监管［J］. 当代会计评论，2018，11(2).

［15］张俊瑞，刘慧，杨蓓. 未决诉讼对审计收费和审计意见类型的影响研究［J］. 审计研究，2015(1).

［16］张俊瑞，余思佳，程子健. 大股东股权质押会影响审计师决策吗？——基于审计费用与审计意见的证据［J］. 审计研究，2017(3).

［17］周冬华，赵玉洁. 分析师跟进能够降低审计费用吗——来自中国证券市场的经验证据［J］. 证券市场导报，2015(1).

［18］Bae, J., Hur, W., Lee, J., et al. Patent citations and financial analysts' long-term growth forecasts［J］. *Sustainability*, 2017, 9(5).

［19］Biddle, G. C., Hilary, G. Accounting quality and firm-level capital investment［J］. *The Accounting Review*, 2006, 81(5).

［20］Chen, T., Xie, L., Zhang, Y. How does analysts' forecast quality relate to corporate investment efficiency? ［J］. *Journal of Corporate Finance*, 2017, 43.

［21］Choi, J. H., Doogar, R. K., Ganguly, A. R. The riskiness of large audit firm client portfolios and changes in audit liability regimes: Evidence from the US audit market［J］. *Contemporary Accounting Research*, 2004, 21(4).

［22］Deis Jr., D. R., Giroux, G. A. Determinants of audit quality in the public sector［J］. *Accounting Review*, 1992.

［23］Fang, J., Haw, I. M., Yu, V., et al. Positive externality of analyst coverage upon audit services: Evidence from China［J］. *Asia-Pacific Journal of Accounting & Economics*, 2014, 21(2).

[24] Francis, J. R., Wang, D. Impact of the SEC's public fee disclosure requirement on subsequent period fees and implications for market efficiency[J]. *Auditing: A Journal of Practice & Theory*, 2005, 24(s-1).

[25] Ghosh, A., Pawlewicz, R. The impact of regulation on auditor fees: Evidence from the Sarbanes-Oxley Act[J]. *Auditing: A journal of practice & theory*, 2009, 28(2).

[26] Gotti, G., Han, S., Higgs, J. L., et al. Managerial stock ownership, analyst coverage, and audit fee[J]. *Journal of Accounting, Auditing & Finance*, 2012, 27(3).

[27] Houston, R. W., Peters, M. F., Pratt, J. H. Nonlitigation risk and pricing audit services [J]. *Auditing: A Journal of Practice & Theory*, 2005, 24(1).

[28] Krishnan, J., Raghunandan, K., Yang, J. S. Were former Andersen clients treated more leniently than other clients? Evidence from going-concern modified audit opinions [J]. *Accounting Horizons*, 2007, 21(4).

[29] Krishnan, J., Sami, H., Zhang, Y. Does the provision of nonaudit services affect investor perceptions of auditor independence? [J]. *Auditing: A Journal of Practice & Theory*, 2005, 24(2).

[30] Lam, K. C., Mensah, Y. M. Auditors' decision-making under going-concern uncertainties in low litigation-risk environments: Evidence from Hong Kong[J]. *Journal of Accounting and Public Policy*, 2006, 25(6).

[31] Lennox, C. S., Kausar, A. Estimation risk and auditor conservatism[J]. *Review of Accounting Studies*, 2017, 22(1).

[32] Lennox, C. Do companies successfully engage in opinion-shopping? Evidence from the UK [J]. *Journal of accounting and economics*, 2000, 29(3).

[33] Mao, M. Q., Yu, Y. Analysts' cash flow forecasts, audit effort, and audit opinions on internal control[J]. *Journal of Business Finance & Accounting*, 2015, 42(5-6).

[34] Ramnath, S., Rock, S., Shane, P. The financial analyst forecasting literature: A taxonomy with suggestions for further research[J]. *International Journal of Forecasting*, 2008, 24 (1).

[35] Simunic, D. A. The pricing of audit services: Theory and evidence [J]. *Journal of accounting research*, 1980.

[36] Stanley, J. D. Is the audit fee disclosure a leading indicator of clients' business risk? [J]. *Auditing: A Journal of Practice & Theory*, 2011, 30(3).

[37] Wang, Q., Wong, T. J., Xia, L. State ownership, the institutional environment, and auditor choice: Evidence from China[J]. *Journal of accounting and economics*, 2008, 46 (1).

[38] Whisenant, S., Sankaraguruswamy S., Raghunandan K. Evidence on the joint determination of audit and non-audit fees[J]. *Journal of accounting research*, 2003, 41 (4).

Do CPAs Include Future Business Risks in the Risk-oriented Auditing

Liu Fenfen

(Economics and Management School, Wuhan University, Wuhan, 430072)

Abstract: Using the sample of China's A-share listed companies from 2007 to 2016, this paper examines how the companies' future business risk influences auditor's decision. The empirical results suggest that audit fee is significantly positively related to clients' future business risk after controlling current business risk and firms with high business risk are more likely to receive modified audit opinions. The further research finds that auditor may behave opportunistically towards the listed companies with low future business risk, which are characterized by higher tolerance of audit risk and more likely to accept low-quality financial reports. These findings suggest that auditor, using the risk-oriented audit approach, takes into account not only the clients' current business risk but also their future business risk when making decisions on audit fees and audit opinions, in order to decrease audit risks and audit business risk.

Key words: Future business risk; Audit risk; Audit fees; Audit opinions

专业主编：潘红波

网络化营销能力及其对企业国际化绩效的影响[*]
——基于企业知识基础理论

● 张　伟[1]　汪　涛[2]

（1，2　武汉大学经济与管理学院　武汉　430072）

【摘　要】随着信息技术和社会网络的快速发展，传统的营销能力已难以满足企业当前的发展需要，企业需要开发出其网络化营销能力来应对当前复杂的网络化环境。因此，本文在基于当前网络化环境的背景下，识别出了两种网络化营销能力：全球市场资源整合能力与深刻市场洞察能力并基于企业知识基础理论，探讨了这两种网络化营销能力的产生及其对企业国际化绩效的影响，还进一步探讨了员工流动性的调节作用。通过世界银行提供的对中国企业的调查数据进行分析，发现：知识整合对全球市场资源整合能力具有正向影响，且全球市场资源整合能力能够促进企业的国际化绩效；知识创新对深刻市场洞察能力具有正向影响，且深刻市场洞察能力能够促进企业的国际化绩效；员工流动性能够正向调节深刻市场洞察能力与企业国际化绩效之间的关系。

【关键词】网络化营销能力　国际化绩效　网络化　员工流动性

中图分类号：F270　　文献标识码：A

1. 引言

当前，伴随着信息技术、网络技术和社会网络的飞速发展，企业所面临的市场环境发生了翻天覆地的变化，顾客的需求不仅变得多种多样，且其需求的变化也越来越频繁，而且企业所面临的竞争来源也越来越多。越来越多的企业已经意识到这种不断变化的市场环境给企业未来的发展提供了新的市场资源与市场机遇。在信息技术和社会网络非常发达的

＊ 基金项目：国家自然科学基金重点项目"全球化和网络化环境下的中国企业品牌国际化营销战略研究"（项目批准号：71532011）；国家自然科学基金面上项目"顺应制度还是操控绩效：企业国际化进程中的合理性压力、营销战略和消费者支持"（项目批准号：71272226）；教育部哲学社会科学研究重大课题攻关项目"战略性新兴产业国际化发展战略研究"（项目批准号：14JZD017）。

通讯作者：汪涛，E-mail：wangtao@whu.edu.cn。

今天，企业可以与其上下游合作伙伴通过构建虚拟网络建立联系，进而能够实时了解其上下游合作伙伴的经营状态(包括下游合作伙伴对产品市场的各种分析、预测，对未来市场趋势的判断等，上游合作伙伴现有的各种资源等等)，从而为企业后续的发展提供很强的应变能力，使企业可以更好地适应当前网络化环境下的市场变化，增强其在网络化环境下的市场竞争力。

著名的管理思想家德鲁克认为企业的营销能力是其获取竞争优势必不可少的动力。有研究表明企业的营销能力能够为企业在产品研发与创新过程中开发出适合消费者的产品①，且企业的营销能力(包括定价、产品开发、渠道管理、营销沟通、销售、市场信息管理、营销计划和营销实施)对市场绩效具有积极的作用②，其能够直接为企业带来利润的增加③。但是，在当前这种不断剧烈变化的网络化环境中，传统意义上的营销能力已不能够为企业提供足够的竞争优势④。为适应当前这种网络化的市场环境，企业需要开发出一种新的营销能力——网络化营销能力来增强企业自身竞争力，从而为企业带来更好的绩效。因此，在基于对当前网络化环境分析的基础上，本文归纳总结出两种网络化营销能力：全球市场资源整合能力和深刻市场洞察能力。全球市场资源整合能力侧重于企业通过信息技术去整合当前全球社会网络中企业所拥有的所有相关资源以便为其客户、消费者提供更优质的产品和服务；深刻市场洞察能力则侧重于企业通过运用信息技术并在基于当前全球社会网络中的顾客需求基础上去分析、发现新的市场机会，进而开拓新的市场。前者侧重于去整合企业当前在全球范围内所拥有的全部资源，以实现对其资源的最优配置；后者则侧重于在当前网络化环境下，企业根据当前的市场环境去发现、挖掘新的市场机会和机遇，进而在全球范围内开拓新的市场，增强企业的竞争优势。

因此，在基于当前网络化的环境下，本文创新性地归纳出了两种网络化营销能力：全球市场资源整合能力和深刻市场洞察能力，并根据企业知识基础观的相关内容，探讨了网络化营销能力的产生以及网络化营销能力与企业国际化绩效的影响，此外，还探讨了员工流动性在网络化营销能力与企业国际化绩效之间的调节作用。本文不仅丰富了当前网络化环境下关于营销能力方面的研究，也为企业在当前网络化环境下如何打造其网络化营销能力及提升其绩效提供了指导性建议。

---

① Konwar, Z., Nikolaos, P., Mohammad, F. A., et al. Dynamic marketing capabilities, foreign ownership modes, sub-national locations and the performance of foreign affiliated in developing economies[J]. *International Marketing Review*, 2017, 34(5): 674-704.

② 陈小红，于涛. 营销能力对技术创新和市场绩效影响的关系研究——基于我国中小企业的实证研究[J]. 科学学研究，2013，31(4): 585-595.

③ Mu, J., Bao, Y., Sekhon, T., Qi, J., et al. Outside-in marketing capability and firm performance [J]. *Industrial Marketing Management*, 2018(75): 37-54.

④ George, S. D. Closing the marketing capabilities gap[J]. *Journal of Marketing*, 2011(75): 183-195.

2. 理论基础与研究假设

2.1 网络化营销能力

营销在企业的发展过程中扮演着非常重要的角色。因此，很多学者对企业的营销能力进行了相关研究。Day 认为营销能力就是企业通过对其所拥有的知识、技术以及资源进行合理利用，以满足当前市场的消费者需求，从而获取竞争优势的一种能力，其包括由内到外、由外到内以及内外结合三种类型的能力，分别代表的是企业的渠道控制、顾客关系培养、市场判断以及技术控制等能力，Zhou 等人通过研究发现营销能力在企业的国际化过程中起了非常重要的作用。但是，营销能力作为一种静态能力，在剧烈变化的环境中需要进行改进、扩展，因此，在动态环境中重新诠释营销能力是一种必然的趋势①。为了完善营销能力理论的发展，有很多研究者将动态能力理论引入营销能力中，提出了动态营销能力。Xu 等人认为动态营销能力能够帮助管理者了解消费者的需求，识别出新的产品想法，以及设计并生产出新的产品。Morgan 则认为动态营销能力是企业在基于市场学习的前提下，来进行企业资源的重构以及对现有营销能力的更新和改进，从而适应当前不断变化的市场环境，其认为市场学习、能力强化以及资源重构是构成动态营销能力的三个重要因素。

虽然动态营销能力是在动态能力的基础上提出来的，其也反映出了企业要适应不断变化的市场环境，但是在当前信息技术和社会网络飞速发展的环境下，企业与企业之间的联系、互动更为频繁，消费者可以方便地通过互联网来与国内外其他地区的消费者进行互动，建立网络社区，了解社区内其他成员对相应产品的需求，进而形成其自身对产品的需求，而且随着个性化定制服务的兴起，消费者可以在全球范围内搜索、购买相关的产品和服务，这就为企业的发展带来了机遇。在当前这种网络化的环境下，传统意义上的营销能力与动态营销能力已不能够满足企业的发展需求。因此，在网络化的背景下，企业要想获得竞争优势，就必须去开发、打造基于网络化环境下的营销能力，即网络化营销能力。本文认为网络化营销能力指的是企业在当前网络化的环境下，通过合理地运用相关信息技术，对企业在全球网络范围内所拥有的各种资源进行合理的整合、配置，并根据顾客当前的需求来发现、挖掘产品在全球范围内潜在市场的能力②，以能够一方面可以通过充分利用企业当前的各种现有资源来最大化地满足消费者对当前产品、服务等的相关需求（全球市场资源整合能力）；另一方面又可以通过对消费者当前的产品、服务等需求去发现、挖

---

① 韩德昌，韩永强. 营销能力理论研究进展评析及未来趋势展望[J]. 外国经济与管理，2010(6)：52-58.

② 孟佳佳，董大海，刘瑞明. 网络营销能力对企业绩效影响的实证研究[J]. 科技管理研究，2012(12)：191-195.

掘消费者对产品和服务的潜在需求，进而发现新的市场机会，为消费者提供新的产品或服务，从而能够领先竞争对手抢占市场先机(深刻市场洞察能力)。

随着信息技术和社会网络的飞速发展，企业可以利用信息技术在全球范围内整合、配置、利用其所需要的各种资源，不再受制于传统意义上的地域限制。本文将企业在全球范围内发现、整合、利用和管理其所拥有的各种资源的能力称为全球市场资源整合能力。海尔在这一方面取得了巨大的成功：海尔通过整合全球网络范围内的各种资源，真正实现了设计全球化(8 大国际设计中心)、采购全球化(互联网进行网上招标、网上采购)、制造全球化(在海外建立了 13 个工厂)、营销全球化(海外拥有超过 40000 个营销网点，12 个销售公司)以及资金运作全球化。

此外，在当前的网络化环境下，企业除了可以整合其全球网络范围内的各种资源之外，还可以通过对全球范围内的市场信息进行搜集整理，进而从这些庞杂的市场信息中发现、挖掘出顾客对企业所提供产品或服务的潜在新需求，从而找到新的市场机会，开辟新的市场，进而增强企业自身的竞争优势。因此，本文将企业从全球范围内各种市场信息中发现、挖掘新的市场机遇的能力称为深刻市场洞察能力。华为在这一方面取得了巨大的成功：在国内外各大手机厂商非常强调手机配置的时候，华为通过对消费者的各种相关需求信息进行分析、挖掘，发现消费者对手机的关注除了配置之外，还有手机内部蕴含的更深层次的人文的、能与消费者产生契合与共鸣的东西(比如手感、舒适等等)，因此华为推出了 Mate 7 手机，并将其指纹识别功能与消费者紧密联系起来，让消费者产生了内心共鸣，从而也使华为 Mate 7 手机获得了不错的市场销售份额。

2.2 企业知识基础理论

企业知识基础理论(A knowledge-based theory of the firm)是在企业资源基础观(resource-based view)和能力理论(competence theory)的基础上，经过演化和发展得到的，其认为企业是一个知识系统①，知识是企业最重要的战略资源②，企业可以通过利用知识来对其他资源进行获取和转化③，企业所拥有的知识是造成企业间差异的关键因素④，企业对知识的利用能力是企业维持和增强竞争优势的主要原因。因此，企业必须对其自身所

---

① Markus, R., Torsten, R. Uncertainty, pluralism, and the knowledge-based theory of the firm: From J. -C. Spender's contribution to a socio-cognitive approach[J]. *European Management Journal*, 2013(31): 706-716.

② Salunke, S., Weerawardena, J., McColl-Kennedy, J. R. The central role of knowledge integration capability in service innovation-based competitive strategy [J]. *Industrial Marketing Management*, 2019(76): 144-156.

③ Yong, J. K., Seokwoo, S., Sambamurthy, V., et al. Entrepreneurship, knowledge integration capability, and firm performance: An empirical study[J]. *Information Systems Frontiers*, 2012, 14(5): 1047-1060.

④ Spender, J. D. Making knowledge the basis of a dynamic theory of the firm[J]. *Strategic Management Journal*, 1996, 17(Win.): 45-62.

拥有的知识进行整合与创新：整合是为了更好地对企业现有的各种知识进行分析与利用；创新是企业获取新知识的重要途径，其能够增加企业的现有知识储备。

2.2.1 知识整合

企业知识基础理论强调了知识在企业运营过程中发挥的重要作用，其认为企业所拥有的知识是造成企业差异的重要原因。根据企业知识基础理论，Grant 首次在研究中对知识整合(knowledge integration)进行了明确定义，其认为知识整合就是企业对其成员所拥有的各种专业化知识进行整合的过程，其中包括一些正式的和非正式的、显性的和隐性的知识。而后，有很多研究者对知识整合给出了相应的定义，比如：Isabel，Vicotor 和 Natalia 则认为知识整合强调对现有知识的转移和转化，以能够确保在同一组织中不同的个体可以进行使用；Buckley 和 Carter 则通过对跨国企业进行研究后认为知识整合就是企业将空间上那些来源比较分散的知识整合在一起的过程。知识整合包含内部整合与外部整合两方面的内容，其中内部整合指的是企业将其组织内部所拥有的知识，经由组织内部的个人、团队、部门等共享之后，再进行更深层次的整合与应用的一系列过程①；外部整合则指的是企业通过对外部技术知识以及顾客、供应商所拥有的知识进行整合，从而获取企业所需知识的整个过程②。根据以上关于知识整合的阐述，本文认为网络化环境下的知识整合就是企业将其通过信息技术所构建的信息网络中的各类知识(包括其上下游合作伙伴的供应信息、客户及时的需求信息等等)进行汇总、加工和整合的一系列过程，进而能够获取到对企业发展有价值的知识。根据企业知识基础理论，知识作为企业最为重要的、难以复制的、最具决定性的战略资源，其在企业的发展过程中扮演着非常重要的作用③④，企业可以通过知识整合来提升其关键能力。因此，企业可以通过将全球范围内的供应商知识、顾客知识以及市场、技术等外部知识进行汇总、分析、整合⑤⑥，并将其与企业自身的内部知识结合到一起，从而能够对当前全球市场上的产品、服务有更多的了解，也可以使企业明确其当前所拥有的各种资源，而且企业可以通过内外部知识整合将企业在全球范围内的资源(包括技术、物质、人力等等)整合到一起，从而能够更好地对企业当前所拥有的各

---

① Nonaka, I., Toyama, R., Konno, N. SECI, Ba and leadership：A unified model of dynamic knowledge creation[J]. *Long Range Planning*, 2000, 33(1)：5-34.

② Chin, T. A., Hamid, A. B. A., Rasli, A., et al. A literature analysis on the relationship between external integration, environmental uncertainty and firm performance in Malaysian SMEs[J]. *Procedia-Social and Behavioral Sciences*, 2014(130)：75-84.

③ Denicolai, S., Zucchella, A., Roger, S. Knowledge assets and firm international performance[J]. *International Business Review*, 2014(23)：55-62.

④ Erden, Z., Klang, D., Sydler, R., et al. Knowledge-flows and firm performance[J]. *Journal of Business Research*, 2014(67)：2777-2785.

⑤ Patel, P. C., Fiet, J. O. Knowledge combination and the potential advantages of family firms in searching for opportunities[J]. *Entrepreneurship Theory and Practice*, 2011, 35(6)：1179-1197.

⑥ Tsai, K. H., Liao, Y. C., Hsu, T. T. J. Does the use of knowledge integration mechanisms enhance product innovativeness? [J]. *Industrial Marketing Management*, 2015(46)：214-223.

种资源进行更好的识别、筛选，并根据需要进行恰当的匹配，进而能够更好地帮助企业实现对全球市场资源的整合，尽最大可能满足当前的全球市场需求。

因此，根据上面的阐述，本文提出了以下假设：

H1a：知识整合对全球市场资源整合能力具有正向作用。

2.2.2 知识创新

1991 年，Nonaka 首次提出了知识创新这一概念，其研究认为知识创新就是部门或组织在企业内部或者企业间持续创造出新的显隐性知识的一系列过程。而后，很多研究者对知识创新进行了相关研究，并从不同的角度对知识创新给出了定义。比如，Tolstoy 从企业资源的角度认为知识创新就是企业将分散在各个不同个体、组织或其他实体中的知识进行联结，并将这些知识投入产品研发过程中，以能够让企业生产出满足消费者需求的创新产品的一系列过程。Eservel 从知识的分类角度出发，其研究认为知识分为隐性知识和显性知识两种，知识创造就是以上两种知识的持续转化过程。Frank 和 Kenneth 则认为知识创新就是一种开拓式的创新，其可以通过对企业现有的知识进行分析、发现以提高对当前市场状况的认识和形成更加高效的流程。根据上述关于知识创新的阐述，本文认为网络化环境下的知识创新指的是企业或组织发现其当前所拥有知识的缺陷，通过一定的技术进行更新、完善，以发现新知识并对新知识进行应用的一系列过程。知识作为最具决定性的战略资源，企业可以通过对来自全球市场上的各种知识进行挖掘、发现，以能够发现当前消费者对其产品或服务的特殊的、新的需求，进而对当前所拥有的知识进行创新，并将创新的成果应用到新的产品或服务开发、研发中，从而在全球范围内挖掘、发现新的市场机遇，增强企业对市场新机遇的洞察能力。

因此，根据上面的阐述，本文提出了以下假设：

H1b：知识创新对深刻市场洞察能力具有正向作用。

2.3 网络化营销能力与国际化绩效

在当前网络化环境下，市场信息瞬息万变，企业为了能够及时了解当前全球市场上的消费者需求，就需要通过信息技术及时整合其在全球网络范围内的各种资源（包括供应商的产品供应信息、客户的订单需求信息以及企业自身经营的各种信息等等），以能够从自己所拥有的全球范围内的各种资源中了解当前消费者在各个地区的相关需求，并及时提供与消费者需求相吻合的各类产品和服务，从而尽最大可能地满足当前消费者的需求①，而且要合理地配置、使用企业当前所拥有的全球范围内的各种资源，努力将其资源进行最大

---

① Ramanathan, R., Ramanathan, U., Zhang, Y. B. Linking operations, marketing and environmental capabilities and diversification to hotel performance: A data envelopment analysis approach [J]. *International Journal of Production Economics*, 2016(176): 111-122.

化效率的利用，提高资源的潜在价值①，进而增强企业在全球市场上的核心竞争优势，尽可能多地为企业创造好的国际化绩效。

此外，在网络化环境下，企业还需要洞悉当前全球市场上的发展趋势，了解当前全球市场上的消费者对产品或服务的潜在需求，并发现企业在当前产品、服务中所存在的缺陷，进而挖掘、发现当前市场中存在的新机遇、新趋势。企业通过对当前全球市场中的各种信息和知识进行汇总、分析、发现和挖掘，进而发现当前全球市场上消费者对市场中的产品、服务的潜在新需求，并且将消费者对产品、服务的新要求融入企业的新产品研发当中，推出具有市场前瞻性的产品和服务，以能够抢先满足消费者对新产品、新服务的需求，抓住新的市场机遇，从而率先占领新的市场，抢占市场先机②，为企业赢得持续的竞争优势，进而在全球市场上能够创造出更高的价值，获得更好的国际化绩效。基于此，本文提出了以下 2 个假设：

H2a：全球市场资源整合能力对国际化绩效具有正向作用。

H2b：深刻市场洞察能力对国际化绩效具有正向作用。

2.4 员工流动性的调节作用

在当前网络化环境下，企业与员工之间的长期雇佣关系已不再是企业员工默认的一种职业道路③，且员工个人在组织内部的移动会对组织产生非常重要的影响④。因此，企业员工的流动性能够在很大程度上对企业的正常运作产生影响。Ann 和 Frank 认为企业员工流动性指的是个人被企业、组织雇佣或者离职的过程，其认为员工流动性包含员工流入和员工流出两种形式；Price 认为员工流动性不单纯指的是企业员工的离职，企业员工的升降级、轮岗或者转岗等都属于员工流动性的范畴，其更多的是指企业员工工作状态的改变。本文中对员工流动性的定义采用 Ann 和 Frank 的观点，认为企业员工流动性指的是员工个人被企业雇佣或者离职的过程。

企业员工的流动性越高，表明企业越可能从其合作伙伴或者竞争对手那里雇佣更多的员工，而企业关键员工的流动往往会导致企业与其合作伙伴所建立的市场关系的瓦解，并且企业新雇佣的员工进入企业工作往往需要一个较长的适应过程，在这种情形下，其会造成企业管理上的动荡性，降低其管理效率。因此，当企业的员工流动性水平较高时，由于

---

① 彭伟，符正平. 联盟网络、资源整合与高科技新创企业绩效关系研究[J]. 管理科学，2015，28（3）：26-37.

② Su, Z. F., Peng, J. H., Shen, H., et al. Technological capability, marketing capability, and firm performance in turbulent conditions[J]. *Management and Organization Review*, 2013, March：115-137.

③ Kornblum, A., Unger, D., Grote, G. When do employees cross boundaries? Individual and contextual determinants of career mobility[J]. *European Journal of Work and Organizational Psychology*, 2018, 27(5)：657-668.

④ Mawdsley, J. K., Somaya, D. Employee mobility and organizational outcomes：An integrative conceptual framework and research agenda[J]. *Journal of Marketing*, 2016, 42(1)：85-113.

对新进入员工缺乏足够的了解，企业往往不能够充分合理配置其当前所拥有的各种资源；此外，新进入的企业员工由于需要一个慢慢适应的过程，其对企业所拥有的各项资源也不够了解，从而不能够很好地利用企业所拥有的各项资源，其在一定程度上造成企业资源的浪费，不能很好地利用、发挥企业的资源整合能力，进而不能够为企业带来好的国际化绩效。根据上述阐述，本文提出以下假设：

H3a：员工流动性能够负向调节全球市场资源整合能力与国际化绩效之间的关系。

企业雇佣的新员工往往已经拥有与本企业所在行业相关的一些工作经验和技术知识，且其通常对行业内的相关技术、技能、标准、规范有更加清晰的认识；企业从竞争对手或合作伙伴处雇佣的新员工，能够帮助企业对其竞争对手的状况有更清晰的认识，以及对当前产品、服务的整个市场动向有更加清晰的认识，此外企业不仅从所雇佣的新员工那里获得了当前行业内的相关技术，而且获得了新员工对于产品、服务的新思想，其有利于组织内部的不断创新以及能力的开发，能够帮助企业跨越当前的发展瓶颈和能力限制，比如，企业可以通过雇佣新的研发人员来帮助其打破先前的技术依赖，从而能够对产品、服务不断进行创新，发现新的市场机遇，增强企业在全球市场上的优势，为企业带来好的国际化绩效。因此，根据上面的阐述，本文提出以下假设：

H3b：员工流动性能够正向调节深刻市场洞察能力与国际化绩效之间的关系。

根据上面的阐述，本文的理论研究模型如图 1 所示：

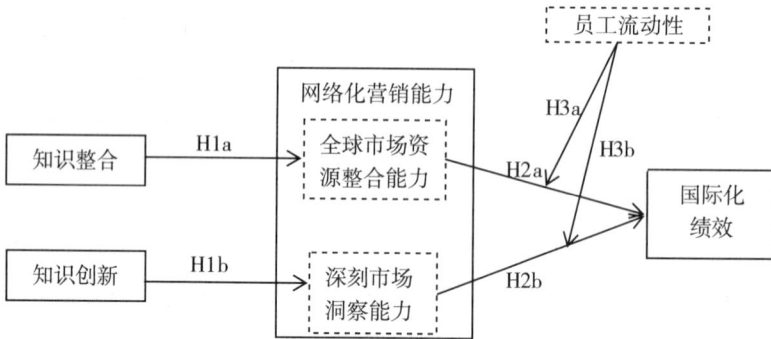

图 1　研究模型

3. 实证研究

3.1　数据信息

本文采用世界银行从 2011 年 12 月到 2013 年 2 月对中国企业进行调查得到的数据进行后续的数据分析以及假设验证，被调查的企业涉及运输、食品、电力、纺织、机器设备制造等多个行业类别，从而能够消除单一行业数据所带来的片面性，使数据分析的结果更具有说服力。虽然此调查问卷共有 2700 多条记录，但由于本文后续数据分析中用到的调查问卷中所涉及的某些关键问项的回答为空缺值，需要将其进行删除处理。因此，本文后续所用到的分析数据是剔除相应关键问项为缺失值后的样本，共 473 条记录(企业规模特征分析如表 1 所示，企业所在行业特征如表 2 所示)。

表1   企业规模特征

企业规模	员工人数	企业数量	比例(%)
小型企业	5~19	71	15.01
中型企业	20~99	193	40.80
大型企业	≥100	209	44.19
总计	—	473	100

表2   企业所在行业特征

行业	个数	比例(%)
食品	60	12.68
化工	55	11.63
电力	52	10.99
非金属矿产	47	9.94
运输	38	8.03
机器设备制造	42	8.88
塑料制品	38	8.03
纺织	28	5.92
碱金属	29	6.13
金属制品	32	6.77
服装	29	6.13
其他	23	4.86
总计	473	100

3.2 理论模型与假设检验

企业员工培训主要是用来了解企业当前运营的状况及相应流程，其目的是让员工能够按照当前已有的标准和规范来执行相应的任务，其更多的是对企业现有知识进行归纳、总结以及传递的一个过程，因此，本文用"是否为员工提供技术培训"来衡量"知识整合"这一变量。用"企业当年在研发中的经费支出"来衡量"知识创新"这一变量，因为在企业的研发过程当中，企业会在当前所拥有的各类知识的基础上，创造出崭新的、与先前所拥有知识完全不同的新知识，因此，企业研发的投资力度越大，表明企业所创造的新知识(知识创新）就越多。全球市场资源整合能力强调的是对全球市场的相关资源进行整合、配置的能力，企业从国外市场上获取的资源越多，表明其越能够将全球范围内的资源进行整合，因此，本文用"企业在国外购买的原材料占所有原材料的比例"来衡量"全球市场资源整合能力"。深刻市场洞察能力强调的是企业对当前市场趋势及顾客新需求的洞悉，而企业要想洞悉市场趋势及顾客新需求就需要对企业外部的利益相关者进行全方位的了解，从而尽可能满足利益相关者的需求，因此，本文用"企业新产品或新服务的实现想法是否来自企业外部，比如咨询机构、客户、研究机构等"来衡量"深刻市场洞察能力"。根据董临萍和宋渊洋的观点，本文用"企业销售额中的出口总额（包括直接出口与间接出口两部分）取对数"来衡量"国际化绩效"。在企业中，相较于永久性员工，临时员工的工作一般没有很好的保障，企业随时可以中断与临时员工之间的雇佣关系，对企业来说，其临时员工的数量越多，表明其员工的流动性也就越大，因此，本文用"企业中临时员工占永久性员工的比例"来衡量"员工流动性"。

此外，本文还选取了以下几个控制变量，分别是：企业规模（用企业员工总人数取对数表示）；企业所在的城市是否为省会城市；企业所在的城市是否为主要的商业城市；企业的总销售收入（用企业当年的销售总额取对数表示）；企业所有权性质（用企业国有控股的比例取对数表示）。

各个变量间的相关性分析如表3所示：

表3　　　　　　　　　　　　各个变量的相关性分析

变量	A	B	C	D	E	F	G	H	I	J	K
国际化绩效（A）	1										
深刻市场洞察能力（B）	0.227^{***}	1									
全球市场资源整合能力（C）	0.262^{***}	$0.079^{\star}$	1								
知识创新（D）	0.259^{***}	0.183^{**}	0.149^{**}	1							
知识整合（E）	$0.087^{\star}$	0.119^{**}	0.072	0.177^{***}	1						
员工流动性（F）	0.0534	0.162^{***}	-0.035	-0.004	0.072	1					
员工总人数（G）	0.2824^{***}	0.163^{***}	0.053	0.510^{***}	0.175^{***}	-0.031	1				
是否省会（H）	-0.031	0.062	-0.036	$0.120^{\star}$	0.051	0.149^{**}	0.036	1			

变量	A	B	C	D	E	F	G	H	I	J	K
是否商业城市(I)	-0.082☆	-0.106*	-0.093*	0.041	0.041	-0.076☆	0.027	-0.364***	1		
企业总销售收入(J)	0.249***	0.083☆	0.054	0.576***	0.158***	-0.130**	0.763***	0.000	0.046	1	
企业所有权性质(K)	-0.006	-0.026	0.036	0.095*	0.042	0.071	0.202***	0.001	-0.004	0.217***	1

注：☆表示 $p<0.1$；* 表示 $p<0.05$；** 表示 $p<0.01$；*** 表示 $p<0.001$。

根据提出的研究假设模型，本文使用 Stata 14 进行回归分析。在进行回归分析之前，首先需要对所有解释变量进行同方差检验，通过怀特检验发现，变量间存在异方差性($p<0.001$)。因此，本文在后续的数据分析中采用了稳健标准误的 OLS 回归方法。结果发现：知识整合对全球市场资源整合能力具有显著的正向作用($\beta=4.249$，$p<0.01$)，假设 H1a 得到验证；知识创新对深刻市场洞察能力具有显著的正向作用($\beta=0.051$，$p<0.01$)，假设 H1b 得到验证；全球市场资源整合能力对国际化绩效具有显著的正向作用($\beta=0.166$，$p<0.001$)，假设 H2a 得到验证，深刻市场洞察能力对国际化绩效具有显著的正向作用($\beta=3.109$，$p<0.01$)，假设 H2b 得到验证(检验结果如表 4 所示)。而后，本文用员工流动性与全球市场资源整合能力、深刻市场洞察能力的交互作用来检验其调节作用，结果显示员工流动性对全球市场资源整合能力与国际化绩效之间关系的负向调节作用未得到验证($\beta=0.122$，$p>0.1$)，假设 H3a 未得到验证，可能存在的原因是在企业中，临时员工主要受雇于一些不重要的工作岗位，其很难影响企业的一些关键资源和能力，进而难以影响企业在全球市场上的资源整合能力，也就无法对企业的绩效产生重大影响；而员工流动性能够正向调节深刻市场洞察能力与国际化绩效之间的关系($\beta=12.014$，$p<0.05$)，假设 H3b 得到验证(如表 5 所示)。

表4   模型检验结果

变量类型	全球市场资源整合能力	深刻市场洞察能力	国际化绩效
	模型 1	模型 2	模型 3
知识整合	4.249**		0.151
知识创新		0.051**	0.616☆
全球市场资源整合能力			0.166***
深刻市场洞察能力			3.109**
员工流动性	-2.380	0.346***	3.130
员工总人数	0.317	0.083**	1.556**

变量类型	全球市场资源整合能力	深刻市场洞察能力	国际化绩效
	模型1	模型2	模型3
是否省会	−2.269	−0.027	−1.876☆
是否商业城市	−5.061**	−0.152*	−2.555☆
总销售收入	2.855	−0.684	8.537
所有权性质	58.883	−5.314	−128.007*
常数项	−1.804	1.454	−29.736☆
R^2	0.025	0.088	0.192
F值	3.56	8.00	14.77
样本量	473	473	473

注：☆表示 $p<0.1$；* 表示 $p<0.05$；** 表示 $p<0.01$；***表示 $p<0.001$。

表5 员工流动性调节作用检验

变量类型	国际化绩效			
	模型3	模型4	模型5	模型6
全球市场资源整合能力×员工流动性		0.110		0.122
深刻市场洞察能力×员工流动性			11.854☆	12.014*
全球市场资源整合能力	0.166***	0.156**	0.165***	0.153**
深刻市场洞察能力	3.109**	3.102**	2.113☆	2.092☆
知识整合	0.151	0.182	0.275	0.312
知识创新	0.616☆	0.593☆	0.570☆	0.544☆
员工流动性	3.130	2.781	−1.823	−2.275
员工总人数	1.556**	1.576**	1.409*	1.429*
是否省会	−1.876☆	−1.910☆	−1.979*	−2.019*
是否商业城市	−2.555☆	−2.569☆	−2.536☆	−2.552☆
总销售收入	8.537	8.573	11.385*	11.464
所有权性质	−128.007*	−125.748☆	−129.5573*	−127.093☆
常数项	−29.736☆	−29.579	−36.368☆	−36.283☆
R^2	0.192	0.193	0.198	0.199
F值	14.74	17.65	13.60	14.09
样本量	473	473	473	473

注：☆表示 $p<0.1$；* 表示 $p<0.05$；** 表示 $p<0.01$；***表示 $p<0.001$。

4. 研究结论与讨论

随着信息技术和社会网络的飞速发展，当前网络化的环境给企业的发展提供了新的机遇和挑战。本文从企业知识基础理论出发，基于当前网络化的环境探讨了网络化营销能力的产生及其对国际化绩效的影响，并探讨了员工流动性的调节作用。本文首先在对当前网络化环境进行分析的基础上，归纳出了两种网络化营销能力：全球市场资源整合能力和深刻市场洞察能力；其中全球市场资源整合能力强调企业通过运用信息技术，对其全球范围内的所有资源进行有效的整合与配置，而不受制于地域的限制；深刻市场洞察能力则强调的是企业要搜集全球市场范围内相关的各种市场信息，了解当前顾客对其产品或服务的需求，进而挖掘、发现顾客的潜在新需求，并将其应用到企业新的产品或服务研发中，抢先开拓新的全球市场，抓住市场机遇，增强企业自身的竞争优势。

其次，本文从企业知识基础理论视角出发，探讨了知识整合、知识创新分别对全球市场资源整合能力、深刻市场洞察能力的作用，而后又分别探讨了全球市场资源整合能力、深刻市场洞察能力对国际化绩效的影响，并且还研究了员工流动性对全球市场资源整合能力、深刻市场洞察能力各自与国际化绩效之间关系的调节作用。通过相关理论的推理，本文构建出了相应的研究模型，提出了相关假设，并采用世界银行提供的对中国企业进行调研的数据对所提出的相关假设进行了检验。

通过对所得到的数据进行分析，发现假设 H1a、H1b、H2a、H2b 均得到验证。其表明，在当前网络化环境下，企业可以通过以下路径来获取国际化绩效：①"知识整合—全球市场资源整合能力—国际化绩效"；②"知识创新—深刻市场洞察能力—国际化绩效"。企业可以分别通过进行知识整合与知识创新来进行网络化营销能力（全球市场资源整合能力、深刻市场洞察能力）的开发。企业可以通过获取当前网络化环境中与企业相关的各种知识（包括供应商、客户、市场等等），并对获取到的各种知识进行分析、整合，以知晓当前企业产品在全球范围内的销售状态，从而能够更好、更合理地根据全球各个地区不同的市场需求配置各方面的资源，进而对资源进行更好的利用；此外，企业还可以通过知识创新来开发深刻市场洞察能力，在对当前产品、服务等知识的分析基础上，形成一些新的、有价值的想法并将其应用到新产品的开发中，从而抢先洞察市场先机。而对于网络化营销能力与国际化绩效之间的关系，无论是全球市场资源整合能力还是深刻市场洞察能力都能够对国际化绩效产生积极作用。员工流动性对深刻市场洞察能力与国际化绩效之间的关系起正向的调节作用，主要原因在于企业的员工流动性越高，其也就越有可能从其新雇佣的员工中得到有关竞争对手、合作伙伴的相关信息，能够更加系统、全面地掌握当前全球市场上的行业动态、市场发展趋势，且能够获得新员工对企业新产品、新服务的独特想法，从而能够更好地发现新的市场机会，抢占新的市场，进而为企业带来好的绩效。

因此，在网络化环境下，企业为了取得更好的国际化绩效，其应该重视网络化营销能力的开发以及知识整合和知识创新在网络化营销能力中的积极作用，此外，企业应该重视员工流动性在不同的网络化营销能力（全球市场资源整合能力和深刻市场洞察能力）与国际化绩效之间关系中的调节作用，企业应该将员工流动性控制在某一合理水平上，从而能够最大程度发挥网络化营销能力对国际化绩效的作用，为企业带来更好的绩效。

虽然本文通过对世界银行提供的对中国企业进行调研的数据得出了国际化绩效的实现路径，但在全球网络化环境下，本文并未考虑企业国别的影响，而且对企业来说，维持哪种程度的员工流动性才是合理的，本文并未进行深入研究，此外，网络化营销能力的实现路径也可以从其他角度进行分析，从而能够为企业的未来发展提供更加合理的建议。

◎ 参考文献

[1] 陈小红，于涛. 营销能力对技术创新和市场绩效影响的关系研究——基于我国中小企业的实证研究[J]. 科学学研究，2013，31(4).

[2] 董临萍，宋渊洋. 高管团队注意力与企业国际化绩效：权力与管理自由度的调节作用[J]. 管理评论，2017，29(8).

[3] 韩德昌，韩永强. 营销能力理论研究进展评析及未来趋势展望[J]. 外国经济与管理，2010(6).

[4] 孟佳佳，董大海，刘瑞明. 网络营销能力对企业绩效影响的实证研究[J]. 科技管理研究，2012(12).

[5] 彭伟，符正平. 联盟网络、资源整合与高科技新创企业绩效关系研究[J]. 管理科学，2015，28(3).

[6] Ann, D., Frank, M. M. Labor turnover in London hotels and the cost effectiveness of preventative measures[J]. *International Journal of Hospitality Management*, 1992(2).

[7] Aobdia, D. Employee mobility, noncompete agreements, product-market competition, and company disclosure[J]. *Review Accounting Studies*, 2018, 23(1).

[8] Broschak, J. P. Managers' mobility and market interface: The effect of managers' career mobility on the dissolution of market ties[J]. *Administrative Science Quarterly*, 2004(49).

[9] Broschak, J.P., Block, E. With or without you: When does managerial exit matter for the dissolution of dyadic market ties[J]. *Academy of Management Journal*, 2014(57).

[10] Buckley, P. J., Carter, M. J. A formal analysis of knowledge combination in multinational enterprises[J]. *Journal of International Business Studies*, 2004, 35(5).

[11] Chang, J. J., Hung, K. P., James, Lin M. J. Knowledge creation and new product performance: The role of creativity[J]. *R&D Management*, 2014, 44(2).

[12] Chin, T.A., Hamid, A. B. A., Rasli, A., et al. A literature analysis on the relationship between external integration, environmental uncertainty and firm performance in Malaysian SMEs[J]. *Procedia-Social and Behavioral Sciences*, 2014(130).

[13] Denicolai, S., Zucchella, A., Roger, S. Knowledge assets and firm international

performance[J]. *International Business Review*, 2014(23).

[14] Dokko, G., Wilk, S. L., Rothbard, N. P. Unpacking prior experience: How career history affects job performance[J]. *Organization Science*, 2009(20).

[15] Erden, Z., Klang, D., Sydler, R., von Krogh, G. Knowledge-flows and firm performance [J]. *Journal of Business Research*, 2014(67).

[16] Eservel, U. Y. IT-enabled knowledge creation for open innovation[J]. *Journal of the Association for Information Systems*, 2014, 15(special issue).

[17] Frank, G. A., Kenneth, W. G. Integration, knowledge creation and B2B governance: The role of resource hierarchies in financial performance[J]. *Industrial Marketing Management*, 2017(63).

[18] George, S. D. Closing the marketing capabilities gap[J]. *Journal of Marketing*, 2011(75).

[19] George, S.D. The capabilities of market-driven organizations[J]. *Journal of Marketing*, 1994, 58(4).

[20] Grant, R.M. Prospering in dynamically-competitive environments: Organizational capability as knowledge integration[J]. *Organization Science*, 1996, 7(4).

[21] Grissom, J. A., Viano, S. L. Understanding employee turnover in the public sector: Insights from research on teacher mobility[J]. *Public Administration Review*, 2015, 76(2).

[22] Isabel, P. P., Victor, M. P., Natalia, M. C. Social capital, knowledge integration and learning in project-based organizations: A CEO-based study[J]. *Journal of Knowledge Management*, 2018, 22(8).

[23] Kornblum, A., Unger, D., Grote, G. When do employees cross boundaries? Individual and contextual determinants of career mobility[J]. *European Journal of Work and Organizational Psychology*, 2018, 27(5).

[24] Konwar, Z., Nikolaos, P., Mohammad, F. A., et al. Dynamic marketing capabilities, foreign ownership modes, sub-national locations and the performance of foreign affiliated in developing economies[J]. *International Marketing Review*, 2017, 34(5).

[25] Markus, R., Torsten, R. Uncertainty, pluralism, and the knowledge-based theory of the firm: From J.-C. Spender's contribution to a socio-cognitive approach[J]. *European Management Journal*, 2013(31).

[26] Mawdsley, J. K., Somaya, D. Employee mobility and organizational outcomes: An integrative conceptual framework and research agenda[J]. *Journal of Marketing*, 2016, 42 (1).

[27] Morgan, N. A. Marketing and business performance[J]. *Journal of Academy Marketing Science*, 2012, 40(1).

[28] Morrison, E. W., Robinson, S. L. When employees feel betrayed[J]. *Academy of Management Review*, 1997, 22(2).

[29] Mu, J., Bao, Y., Sekhon, T., et al.Outside-in marketing capability and firm performance [J]. *Industrial Marketing Management*, 2018(75).

[30] Nonaka, I., Toyama, R., Konno, N. SECI, Ba and leadership: A unified model of dynamic knowledge creation[J]. *Long Range Planning*, 2000, 33(1).

[31] Nonaka, I. The knowledge creating company[J]. *Harvard Business Review*, 1991, 69(6).

[32] Patel, P..C, Fiet, J. O. Knowledge combination and the potential advantages of family firms in searching for opportunities[J]. *Entrepreneurship Theory and Practice*, 2011, 35 (6).

[33] Price, J. L. Reflection on the determination of voluntary turnover[J]. *International Journal of Manpower*, 2001, 22(7).

[34] Ramanathan, R., Ramanathan, U., Zhang, Y. B. Linking operations, marketing and environmental capabilities and diversification to hotel performance: A data envelopment analysis approach[J]. *International Journal of Production Economics*, 2016(176).

[35] Rao, H., Drazin, R. Overcoming resource constraints on product innovation by recruiting talent from rivals: A study of the mutual fund industry [J]. *Academy of Management Journal*, 2002(45).

[36] Salunke, S., Weerawardena, J., McColl-Kennedy, J.R. The central role of knowledge integration capability in service innovation-based competitive strategy [J]. *Industrial Marketing Management*, 2019(76).

[37] Shujahat, M., Sousa, M. J., Hussain, S., et al. Translating the impact of knowledge management process into knowledge-based innovation: The neglected and mediating role of knowledge-worker productivity[J]. *Journal of Business Research*, 2019(94).

[38] Sousa, M. J., Rocha, A. Strategic knowledge management in the digital age[J]. *Journal of Business Research*, 2019(94).

[39] Spender, J. D. Making knowledge the basis of a dynamic theory of the firm[J]. *Strategic Management Journal*, 1996, 17(Win.).

[40] Su, Z. F., Peng, J. H., Shen, H., et al. Technological capability, marketing capability, and firm performance in turbulent conditions[J]. *Management and Organization Review*, 2013, March.

[41] Tragel, M. V., Shemilina, E. M. The model of competences of specialists working in training groups as integration of professional knowledge, skill, values and beliefs [C]. Czech Republic. 2014.

[42] Tsai, K. H., Liao, Y. C., Hsu, T.T. J. Does the use of knowledge integration mechanisms enhance product innovativeness? [J]. *Industrial Marketing Management*, 2015(46).

[43] Tolstoy, D. Knowledge combination and knowledge creation in a foreign-market network [J]. *Journal of Small Business Management*, 2009, 47(2).

[44] Tzabbar, D. When does scientist recruitment affect technological repositioning? [J] *Academy of Management Journal*, 2009(52).

[45] Xu, H., Guo, H., Zhang, J., et al. Facilitating dynamic marketing capabilities development for domestic and foreign firms in an emerging economy[J]. *Journal of Business Research*, 2018(86).

[46] Yong, J. K., Seokwoo, S., Sambamurthy, V., et al. Entrepreneurship, knowledge integration capability, and firm performance: An empirical study[J]. *Information Systems Frontiers*, 2012, 14(5).

[47] Zhou, L., Wu, A., Barnes, B. The effects of early internationalization on performance outcomes in young international ventures: The mediating role of marketing capabilities[J]. *Journal of International Marketing*, 2012, 20(4).

The Study on Network Marketing Capabilities and Its Effect on International Performance: From the Perspective of the Knowledge-based Theory of a Firm

Zhang Wei[1]   Wang Tao[2]

(1, 2 Economics and Management School of Wuhan University, Wuhan, 430072)

Abstract: With the rapid development of internet technology and social network, traditional marketing capability has been difficult to satisfy the needs of enterprises' further development, thus enterprises need to explore network marketing capability. Based on network context, this paper identifies two kinds of network marketing capabilities: global marketing resources integration capability and deep marketing insight capability. From the perspective of a knowledge-based theory of the firm, this paper discusses the emergence of these two kinds of network marketing capabilities and their effects on the international performance of enterprises, and discusses the moderating effect of employee mobility. By analyzed the Chinese enterprises survey data which provided by World Bank, this paper finds: knowledge integration has a significantly positive effect on global marketing resources integration capability, and global marketing resources integration capability has a positive effect on international performance of enterprises; knowledge innovation has a significantly positive effect on deep marketing insight capability, and deep marketing insight capability has a positive effect on international performance of enterprises; employee mobility plays a positive moderating role in the relationship between deep marketing insight capability and international performance of enterprises.

Key words: Network marketing capability; International performance; Network; Employee mobility

专业主编：曾伏娥

中国跨国公司如何利用国际社交媒体提升品牌绩效

——基于天士力的 Facebook 营销案例分析*

● 张会龙[1]　李桂华[2]　张宇东[3]　杨　萍[4]

（1，2，3，4　南开大学商学院　天津　300071）

【摘　要】社交媒体逐渐成为企业品牌营销的重要工具，如何利用社交媒体进行品牌营销已成为企业关心的问题。本研究以天士力为例，通过分析天士力科学地运用国际社交媒体进行品牌营销的成功经验，对中国跨国公司如何利用社交媒体提升品牌绩效展开了探讨。研究结果显示跨国企业利用社交媒体发布与企业相关且对消费者有用的信息，可以获得消费者的品牌信任，进而增强消费者的购买意愿，最终提升品牌绩效；企业可以通过打造包含发布与审核、推送、评价及分析、品牌资源管理、客户关系管理和销售管理 6 套子系统的社交媒体管理平台进行品牌营销。本研究对品牌营销、社交媒体营销理论有一定的深化作用。研究结果能够更好地揭示出社交媒体提升品牌绩效的内在机制，这为中国跨国企业的社交媒体品牌营销实践提供了理论基础。

【关键词】跨国公司　国际营销　社交媒体　品牌绩效

中图分类号：C93　　文献标识码：A

1. 引言

在经济转型大背景下，我国企业急需"走出去"，通过参与国际竞争与合作获得竞争优势。企业国际化程度的提高能够有效地提升企业绩效，因此，大量企业通过实施国际化战略开拓新市场。在国际营销过程中，由于社交媒体有着参与性强、交流便利等优势（Paun & Coman，2010），企业开始借助社交媒体进行品牌营销。庞大的用户量表明，社交媒体已经成为人们生活中必不可少的一部分，并逐渐改变人们的购买方式。消费者不再

　　* 基金项目：国家自然科学基金资助项目"双层级市场结构下的供应商要素品牌化竞争优势形成机制及其对绩效的影响研究"（项目批准号：71572083）。

　　通讯作者：张会龙，E-mail：zhlrex@foxmail.com。

满足于企业自上而下的信息宣传方式，在进行产品购买前，他们往往会先通过社交媒体寻找该产品的体验、评价等信息，消费者的购买决定及其品牌忠诚逐渐受社交媒体的影响（Jahn & Kunz，2012）。因此，在国际化进程中，跨国公司利用国际社交媒体进行品牌营销很有必要。然而，由于文化差异、新进入者劣势等原因，我国跨国公司利用国际社交媒体进行品牌营销取得的效果并不乐观。目前，我国开通了国际社交媒体账号的组织并不多，现有账号中影响力较大的多为人民日报、新华网、中国国航等新闻资讯类机构。与国外企业账号相比，我国企业的国际社交媒体账号影响力还较小。那么，我国跨国公司在国际化过程中应该如何借助国际社交媒体进行品牌营销？跨国公司如何利用国际社交媒体提升品牌绩效？其内在机制又是怎样的？深入探究这些问题不仅能丰富企业国际化理论，还能为我国跨国企业利用国际社交媒体进行品牌营销提供实践指导。

现有文献围绕企业的国际化战略绩效、内在机制、国际营销战略、影响因素、社交媒体传播机制、营销策略等展开了探讨，为本研究奠定了理论基础（Kaplan & Haenlein，2010；Berthon et al.，2012 等）。全民社交时代，企业要想在全球化的竞争中获得优势就应该科学地使用国际社交媒体进行品牌营销。然而，已有研究对我国跨国企业在国际化过程中如何运用社交媒体提升品牌绩效的探讨较少。理论研究的滞后不利于指导实践。因此，本研究从品牌管理的理论视角，以天士力国际为例，通过分析其科学地运用国际社交媒体提升品牌绩效的成功经验，对我国的跨国公司如何利用社交媒体提升品牌绩效展开探讨。

2. 文献回顾

2.1 国际社交媒体营销

社交媒体在企业营销中扮演着越来越重要的角色，然而学界对国际社交媒体营销的研究仍较少。学者们主要围绕着社交媒体、社交媒体营销、国际营销等展开了讨论。社交媒体是指能够帮助网络用户进行内容创造、互动和操作的一系列硬件和软件技术创新，与传统网络媒体沟通方式相比，社交媒体更易接近、互动性更强并且是以用户为中心的（Berthon et al.，2012）。社交媒体主要包括维基百科、博客、用户生成内容的社区（如YouTube）、社交网站（如微博）等（Kaplan & Haenlein，2010）。国际社交媒体则是指在全球范围内拥有较多用户的社交媒体（如 Facebook、Twitter 等），与非国际社交媒体（如微信、Line 等）相比，其用户分布区域更广。社交媒体营销则是指企业或个人利用社交媒体吸引更多关注或提高主页浏览量的一种营销活动（Trattner et al.，2013）。企业的社交媒体营销过程通常是企业首先利用社交媒体发布用户感兴趣的内容，促使用户与企业互动（点赞、点评、转发等）；然后由于企业与用户的互动以及用户的口碑传播，企业品牌的知名度、品牌形象等得到了提升（Schivinski & Dabrowski，2013）。然而，社交媒体的使用也有一定的局限性，社交媒体平台的独特性使企业的负面信息极易被扩散和放大；负面信息的不可控可能会严重影响企业的形象、销量甚至兴衰（Argenti & Barnes，2009；Aula，2010）。同时，由于文化差异的存在，全球标准化的营销策略不再适用于跨国企业，企业必须根据国家的差异调整营销策略（Berthon et al., 2012；赖元薇，2017）。

继而，学者们对国际社交媒体营销展开了探讨。Okazaki 和 Taylor（2013）以网络能力、形象转移、自我延展为理论基础，对社交媒体的国际传播进行了解释。其研究认为网络能力理论解释了 Web 2.0 的独特性使社交媒体让陌生人进行交流成为可能，同时还为企业与消费者的互动提供了更多机会。形象转移理论指出，跨国企业实施国际传播策略的重要目的是创造统一的品牌形象，由于社交媒体能够让用户展示自我、表达自我，它最适合用于创造与用户身份相一致的品牌形象（Kaplan & Haenlein, 2010；Lee et al., 2008）。在这个过程中，社交媒体的灵活性使它更适合用于定制和执行本土化的营销策略，进而协调好跨文化带来的冲击，整个过程中视觉、文本甚至口头内容的组合能力起着关键作用（Okazaki & Taylor, 2013；Taylor, 2005）。自我延展理论则对社交媒体减少个人或组织交流过程中信息失真的能力进行了解释。跨国企业在营销过程中要做的就是缩短企业与目标市场在文化、经济、地理等方面的距离，进而影响消费者的态度和行为，社交媒体则是一个很好的工具（Okazaki & Taylor, 2013）。Vries 等（2012）则提出在社交媒体国际化传播过程中，品牌的受欢迎程度受推文（帖子）的生动性、互动性及其定位的影响。以上文献证明，社交媒体的优越性使它能够帮助企业进行良好的国际营销。

2.2 社交媒体与品牌绩效

品牌绩效指的是品牌为企业所带来的竞争优势，通常包括顾客的品牌认知、品牌态度、品牌购买意愿等（黄磊、吴朝彦，2017）。因此，本研究将品牌绩效划分为品牌知名度、品牌信任、品牌购买意愿三个维度。学者们对社交媒体与品牌绩效的关系展开了探讨。在品牌知名度方面，Lavidge 和 Steiner（1961）的影响效果模型指出认识阶段是消费者行为的第一阶段，也是消费者进行购买的首要条件。因此，提升品牌知名度对于企业而言至关重要。Brady 等（2009）认为企业或组织通过内容营销可以增加其曝光率，进而提升品牌知名度。Hutter 等（2013）的研究也指出，消费者通过与企业 Facebook 进行互动能够提升品牌知名度。Shojaee 和 Azman（2013）则进一步指出社交媒体情境下，品牌知名度的影响因素包括用户参与度、品牌曝光度以及口碑等。在品牌信任方面，Howard 和 Sheth（1969）认为品牌信任是消费者产生购买意向的决定因素之一，因此企业应努力获得消费者的品牌信任。Edelman（2010）认为如果企业能够通过社交媒体为消费者提供有意义的信息，就能够获得消费者的品牌信任。Laroche 等（2013）则认为企业通过提升用户在社交媒体品牌社群的参与度，能够加深消费者与品牌的关系，进而提升品牌信任。企业利用社交媒体进行品牌营销的目的在于实现销售转化，因此社交媒体能否提升消费者的购买意愿是企业最为关心的问题。在品牌购买意愿方面，Kim 和 Ko（2010）对奢侈品社交媒体营销的研究证明，奢侈品品牌的社交媒体营销会对消费者的信任产生正向影响，进而提升消费者的购买意向。Sin 等（2012）的研究指出，社交媒体会对消费者的购买意愿产生影响，影响消费者购买意愿的因素包括感知易用性和有用性以及主观规范。Hutter 等（2013）的研究结果表明消费者与企业 Facebook 进行互动会提升消费者对品牌的口碑评价进而产生购买意愿。

综合以上文献可知，社交媒体具有开放、互动、即时等特点，企业可以利用社交媒体进行品牌营销。社交媒体可以帮助企业提高品牌的知名度，增强消费者的品牌信任，提升消费者的购买意愿。同时，企业还可以借助社交媒体进行国际营销，实施本土化营销策略。这些文献为本研究提供了理论基础，然而现有文献对我国跨国企业如何利用社交媒体提升品牌绩效的研究甚少。基于此，本研究以社交媒体营销、品牌营销理论为基础，对我国跨国企业如何利用社交媒体提升品牌绩效及其内在机制展开探讨。

3. 研究方法

3.1 方法选择

本研究探讨的是跨国企业如何利用国际社交媒体提升品牌绩效及其内在机制，属于"how"和"why"的研究范畴；同时，由于社交媒体国际品牌营销涉及的因素较多，是一个动态发展的过程，因此本研究适合采用案例研究的方法展开探讨（Yin，2003）。作为新鲜事物，社交媒体出现的时间还较短，已有研究对国际社交媒体品牌营销的探讨也较少，探索性的案例研究能够更清晰地揭示其内在机制。目前，我国跨国企业利用国际社交媒体进行品牌营销的实践较少，成功案例则更少，天士力在此方面却取得了一定的成绩，具有案例的独特性。因此，本研究采用单案例研究法对这一现象进行深入的描述和分析，这不仅能加深对新事物内在机制的理解，还能丰富相关理论，最终指导实践（Eisenhardt & Graebner，2007；Yin，2013）。

3.2 案例选择

在案例的选择方面，本研究主要考虑案例的典型性。在案例的典型性方面，本研究要求案例企业应该符合以下特征：（1）该企业在利用国际社交媒体进行国际品牌营销方面有一定的经验；（2）该企业在社交媒体国际品牌营销方面获得了较好的成绩，有一定的影响力；（3）该企业不是新闻、资讯、寡头垄断等企业，其成功经验具有普适性意义。基于此，本研究选取天士力集团国际营销控股有限公司（以下简称天士力国际）作为案例对象，主要原因包括：首先，天士力集团是一家以大健康产业为主的国际化企业，天士力国际则致力于将集团品牌和产品推向全球。目前，公司已经在 21 个国家设立了子公司，营销网络覆盖 50 个国家，公司的国际化进展顺利。其次，2012 年起，天士力国际开始利用国际社交媒体（Facebook、Twitter 等）在海外市场进行品牌营销，并取得了较好的效果（粉丝量、阅读量、转发量、点赞数等显著增加）。最后，由于天士力集团是中医药企业，其产品具有一定的特殊性，天士力国际在社交媒体品牌营销过程中采取的本土化策略能够很好地为其他企业提供借鉴。

3.3 数据收集

在数据收集方面，本研究采用 Miles 等（2003）提出的三角测量法，通过半结构访谈、二手资料收集、现场观察等方式收集数据。其中，半结构访谈方面本研究主要对天士力国际的中高层管理人员、外派人员、普通员工、外籍经销商、海外顾客等进行了深入访谈。

其中，研究组共访谈了 3 个中高层管理人员，每人访谈 3 次，每次的访谈时间都在 1 小时以上；访谈了 3 个外派人员、外籍经销商、海外顾客，由于距离原因，访谈方式以电话访谈为主，每人访谈 2 次，每次的访谈时间约为 30 分钟；访谈了 2 个普通员工，每人访谈 1 次，每人访谈时间约为 30 分钟。访谈的问题主要包括公司国际社交媒体品牌营销的规划、过程、具体策略、难点、经验等。通过对访谈获得的录音、笔记等进行整理，本研究得到了约 5 万字的访谈文稿。本研究的二手资料来源主要包括企业的官方网页、内部刊物、企业书籍等，网上与企业相关的新闻、报道、领导发言、企业社交媒体主页等，企业的分析报告、数据、评论等。

3.4 数据分析

本研究对收集到的数据进行分析，以得出跨国企业利用社交媒体提升品牌绩效的具体措施及其内在机制。整个分析过程中，本研究对收回的原始数据、二手资料等进行反复的探讨和思考，力求最深入地阐释跨国企业实施社交媒体营销策略的演化过程，社交媒体营销过程中如何平衡本土化与国际化的关系，社交媒体营销策略如何提升品牌绩效等。为提高研究的信度和效度，本研究参照 Yin、郑伯埙等的观点对研究设计进行完善（Yin，2003；郑伯埙、黄敏萍，2008）。首先，本研究通过多种方式收集到了原始资料和二手资料，并通过三角验证的方法对数据进行归纳和分析。然后，根据对资料的分析，本研究进一步探明企业利用社交媒体进行国际营销的具体措施以及取得的效果。在整个分析过程中，为保证构念效度，课题组会根据研究进度不定时将研究数据、论文内容反馈给企业相关人员，并征求对方的修改意见。其次，本研究结合国际营销、品牌营销等相关理论对数据进行分析，找出企业利用社交媒体提升品牌绩效的内在机理，这有效地提高了研究的内部效度。最后，本研究制订了详细的研究计划；同时，为提高研究信度，课题组要求成员分别对数据进行分析，力求得到一致的结果，当结果不一致时则对其展开探讨以达成共识。

4. 案例描述

4.1 案例企业介绍

天士力控股集团有限公司创建于 1994 年，是以大健康产业为主线，以生物医药产业为核心，以健康保健产业、医疗与健康服务产业为两翼的高科技国际化企业集团。天士力的主要产品有复方丹参滴丸、养血清脑颗粒、替莫唑胺等，其中复方丹参滴丸是全球首例完成 FDA III 期临床研究的复方现代中药。天士力全面国际化始于 2006 年 4 月，目前已形成国际贸易和国际直销两个业务板块、两个组织体系。确立了从发展中国家向发达国家拓展、以直销为龙头、带动分销的国际市场营销模式。目前公司产品已在全球 34 个国家进行了商标注册，并以药品身份进入荷兰、南非等 16 个国家和地区的主流医药市场。

4.2 天士力的 Facebook 品牌营销策略演化过程

4.2.1 初步探索阶段

在"全民社交"热潮的大背景下，由于拓展国际市场的需要，天士力于 2012 年开始在 Facebook 上进行社交媒体营销。天士力的国际化起步较早，公司在海外拥有较为完善的传统营销渠道和终端，这为天士力开展社交媒体营销工作提供了较大的便利。在此阶段，天士力的 Facebook 品牌营销策略主要包括完善账号系统、进行内容营销等。为完善社交媒体账号系统，在地域层面，天士力开通了天士力集团、天士力国际及其境外分公司等的 Facebook 账号；在产品层面，天士力也针对公司的不同产品开通了专用 Facebook 账号；同时，部分海外市场的经销商在没有获得公司允许的情况下也根据其营销需要开通了 Facebook 账号。在 Facebook 的内容营销方面，这些账号独立地发布与公司、产品、专业知识、营销活动等相关的内容并与"粉丝"进行互动。在此阶段，天士力的社交媒体营销策略初步取得了一定的效果，如拥有了一定的粉丝，推文的浏览量、转发量、点赞数等也呈逐步上升的趋势。然而，由于缺乏统一的管理、忽略文化差异等原因，天士力的社交媒体营销出现了无序发展的状况，具体包括 Facebook 账号没有专人管理，账号页面以及推送的内容不一致，推送的内容质量较差且难以吸引用户等，这些问题的存在在一定程度上阻碍了公司的品牌建设。

4.2.2 平台整合及模式探索阶段

在初步探索阶段，天士力认识到了社交媒体在品牌营销方面的巨大作用，同时也意识到了公司在社交媒体品牌营销方面存在的问题。为解决这些问题，天士力国际开始了对社交媒体品牌营销的整合与转型。2015 年底天士力国际项目组对公司的 Facebook 品牌营销策略进行了整合，整合内容主要包括组建社交媒体品牌管理平台、探索适合自己的 Facebook 品牌营销模式。

天士力国际项目组开始组建社交媒体品牌管理平台并于 2016 年搭建完成。该平台的搭建目的在于联合分散于全球各地的社交媒介，并对社交媒体传播的内容进行审核、推送、评价等。天士力社交媒体品牌管理平台主要包括发布及审核、推送、评价及分析、品牌资源管理 4 套子系统。其中，发布及审核系统主要集中公司社交媒体专页、产品专页及其他各类资源(经销商、代理商)，规范传播渠道，实施内容分级审核管理。推送系统则根据不同的营销策略，综合考虑各类反馈信息，运用社交媒体实施精准人群和地理区域推送。评价及分析系统对社交媒体推送的内容进行考评，客观反映推广效果进而调整品牌策略。品牌资源管理系统负责统一海外官方网站识别系统，全面升级社交功能，进行社交平台主体认证，申诉收回各类与品牌、产品相关的网络资源，多角度保护品牌资源。目前该平台已运行近两年，平台有效地统一了国际社交媒体上天士力的整体品牌形象，实现了对公司信息、产品推广、舆论导向的统一把控，同时规范了传播渠道。管理平台的运行使社交媒体的营销流程变得清晰且可查，公司的管理效率大幅提高，营销效果也较明显。

在 Facebook 的品牌营销模式方面，天士力国际根据不同情况制定了直接型和间接型两套营销模式。直接型模式针对传统销售渠道发达、门店终端齐全的市场所开发。直接型模式主要结合当地市场的状况，通过分公司官方 Facebook 页面，运用推送系统实施精准人群推送和地理区域推送。直接型模式在印度尼西亚尼西亚市场的表现最为突出。由于天士力在印度尼西亚市场主要以直销作为其业务模式，同时印度尼西亚 Facebook 的用户达8000 万，因此天士力决定在印度尼西亚推行直接型的 Facebook 营销。天士力在印度尼西亚的 Facebook 营销方式可概括为"中央突破，带动并规范周边"。"中央突破"是指确立天士力印度尼西亚公司 Facebook 官方账号的绝对影响力，其采取的方式主要有发布重要信息，掌握一手原创内容，取得首发权等。这不仅为官方账号吸引了大量粉丝，还有效地扭转了品牌信息传播不畅、品牌形象混乱的现象。"带动并规范周边"则是指通过官方账号带动一些有潜力的经销商，扶持出一批向心力强的独立账号，同时对无序的推广进行治理。通过这一系列举措，截至 2016 年底，天士力印度尼西亚的 Facebook 账号粉丝量增长了 35 倍，覆盖人次 250 余万，互动次数达 16 万，影响力得到了迅速扩大。间接型模式则针对经销商已具备一定营销能力的市场而开发。

间接型模式主要通过整合海外经销商、代理商的社交资源，筛选出当地的"意见领袖"，结合所在市场的具体情况，通过"意见领袖"进行社交媒体的推送。"意见领袖"在间接型模式中能够发挥出更大的作用，这是因为首先"意见领袖"往往自带"流量"，其次"意见领袖"的推文具有本土化优势，更容易使粉丝产生共鸣。天士力的间接型模式在马来西亚的表现最为突出。马来西亚的 Facebook 普及率极高，其用户达 2500 万（总人口 3300万），利用 Facebook 进行品牌营销很有必要。间接型模式的第一步是选择"意见领袖"，经过对比考察，天士力选择 Basheer 团队作为马来西亚的首个"意见领袖"。选择原因主要包括：首先，Basheer 团队在马来西亚拥有几十个销售点；其次，Basheer 团队很早就利用Facebook 进行产品宣传，拥有 3 万多粉丝；最后，Basheer 团队能够进行在线答复。具体的品牌营销操作流程为：天士力提供推广素材给 Basheer 团队，Basheer 团队根据其需要进行推文的编辑并将推文内容交给天士力进行审核，审核通过后则在其 Facebook 页面进行精准区域和人群的推送。截至 2016 年 11 月，Basheer 团队的 Facebook 账号粉丝增长量、转发量、产品咨询量等都高速增长；Basheer 团队的产品销量不断增长，每月的业绩增长都在 7% 到 19% 之间。这两种模式都有效地提升了天士力品牌在海外市场的影响力，随后天士力也大力推广这两种社交媒体品牌营销方式。

4.2.3 线上与线下相结合阶段

为有效地将社交媒体平台上的目标客户转化为消费者，天士力进一步完善了其社交媒体品牌管理平台。天士力在社交媒体品牌管理平台中新增了客户关系管理和销售管理两个子系统，客户关系管理系统依托社交大数据搜索目标人群，整合各类推广媒介，合理分配客服人员；销售管理系统主要通过整合自建体验店、专卖店、电商平台及专柜等各类渠道及终端资源，通过引导线上流量，提高粉丝体验，实现口碑传播，实施销售转化管控。目前，天士力的国际社交媒体品牌营销处于线上与线下相结合阶段。天士力在第二阶段通过搭建社交媒体品牌管理平台取得了良好的效果，为有效地将线上"流量"转化为消费者，天士力开始致力于线上与线下的良好对接。天士力主要依托现有渠道及终端，不断完善和合理利用线下资源；具体做法是整合品牌体验店、专卖店等各类渠道及终端资源，通过引导 Facebook 上的粉丝走进实体店，优化粉丝的体验，最终实现销售转化。为引导粉丝从线上走向线下，天士力加大资源的整合力度，在海外市场不断增设品牌体验店、产品专卖店、专柜。同时，天士力还根据当地市场的具体情况，通过分公司官方 Facebook 页面，运用推送系统进行精准区域和人群的推送以实现线上到线下的引流。例如，天士力在日本东京银座开设了一家帝泊洱茶吧体验店，公司利用天士力日本的 Facebook 账号对茶吧的环境、产品等进行推荐，并通过 Facebook 的精准投放功能对茶吧周边的潜在人群推送相关信息，以达到有效引流的目的。目前，这一方法初步取得了较好的效果，通过线上线下的有效结合，日本市场对帝泊洱品牌的认知度得到了有效提升，两类产品也实现了 26%~75% 不等的销售增长。未来，天士力也将对这一方法做进一步的完善和推广。

5. 案例分析：社交媒体提升品牌绩效的内在机制

5.1 社交媒体品牌营销初探，提升品牌知名度阶段

由于 Facebook、Twitter 等社交媒体有着参与性强、公开、及时、成本低、社区化等特点，吸引了大量的用户，也逐渐改变了人们的生活习惯，人们也开始由以往被动参与企业的营销活动转变为主动参与（Paun & Coman，2010）。社交媒体的大众化迫使企业转变以往的沟通方式，越来越多的企业开始借助社交媒体与消费者进行交流。企业在社交媒体上发布与企业品牌、产品等相关的内容能够有效地增加品牌曝光率，提升知名度（Cornwell & Relyea，2000）。在此背景下，天士力开始实施社交媒体营销策略。由于公司此时在社交媒体上知名度还较低、粉丝量也很少，因此，此阶段天士力的社交媒体营销策略主要侧重于公司、产品、相关知识等内容的介绍，以期扩大品牌知名度。具体做法如下：首先，天士力以海外已有的传统营销渠道和终端为基础，逐步完善 Facebook 账号系统。天士力根据地域、产品的不同开通了两套 Facebook 账号系统，部分海外市场的经销商也根据其需要开通了 Facebook 账号。截至 2015 年底，主流国际社交领域中，包含"Tasly"（天士力的英文品牌名）字眼的名称或域名有上万个。其次，在完善账号系统的同时天士力利用 Facebook 进行内容营销。为提升品牌的知名度，天士力利用公司已有的资料创造了大量与产品、产品知识、品牌等相关的文字、图片、视频内容，并通过 Facebook 账号推送给粉丝们。天士力通过完善账号系统以及内容营销有效地提高了天士力在社交媒体中的品牌曝光率，品牌曝光还会提高品牌知名度，进而通过识别机制作用于消费者，培养消费者的无意识行为（Pitts & Slattery，2004；Fitzsimons 等，2008）。天士力社交媒体营销初步探索提升了品牌的知名度，具体表现为公司账号推文的阅读量、转发量、评论量等不断增加，并在获得了第一批忠实粉丝（约 3 万），这为品牌后续的发展奠定了基础。天士力社交媒体品牌营销初步探索阶段提升品牌知名度的内在机制如图 1 所示。

5.2 平台整合与模式探索，提升品牌信任阶段

国际社交媒体的使用在天士力品牌营销过程中扮演了重要角色。然而，天士力社交媒体品牌营销存在的问题也不断凸显，账号管理不规范、忽略文化差异等带来的无序发展、内容质量低等问题阻碍着天士力的品牌建设，这些问题的存在严重影响了天士力品牌的形象。经过第一阶段的探索，天士力在社交媒体上有了一定的名气，粉丝量也增长了不少，但是存在

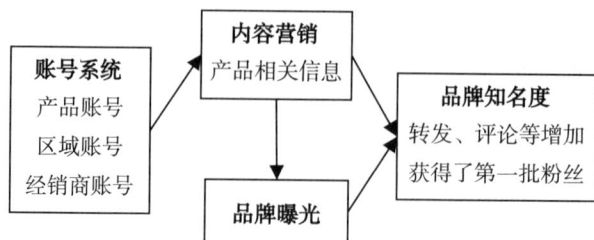

图 1　初步探索阶段品牌知名度提升内在机制

的问题损害了品牌形象,不利于消费者品牌信任的形成。因此,天士力在此阶段的目标是解决公司社交媒体存在的问题,以提升消费者的品牌信任。为此,天士力首先着力于组建社交媒体品牌管理平台,目的在于规范社交媒体账号的管理,提高社交媒体内容的质量。全球化趋势要求企业注重跨国营销中品牌决策的一致性(Douglas et al.,2001),天士力品牌管理平台的建设就是为了统一和规范社交媒体账号系统的整体形象,并进一步提升社交媒体内容的整体质量。天士力社交媒体品牌管理平台由发布及审核、推送、评价及分析、品牌资源管理4 套子系统组成,各子系统之间相互协作,帮助天士力制定出科学的社交媒体品牌营销策略。品牌管理平台有效地将分散于全球各地的分公司社交官方页面以及部分产品页面统一在一起,这有利于公司一致的品牌决策的实施。同时,天士力还以信息页面、产品页面进行划分,由专人进行信息更新、舆情监控、在线互动等。这一系列标准化的行为有助于维持、统一公司的全球战略,提升品牌形象(Gabrielsson et al.,2012)。

在平台整合的同时,天士力在前一阶段的基础上探索出了直接型和间接型两套适用于不同市场的社交媒体品牌营销模式。直接型模式应用于传统销售渠道发达、门店终端齐全的市场。直接型模式首先要在该市场中确定一个功能较为完备的推广核心站点——核心账号,该账号不仅能够起到良好的推广宣传作用,还能规范信息渠道、引导舆论方向。核心账号是指在某市场中粉丝数量最多、活跃度最高的社交媒体账号。确定核心账号后,天士力投入资源,不断提高核心账号的推文质量,逐渐将分散在不同账号的粉丝引流到核心账号,并最终关闭其他账号,对外只保留一个核心账号进行营销推广与互动。这一措施有效地扫除了未来社交媒体营销中可能存在的诸多干扰因素(如形象展示不规范、不同账号宣传口径不一、精力过于分散等)。案例中,只保留一个核心账号能够保证推文信息的官方性、真实性、及时性、畅通性等。学者们认为,社交媒体的出现使企业与消费者、消费者与消费者围绕着品牌进行互动成为可能,消费者依靠社交媒体可以实施信息搜索、在线评论等参与行为(Gummerus et al.,2012)。消费者社交媒体参与行为的增加则能够进一步增加消费者对品牌的信任(Bowden,2009;Hollebeek,2011)。同时,企业通过社交媒体为消费者提供有用的信息,也可以提升品牌认知,获得他们的信任(Edelman,2010;Brodie et al.,2013)。因此,在内容营销方面,为提升消费者的品牌信任,天士力的 Facebook 账号不仅发布企业产品内容,还发布相关的知识(如相关疾病的养护知识、最新技术、行业动态等)、加强与粉丝的互动(如鼓励转发、抽奖、回复评论和私信等)。在此基础上,天士力还利用 Facebook 系统的付费功能进行精准的人群和地理位置投放,这有效地增加了粉丝浏览量和互动量。最后,天士力还对社交媒体的投放效果进行评估,不断修订和完善社交媒体营销策略。因此，天士力的直接型社交媒体品牌营销模式能够有效地提升消费者的品牌信任。本研究将直接型社交媒体品牌营销模式提升品牌信任的内在机制总结如图 2 所示。

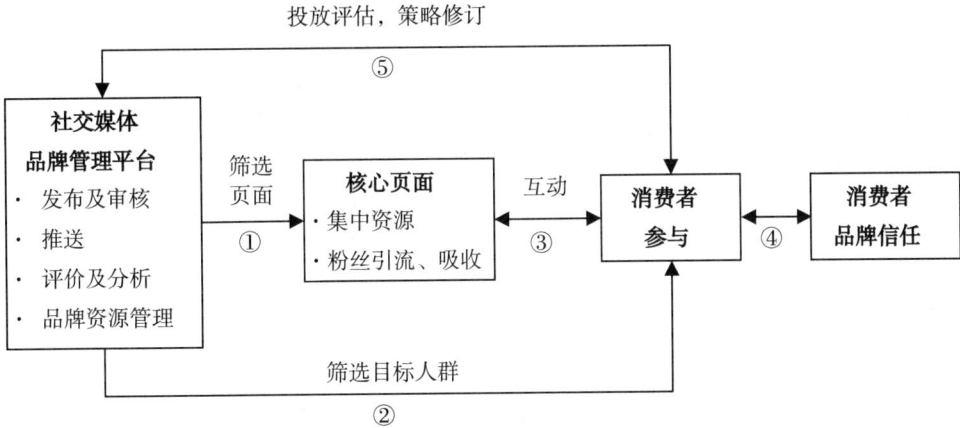

图 2　直接型社交媒体营销模式提升品牌信任的内在机制

跨国公司在品牌营销过程中，应在做到全球标准化的同时做好本土化（Douglas et al.，2001），消费者如果感知到的文化差异变小，其信任感也将提高（庄贵军等，2009）。而且，在对外投资中，外商与当地的良好关系能够起到示范作用（张蕴萍，2018），这反过来也能够帮助企业获得当地政府的支持。为提升消费者的品牌信任，天士力开创了间接型的社交媒体品牌营销模式。间接型营销模式适用于已具备一定营销能力的市场。该模式首先应整合公司经销商、代理商的社交资源，筛选出"意见领袖"。"意见领袖"应该具备以下条件：能够独立创造出社交媒体营销内容，能够熟练使用社交媒体进行营销，其拥有的账号粉丝量和活跃度都较高。与直接型模式不同的是，间接型模式中社交媒体内容营销策略中的内容除了企业产品、相关知识、粉丝互动等内容外，还包括"意见领袖"创造的内容。"意见领袖"的主要任务是利用社交媒体品牌管理平台提供的关于公司、产品、专业知识等信息资料，根据当地人的语言、阅读习惯，创造出文字、图片、视频等推文内容。接着，"意见领袖"创造的推文内容交由品牌管理平台进行审核，平台以合法、合理、准确等为原则对推文内容进行修改，审核通过后自创内容将进入推送系统进行推送。已有研究认为，消费者的购买行为会受民族主义、国家文化认同等因素的影响（Zeugner-Roth et al.，2015）。消费者对某一文化的认同则会影响其对包含这种文化的产品的态度，进而增强其购买意愿（He & Wang，2015）。天士力通过增加"意见领袖"这一环节，能够使推文内容更加本土化，进而提升当地消费者对品牌的文化认同。同时，在国际营销中，消费者对某一品牌产生了文化认同后，品牌的本土象征价值也会得到提升（黄海洋、何佳讯，2017），消费者对品牌的本土性感知也进一步得到了提升，其感知到的文化差异也会变小，此时人们的沟通更顺畅也更容易相互理解，彼此之间的信任感也越高（庄贵军等，2009）。Xie 等（2015）也认为消费者在感知到了品牌的本土性之后，会通过品牌身份表达来提升其对品牌的信任。因此，天士力通过"意见领袖"创造出的本土化社交媒体内容，能够使消费者对品牌产生文化认同，提升其对品牌的本土性感知，最终提升其对品牌的信任。其具体的内在机制如图3所示。

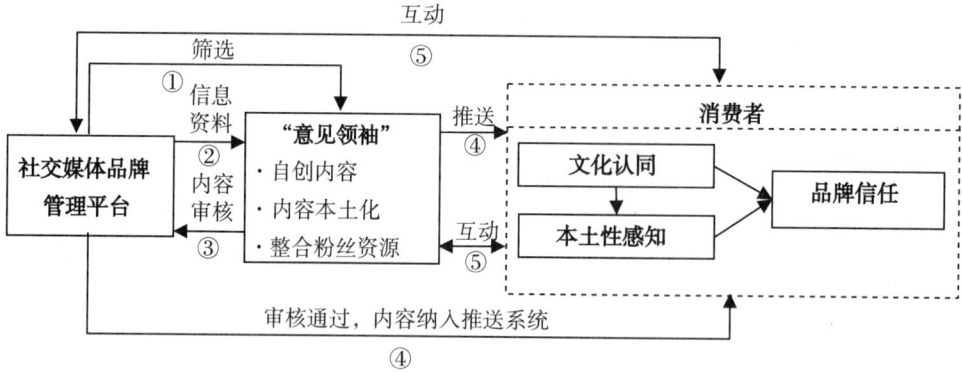

图3　间接型社交媒体模式提升品牌信任的内在机制

5.3　线上到线下，提升消费者购买意愿阶段

社交媒体营销的最终目的在于销售，以参与为核心的顾客关系的建立能够提高消费者的购买意愿(Pansari & Kumar，2016)。为此，天士力在社交媒体品牌管理平台中新增了客户管理、销售管理两个子系统，力求通过线上与线下的有效结合，鼓励消费者参与，最终提升消费者的购买意愿。为提升消费者购买意愿，天士力首先利用社交媒体品牌管理平台中的发布审核系统对内部页面(社交媒体后台操作界面)进行审核(包括"意见领袖"的原创内容)，审核通过后将内容发布在外部页面(消费者可见的页面)；其中，内部页面和外部页面共同组成了社交媒体页面。同时，为了使公司的社交媒体页面更具权威性、专业性、规范性，天士力利用品牌资源管理系统对公司社交媒体页面的视觉识别系统进行了规范的设计，对公司的账号进行了官方认证，并打击虚假账号、虚假信息等，以维护品牌版权。在内容营销方面，为了提升消费者的购买意愿，天士力的 Facebook 页面除了展示第一、二阶段的内容外，还在页面增加了附近店铺、网上店铺的链接和提示，在社交媒体的内容方面也增加了产品疗效、用户案例、实体展示、网店用户评价等。接着，天士力利用社交媒体科学的推送功能(包括根据年龄、性别、购买力、所在地等进行人群筛选，首页展示，热门搜索等)进行精准的内容推送，以增加消费者对公司社交页面的访问量与互动量。这一系列措施在增加企业品牌曝光率的同时，进一步提升了品牌知名度和消费者参与度，最终让消费者对品牌产生信任。其次天士力还利用评价及分析系统及时对社交媒体的推送内容进行评价与分析，并将分析数据反馈给推送系统和社交媒体页面，进而在页面内容和推送策略方面做出改变。客户管理系统是社交媒体页面的辅助功能，当消费者在社交媒体中"@"公司账号、在公司推文中进行了评论和咨询、与公司账号私聊等的时候，系统能够及时地与消费者进行沟通并收集消费者的信息，为策略的完善提供依据。同时，天

士力还通过社交媒体进行店铺定位、实体信息推送等行为引导粉丝从线上走向线下，走进天士力的品牌体验店、产品专卖店、专柜等实体店。消费者与企业的互动会产生品牌信任，进而建立起以参与为核心的顾客关系，顾客-品牌关系正向影响消费者的品牌购买意向（Schlosser et al.，2006；Pansari & Kumar，2016）。因此，经过以上六个系统的策略合作，天士力在短时间内使线上与线下有效结合，大幅提升了消费者的购买意愿，消费者对品牌的购买也不断增加。本研究将天士力社交媒体线上线下相结合的策略提升消费者品牌购买意愿的内在机制总结如图4所示。

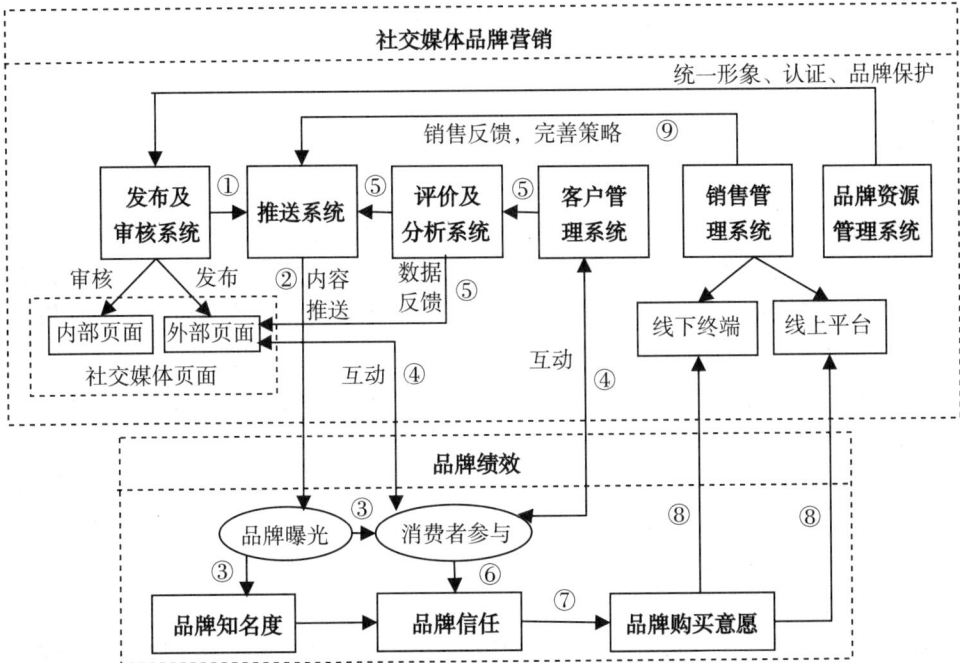

图4　社交媒体线上线下相结合的策略提升消费者品牌购买意愿的内在机制

6. 结论与讨论

6.1　研究结论

　　社交媒体逐渐改变人们的生活方式，也迫使企业做出营销创新。天士力的社交媒体品牌营销实践证明了跨国公司利用国际社交媒体可以有效地提升品牌绩效。具体表现为：首先，通过社交媒体的内容营销，企业可以向消费者传达品牌、产品、专业知识等信息，提升品牌的知名度。其次，企业还可以通过社交媒体的页面展示、内容传达等提升品牌形象；同时，企业利用社交媒体发布企业的新产品、产品知识、新动向等对消费者而言有用的信息，可以获得他们对品牌的信任。最后，企业可以通过线上引流、完善线下门店等措施，将线上与线下有效地结合起来，最终提升消费者的购买意愿。因此，在国际品牌营销过程中，中国跨国企业应该积极主动地使用国际社交媒体进行品牌营销。

天士力社交媒体营销的成功离不开公司整体、系统性的战略规划。因此，中国跨国企业在借助社交媒体进行国际品牌营销的过程中，要有系统性的战略思维。未来企业也可以借鉴天士力的实践经验，打造包含发布与审核、推送、评价及分析、品牌资源管理、客户关系管理和销售管理6套子系统的社交媒体管理平台进行品牌营销。国际营销过程中，历史文化、生活习惯、语言方式的不同严重阻碍了跨国企业本土化战略的实施。天士力通过筛选"意见领袖"，利用当地人进行社交媒体营销内容的创造，较好地解决了这一难题。因此，中国跨国企业在借助社交媒体进行国际品牌营销的过程中，一定要注意文化的不同，以便实施本土化的营销策略。跨国企业可以采取招聘当地人为员工、让当地人参与策略的制定等方式进行社交媒体的品牌营销。

6.2 理论贡献与管理启示

6.2.1 理论贡献

在理论贡献方面，首先，本研究以天士力为例，通过分析天士力科学地运用国际社交媒体进行品牌营销的成功经验，对我国的跨国公司如何利用社交媒体进行品牌营销展开了探讨，深化了社交媒体品牌营销理论。已有文献对企业的国际化战略绩效、内在机制，国际营销战略、影响因素，社交媒体传播机制、营销策略等展开了探讨。然而，已有研究对中国跨国企业在国际化过程中如何运用社交媒体提升品牌绩效的探讨甚少。因此，本研究对中国跨国公司利用社交媒体提升品牌绩效内在机制的探讨，对品牌营销、社交媒体营销理论有一定的深化作用。其次，本研究采用案例研究法对中国跨国公司的社交媒体品牌营销策略展开了探讨，能够更好地揭示社交媒体品牌营销的内在机制，这为中国跨国企业的社交媒体品牌营销实践提供了理论基础。

6.2.2 管理启示

在管理启示方面，本研究的结论能够为中国跨国企业的社交媒体品牌营销实践提供指导，帮助中国跨国企业加快品牌国际化的速度。根据天士力的经验，本研究认为中国跨国企业在实施社交媒体品牌营销策略之前，应该首先打造包含发布与审核、推送、评价及分析、品牌资源管理、客户关系管理、销售管理等子系统的社交媒体管理平台。接着，跨国企业可以大致按照平台建设、市场调研、策略制定、推广实施、销售转化5个步骤实施社交媒体品牌营销策略(如图5所示)。第一步是平台建设，主要对公司的官方网站、社交页面等进行完善与规范。其次是市场调研，主要对目标市场的政治、经济、文化、社会等环境进行调研，形成详细的分析报告，为后续的策略制定提供借鉴。之后是策略制定，通过对市场环境的分析制定合适的社交媒体营销策略(直接型、间接型模式或者其他自创模式)，并根据策略情况确定目标消费者。而后是推广实施，主要包括在社交媒体内容营销过程中利用媒体系统进行精准的推广，吸引粉丝。最后是销售转化，主要是通过整合线上线下资源，吸引线上粉丝到实体店或者网店进行体验或消费。整个过程中，社交媒体品牌管理平台起着监控、分析、调整等作用。第一，品牌管理平台应该结合企业及消费者的喜好指导平台建设。第二，在整个过程中平台还应该实时监控推广和销售所产生的数据，并对数据进行分析，最终指导企业做出策略的调整和完善。第三，为获得最大的品牌绩效，品牌管理平台还应该分别对推广实施、销售转化过程进行舆情监控和销售管控，并根据实施效果对策略进行调整。

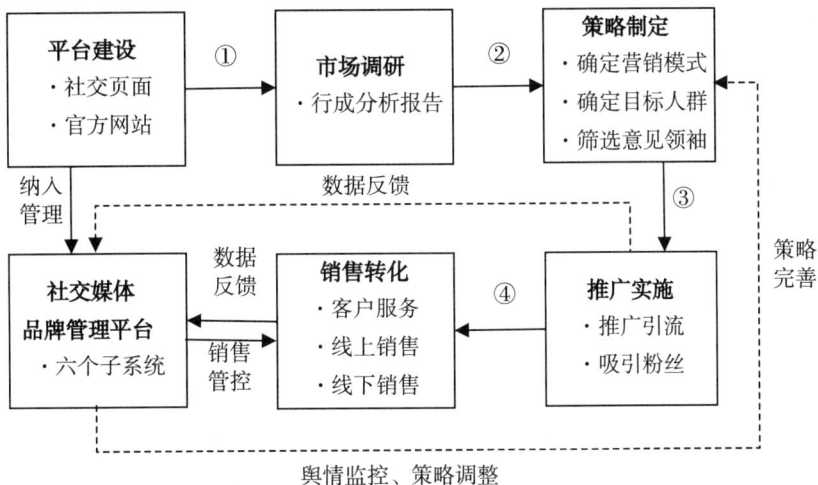

图5　中国跨国企业利用社交媒体提升品牌绩效的具体步骤

同时，中国跨国企业在社交媒体品牌营销的实践过程中还要注意以下几点。首先，企业应该组建包含设计、策划、数据分析等人才的专业团队进行内容的制作，这样才能持续生产出高质量的内容。其次，企业要时刻注意社交媒体文案设计的本土化，最好团队中要有当地人，这样才能准确地与消费者进行沟通，让消费者产生共鸣。

6.2.3　局限与展望

本研究虽然严格按照案例研究法的步骤展开探讨，但是仍然存在一定的局限性。首先，本研究是单案例研究，受案例数目和情境的限制，本研究的结论是否适用于其他中国跨国企业有待进一步的验证。因此，未来可以选择更有代表性、更全面的样本展开研究。其次，本研究虽然分析了跨国企业社交媒体策略提升品牌绩效的内在机制，但是对机制中变量间的内在关系缺乏深入探讨。因此，未来可以通过大样本的实证研究探明变量间的具体关系及内在原因。

◎ **参考文献**

[1] 黄海洋，何佳讯. 融入中国元素：文化认同对全球品牌产品购买可能性的影响机制研究[J]. 外国经济与管理，2017，39(4).

[2] 黄磊，吴朝彦. B2B品牌导向对品牌绩效的影响机制研究：供应商资源投入的关键作用[J]. 管理评论，2017，29(9).

[3] 胡鹏林，刘德道. 文化创意产业的起源、内涵与外延[J]. 济南大学学报(社会科学版)，2018(2).

[4] 赖元薇. 全球品牌利用社交媒体内容营销提升品牌忠诚度的机制研究[D]. 北京：对外

经济贸易大学，2017.

［5］卢健飞，李志兰，江林. 稀缺感对消费者实用品选择的影响机制研究——基于调节导向理论视角［J］. 东岳论丛，2017(2).

［6］郑伯埙，黄敏萍. 实地研究中的案例研究//陈晓萍，徐淑英，樊景立. 组织与管理研究的实证方法［M］. 北京：北京大学出版社，2008.

［7］庄贵军，周南，周筱莲，等. 跨文化营销渠道中文化差异对企业间信任与承诺意愿的影响［J］. 管理评论，2009，21(1).

［8］周中之. 用文明健康的消费伦理引领新时代美好生活的追求［J］. 湖北大学学报(哲学社会科学版)，2018(4).

［9］张蕴萍，杨友才，牛欢. 山东省金融效率、溢出效应与外商直接投资——基于空间动态面板 Durbin 模型的研究［J］. 管理评论，2018，30(12).

［10］Aula, P. Social media, reputation risk and ambient publicity management［J］. *Strategy & Leadership*，2010，38(6).

［11］Berthon, P.R., Pitt, L.F., Plangger, K. et al. Marketing meets Web 2.0, social media, and creative consumers: Implications for international marketing strategy［J］. *Business Horizons*，2012，55(3).

［12］Brodie, R. J., Ilic, A., Juric, B. et al. Consumer engagement in a virtual brand community: An exploratory analysis［J］. *Journal of Business Research*，2013，66(1).

［13］Edelman, D. C. Branding in the digital age［J］. *Harvard Business Review*，2010，88(12).

［14］Gabrielsson, P., Gabrielsson, M., Seppälä, T. Marketing strategies for foreign expansion of companies originating in small and open economies: the consequences of strategic fit and performance［J］. *Journal of International Marketing*，2012，20(2).

［15］Gummerus, J., Liljander, V., Weman, E. et al. Customer engagement in a Facebook brand community［J］. Management Research Review，2012，35(9).

［16］He, J., Wang, C. L. Cultural identity and consumer ethnocentrism impacts on preference and purchase of domestic versus import brands: An empirical study in China［J］. *Journal of Business Research*，2015，68(6).

［17］Hollebeek, L. D. Demystifying customer brand engagement: Exploring the loyalty nexus［J］. *Journal of Marketing Management*，2011，27(7-8).

［18］Hutter, K., Hautz, J., Dennhardt, S. et al. The impact of user interactions in social media on brand awareness and purchase intention: the case of MINI on facebook［J］. *Journal of Product & Brand Management*，2013，22(5/6).

［19］Jahn, B., Kunz, W. How to transform consumers into fans of your brand［J］. *Social Science Electronic Publishing*，2012，23(3).

［20］Kaplan, A. M., Haenlein, M. Users of the world, unite! The challenges and opportunities of Social Media［J］. *Business Horizons*，2010，53(1).

［21］Kim, A. J., Ko, E. Impacts of luxury fashion brand's social media marketing on customer relationship and purchase intention［J］. *Journal of Global Fashion Marketing*，2010，1(3).

[22] Laroche, M., Habibi, M. R., Richard, M. O. To be or not to be in social media: How brand loyalty is affected by social media? [J]. *International Journal of Information Management*, 2013, 33(1).

[23] Okazaki, S., Taylor, C. R. Social media and international advertising: Theoretical challenges and future directions[J]. *International Marketing Review*, 2013, 30(1).

[24] Pansari, A., Kumar, V. Customer engagement: The construct, antecedents, and consequences[J]. *Journal of the Academy of Marketing Science*, 2016, 45(3).

[25] Paun, M., Coman, C. The image of the public institutions and new technologies[J]. *Romanian Journal of Journalism & Communication*, 2010(4).

[26] Schivinski, B., Dabrowski, D. The impact of brand communication on brand equity dimensions and brand purchase intention through facebook[R]. Gut Fme Working Paper, 2013,4(4).

[27] Shojaee, S., Azman, A. B. An evaluation of factors affecting brand awareness in the context of social media in Malaysia[J]. *Asian Social Science*, 2013, 9(17).

[28] Sin, S. S., Nor, K. M., Al-Agaga, A. M. Factors affecting Malaysian young consumers' online purchase intention in social media websites[J]. *Procedia-Social and Behavioral Sciences*, 2012(40).

[29] Trattner, C., Kappe, F. Social stream marketing on facebook: A case study[J]. *International Journal of Social and Humanistic Computing*, 2013, 2(1/2).

[30] Vries, L. D., Gensler, S., Leeflang, P. S. H. Popularity of brand posts on brand fan pages: An investigation of the effects of social media marketing[J]. *Journal of Interactive Marketing*, 2012, 26(2).

[31] Xie, Y., Batra, R., Peng, S. An extended model of preference formation between global and local brands: The roles of identity expressiveness, trust, and affect[J]. *Journal of International Marketing*, 2015, 23(1).

[32] Yin, R. K. *Case study research: Design and methods*[M]. Los Angeles:Sage publications, 2013.

[33] Zeugner-Roth, K. P., Žabkar, V., Diamantopoulos, A. Consumer ethnocentrism, national identity, and consumer cosmopolitanism as drivers of consumer behavior: A social identity theory perspective[J]. *Journal of International Marketing*, 2015, 23(2).

How do Chinese Multinational Companies Use International Social Media to Improve Brand Performance? The Case Study on TASLY's Facebook Marketing

Zhang Huilong[1] Li Guihua[2] Zhang Yudong[3] Yang Ping[4]

(1, 2, 3, 4 Business School of Nankai University, Tianjin, 300071)

Abstract: Social media has gradually become an important tool for brand marketing in enterprises. How to use social media to carry out brand marketing has also become a concern for enterprises. This study, taking TASLY as an example, analyzed the successful experience of brand marketing by TASLY in the use of international social media. This paper discussed how Chinese multinational companies use social media to improve brand performance. The results show that multinational corporations can use social media to distribute information related to businesses and consumers, which can get consumers' brand trust, thereby enhancing consumers' purchase intention, and ultimately improving brand performance. Enterprises can carry out brand marketing by creating a social media management platform containing 6 suite system, they are release and audit, push, evaluation and analysis, brand resource management, customer relationship management and sales management system. This research can deepen the theory of brand marketing and social media marketing. The results can better reveal the internal mechanism of social media to enhance brand performance, which provides a theoretical basis for Chinese multinational enterprises' social media brand marketing practice.

Key words: Multinational corporation; International marketing; Social media; Brand performance

专业主编：曾伏娥

食品过度包装对消费者排斥的影响机制分析[*]

● 柏忠虎[1]　青　平[2]　唐一凡[3]　游良志[4]

（1，2，3　华中农业大学经济管理学院　武汉　430070；

4　国际食物政策研究所（IFPRI）　武汉　430070）

【摘　要】 食品过度包装会造成严重的资源浪费和环境污染问题，并给城市管理和消费者福利造成损害。现有关于食品过度包装的研究主要关注食品过度包装现象的形成原因、危害和防治，消费者对过度包装食品的态度究竟如何目前尚无定论。本研究将食品过度包装分为数量导向型和美观导向型两类，通过实验研究发现，消费者排斥过度包装食品。其中，相对于美观导向型过度包装食品，数量导向型过度包装食品会导致更多的生态消耗型减损，并因此引发消费者排斥。另外，生态消耗型减损的中介作用受到感知资源稀缺性的调节。相对于数量导向型过度包装食品，美观导向型过度包装食品会导致更多的美观消耗型减损，并因此引发消费者排斥。本文丰富了过度包装的理论研究，研究结论为食品企业的包装营销提供了理论依据。

【关键词】 食品过度包装　消费者排斥　感知资源稀缺性　美观消耗减损生态消耗减损

中图分类号：C93　　文献标识码：A

1. 引言

据不完全统计，我国每年产生的包装废弃物约占城市固体废弃物的 33%，其中有 50% 以上的包装废弃物由过度包装产生（李月寒，2016）。另外有数据显示，2009 年我国的生活垃圾中，大约 25% 是食品包装（李仲谨和余丽丽，2011），食品包装是生活垃圾的重要来源。食品和化妆品领域存在较为严重的过度包装现象（Elgaaïed-Gambier，2016；Wu et al.，2017），月饼和粽子是过度包装的重灾区。

食品包装用材以塑料、纸、玻璃和金属为主。塑料包装难回收和难降解，易造成环境

＊ 项目资助：本研究得到国家自然科学基金国际合作重点项目"作物营养强化对改善人口营养健康影响及评估研究"（项目批准号：71561147001）的资助。

通讯作者：青平，E-mail：qingping@ mail. hzau. edu. cn。

污染(周炳炎、郭琳琳、李丽等，2010)，铝、铁等金属制品多采用焚烧和填埋方式处理，易造成资源浪费(宋薇、岳东北、刘建国等，2008)。另外，食品包装产生的生活垃圾会加重社会处理垃圾的成本(孙婷和焦华，2011)，给城市管理造成难题(李天珠，2005)；食品过度包装会侵害消费者利益，影响企业可持续发展(吕庆华，2006；金明华和任泽洙，2008)。针对食品和化妆品过度包装问题，我国2010年出台了GB23350-2009《限制商品过度包装要求——食品和化妆品》，但食品过度包装现象并未因此杜绝。

现有关于食品过度包装的研究，主要聚焦于食品过度包装现象的形成原因、危害和防治。针对食品过度包装现象的形成原因，现有研究主要认为这是消费者虚荣型消费心理(李曼妮，2011)、产品包装的视觉冲击吸引购买(Bloch，1995；吕庆华，2006；周纬，2011)、高额利润驱使企业生产(吕庆华2006，金明华和任泽洙，2008)等原因促成。关于食品过度包装的防治，现有研究认为可以通过立法手段(吕庆华，2006；王俊华，2006；张晓文，2009)和经济手段进行限制(金明华和任泽洙，2008)，以及通过设计和技术手段进行防范或者减轻危害(汤义勇，2005；薛生辉和薛生健，2014)。但是很少有学者系统探讨消费者对过度包装食品的态度究竟如何。关于消费者对精美包装食品的态度，一方面有学者认为，包装是消费者认知商品的重要媒介(何昕，2010；孙婷和焦华，2011)，企业可以通过提升产品的美观吸引力来促进消费(Alba & Williams，2013)。另一方面也有学者认为，高美观吸引力的产品外观有时也会抑制消费(Hoegg et al.，2010；Honea & Horsky，2012；Wu et al.，2017；韩伟伟和王晶，2017)，例如，消耗品外观设计过于精美会降低消费者消费该产品的可能性并让消费者产生负面的消费体验(Wu et al.，2017)。

本文研究消费者对过度包装食品的态度，食品过度包装是否引发消费者排斥？其机制是什么？鉴于中国人普遍有"爱面子、讲排场"的心理需求，若食品购买是为了满足送礼需求，那么消费者自然会有选购精美包装食品的倾向(王娟，2006；郭智勇和熊兴福，2007)。基于这一点，本文不探讨作为礼品的过度包装食品是否会引发消费者排斥，只探讨购买食品仅为了满足消费者本身消费需求时，食品过度包装是否会引发消费者排斥。通过两个研究，本文证实了食品过度包装会引发消费者排斥。并且本文发现了不同类型的食品过度包装引发消费者排斥的机制存在差异：数量导向型过度包装食品会通过生态消耗型减损引发消费者排斥，美观导向型过度包装食品会通过美观消耗型减损引发消费者排斥。此外，本文还发现消费者对于数量导向型过度包装食品的排斥大于对美观导向型过度包装食品的排斥。本文的研究结论丰富了过度包装的理论研究，并且为食品企业的包装营销提供了理论依据。

2. 理论与假设

2.1 食品过度包装的分类

消费群体、用途需求、产品类型、历史时期等方面的差异会对食品过度包装"度"的界定产生影响(沈黎明，金国斌和顾祖莉，2004)。现有对食品过度包装"度"的界定主要包含两个方面：一方面从食品包装物和内装食品比较的角度出发，认为包装物耗用过多材料、使用过大体积，层数过多、超出了保护商品的功能要求，属于过度包装(沈黎明，金国斌和顾祖莉，2004)，这部分包装物是包装中多余的、可避免的部分。德国《包装条例(1991)》(吕庆华，2006)、日本《商品礼盒包装适当化细要》(周纬，2011)、我国《限制商品过度包装要求——食品和化妆品》等规定多基于此观点。另一方面从包装物本身的设计和装饰角度出发，认为包装物的设计、制作工艺烦琐复杂，包装奢华以至于超出了美化商品的功能要求的包装也属于过度包装(沈黎明，金国斌和顾祖莉，2004；何辉，2011)。美国、加拿大政府规定，非必需的采用复杂工艺无故夸大包装属于欺骗性包装(周纬，2011)，多基于此观点。

本文的食品过度包装是指，由于过度用材或过度装饰，消费者感知到食品包装超出其应有水平达到一定程度(Wu et al.，2017)。基于前人研究，本文把食品过度包装划分为数量导向型和美观导向型过度包装两类：数量导向型过度包装是指消费者感知到食品包装用材不当、用材过度、包装层数过多；美观导向型过度包装是指消费者感知到食品包装外形设计、图文装饰采用过于复杂和高档的工艺，造成的视觉冲击力与食品本身属性不符。

2.2 消费者排斥

社会排斥(social exclusion)是指个体不被接纳、孤独的或被孤立的状态 (Twenge et al.，2001)。王紫薇和涂平(2014)认为，社会排斥是个体在资源、参与度和生活质量方面无法被社会接纳。目前，在电子商务(韩艳敏，2007)、农村互联网金融(董玉峰、刘婷婷和路振家，2016)、转基因食品(高杨，2017)、产品脱销(李东进、张成虎和李研，2015)等方面存在广泛的消费者排斥商家所营销商品的现象。

在汉语词典中，排斥指的是不相容、使离开。基于这一点，本文中消费者排斥(consumer exclusion)是指商品不被消费者认可或接纳，被消费者排除在消费选择之外(冯健，2011；Wu et al.，2017)。具体而言：消费者对商品本身持否定态度；消费者对该商品具有较低的购买意愿；消费者对该商品具有较低的推荐意愿。

2.3 生态消耗型减损

儒家提倡"宁俭勿奢，惠而不费"，道家提倡"知足、知止"和"物无贵贱"，可见生态消费观在中国传统社会的主流思想中占据一席之地并延续至今。生态消费是指在消费活动中不会对生态环境造成危害的理性消费方式(刘世超，2015)。生态消耗型减损是指消费者出于对生态环境的关心，担忧其消费活动违背了生态消费的价值理念而产生的一种负面消极的情绪(贺爱忠和戴志利，2009)。

食品属于后验性商品，消费者必须在食品消费之后才能确定其品质。因此食品包装就成为消费者认知商品的重要媒介(何昕，2010)，是消费者对商品整体进行评价的启发线索(heuristic cues)，是消费者选购商品的重要依据。由于数量导向型过度包装食品主要表现为包装物用材不当、用材过度、包装层数过多。当消费者感知到该食品为数量导向型过度包装食品时，生态消费观就会促使消费者产生生态消耗型减损，即担忧对该类过度包装食品的消费会造成环境污染或资源浪费等生态环境问题。据此本文提出：

H1：食品数量导向型过度包装会导致更多的生态消耗型减损。

杨智和董学兵（2010）认为，具有强调社会身份、承担社会义务和满足社会期望的集体主义价值观的消费者往往强调个人对环境保护的责任，倾向于生态消费。陈凯和陈铖（2014）认为消费者会根据对产品的评估和购买体验有意识地选择生态产品。于海量和曹克（2008）认为，生态消费观念已逐渐深入人心，生态消费是人们消费行为的重要价值取向。本文认为当消费者对一种产品产生较高的生态消耗型减损时，会有意识地排斥该产品。据此本文提出：

H2：生态消耗型减损会造成消费者排斥。

H3：生态消耗型减损中介了食品数量导向型过度包装和消费者排斥的关系。

2.4　感知资源稀缺性

感知资源稀缺性（perceived resource scarcity）是指资源的数量限制或时间限制而导致的对有限供给资源的稀缺感知（Wu et al，2012）。食品包装物具有较高的专用性，除了满足特定商品的包装需求外，并不能有效地转化为其他用途或者创造额外价值（张进锋和聂永丰，2006）。人们倾向于推断稀缺的产品是有价值的（Jung & Kellaris，2004），因此当消费者感知到资源稀缺时会倾向于认为有价值的资源应该用到更有价值的地方。

数量导向型过度包装主要表现为包装物用材不当、用材过度、包装层数过多，形成对资源的过度消耗。因此本文认为，当感知到资源稀缺时，数量导向型过度包装会引发更显著的生态消耗型减损。相反，当感知到资源不稀缺时，数量导向型过度包装对生态消耗减损的作用不显著。据此本文提出：

H4：感知资源稀缺性调节了数量导向型过度包装对生态消耗减损的影响。具体而言，当感知到资源稀缺时，数量导向型过度包装对生态消耗型减损的影响更大。

2.5　美观消耗型减损

前人研究表明，外表具有吸引力的产品会引起消费者的积极回应（Page & Herr，2002；Hagtvedt & Patrick，2008；Reimann et al.，2010）。消费者在选购商品阶段，产品的美观度通常会被作为选购依据（Yang & Raghubir，2005）。精美包装的产品会给消费者带来视觉上的享受（Wu et al.，2017），产品所展现的美构成消费者消费整体的一部分。美观消耗型减损是指消费者担忧购买后对产品的实际消耗会破坏产品本身的美感而产生的一种负面消极的情绪。

美观导向型过度包装主要表现为食品包装物的外形设计、图文装饰采用过于复杂和高档的工艺，给消费者造成较强的视觉冲击力。有包装食品属于快速消费品（fast moving consumer goods），消耗速度快、消费周期短（肖辉，2005）。另外，在食品被消耗的同时，食品包装也会受到不可修复的损坏。基于这一点，本文认为对于美观导向型过度包装食品，由于其快速消费品的特性，精美的包装反而导致消费者产生美观消耗型减损。具体而言，本文提出：

H5：美观导向型过度包装会导致更多的美观消耗型减损；

高美观吸引力的产品外观有时会负向影响消费者决策（Hoegg et al.，2010；Honea & Horsky，2012；Wu et al.，2017；韩伟伟和王晶，2017）。例如，消耗品过于精美的外观设计会降低消费者消费该产品的可能性，并让消费者产生负面的消费体验（Wu et al.，2017）。同时，前景理论（prospect theory）中的损失规避（loss aversion）原则指出，个体在面临条件相当的盈利前景时会更倾向于实现确定性盈利，即风险规避（Tversky & Kahneman，1991）。消费者在选择美观导向型过度包装食品时会面临美被摧毁的风险，但是对于非美观导向型过度包装食品而言，消费者就不存在此类风险。基于这一点，本文认为消费者会因为美观消耗减损而排斥美观导向型过度包装食品。具体而言，本文提出：

H6：美观消耗型减损会造成消费者排斥。

H7：美观消耗型减损中介了食品美观导向型过度包装和消费者排斥的关系。

3. 研究方法

3.1 方法介绍

本研究采用准实验的方法，构造一个可操作的微观环境，将被试进行随机分组，控制必要变量，实现对有关变量的定量测度。本文通过一个预研究和两个主实验验证上述假设。预研究验证了食品过度包装可以分为数量导向型和美观导向型两个维度，为后期研究确立了基础。实验 1 检验食品过度包装是否会引发消费者排斥，以及检验不同类型的食品过度包装引发消费者排斥的机制；实验 2 验证了感知资源稀缺性的调节作用，并再次验证了数量导向型过度包装食品引发消费者排斥的机制。

3.2 预研究：食品过度包装的分类

预研究是为了验证食品过度包装的分类。实验人员在华中农业大学招募了 60 名本科生作为被试，每名被试获得一份小礼品作为实验报酬。有 2 名被试未报告年龄，被剔除出样本。58 名被试中，男性被试 28 名，被试年龄分布在 18 到 24 岁之间，平均年龄为 20.78 岁。

实验人员从互联网图库中分别选取 2 张有包装的粽子图片和 2 张有包装的月饼图片作为刺激材料。按照随机顺序向被试展示这 4 张图片。然后，被试需要回答"我认为图示产品包装装饰过于精美""我认为图示产品包装装饰过度""我认为图示产品包装浪费了包装材料""我认为图示产品的包装层数过多"（1=非常不同意，7=非常同意）。最后被试报告性别和年龄。

如表 1 所示，因子分析表明食品过度包装可分为数量导向型过度包装和美观导向型过度包装两种类型。

成分	月饼1		月饼2		粽子1		粽子2	
	成分1	成分2	成分1	成分2	成分1	成分2	成分1	成分2
美观导向型过度包装	0.516	0.759	0.335	0.864	0.213	0.870	0.220	0.854
	−0.086	0.950	0.094	0.941	0.063	0.909	0.103	0.892
数量导向型过度包装	0.948	0.130	0.959	0.146	0.911	0.178	0.955	0.178
	0.948	0.034	0.931	0.263	0.931	0.099	0.956	0.167

表1　　　　　　　　　　　　　　　因子分析

3.3 研究1

3.3.1 前测

前测主要为了验证刺激材料的有效性。通过问卷星样本服务在线招募42名普通消费者参与测试，其中男性被试18名，所有被试年龄分布在21~47岁，平均年龄为34.48岁。被试被随机分配到3个不同的实验组(控制组、数量导向型过度包装组和美观导向型过度包装组)，每组被试会看到不同包装的粽子图片。3种情境下，粽子的规格完全相同。实验人员在图片中提示包装盒的规格，并以550ml普通农夫山泉的高度作为参照。看完粽子包装的图片后，被试需要回答操纵检验题以及性别和年龄。

结果表明，当食品包装为数量导向型过度时，$M_{数量指数—控制组}$ = 3.92，$M_{数量指数—数量导向型过度包装组}$ = 5.33，$p < 0.001$；$M_{美观指数—控制组}$ = 3.07，$M_{美观指数—数量导向型过度包装组}$ = 3.42，$p > 0.05$。当食品包装为美观导向型过度时，$M_{数量指数—控制组}$ = 3.92，$M_{数量指数—美观导向型过度包装组}$ = 4.21，$p > 0.05$；$M_{美观指数—控制组}$ = 3.07，$M_{美观指数—美观导向型过度包装组}$ = 5.24，$p < 0.001$。以上数据结果表明，情境设置符合实验要求，其设置有效。

3.3.2 正式实验

研究1采用单因素(过度包装：数量导向 vs. 美观导向)组间设计。其中，过度包装为自变量，消费者排斥为因变量。研究1是为了验证食品过度包装是否会引发消费者排斥，以及检验不同类型的食品过度包装引发消费者排斥的机制，即验证H1、H2、H3、H5、H6和H7。

通过问卷星样本服务在线招募200名普通消费者参与测试，其中有92名被试未通过测谎题的检验，被剔除出样本。剩下的108名被试中，男性被试44名，平均年龄为32.53岁。实验过程与前测相同，观察完粽子包装图片以后，被试除了完成操纵检验的测量以外，还要依次完成消费者排斥、生态消耗型减损和美观消耗型减损的测量。为保证数据质量，本实验共设计两个测谎题，题目设置在问卷的非显著位置。被试需要回答，"我知道我在填写这份问卷的时候不需要考虑粽子的口味(在文字提示材料中已重点提示：在填写问卷时不需要考虑粽子的口味)"和"550ml普通农夫山泉矿泉水瓶和图示粽子包装盒比哪个更高(在图片刺激中已重点提示此项)"。被试对该题项的填答与实际情境设置不匹配即被识别为无效问卷。

生态消耗型减损的测量题项改编自贺爱忠和戴志利(2009)的研究，问卷共包含3道题目，如"选购时，我担忧该产品的包装会造成资源浪费"等。美观消耗型减损的测量题项改编自 Wu 等（2017）的研究，问卷共包含 3 道题目，如"选购时，我担忧该产品包装被我拆开后不再精美"等。消费者排斥的测量题项改编自冯健（2011）的问卷，问卷共包含 3 到题目，如"我不喜欢拥有该包装的产品"等。此外，本次实验还测量了被试的感知包装拆解复杂度，"我认为图示产品的包装盒拆起来很复杂"。测量均采用李克特 7 分量表，1 表示完全不同意，7 表示完全同意。生态消耗型减损的 Cronbach's α 为 0.823，美观消耗型减损的 Cronbach's α 为 0.930，消费者排斥的 Cronbach's α 为 0.884，问卷信度良好。最后，被试需要报告年龄和性别，以及回答"您认为图示产品需要花费多少钱购买（填空）"。

3.3.3 结果和讨论

1. 操纵检验

当食品包装为数量导向型过度时，$M_{数量指数—控制组} = 3.41$，$M_{数量指数—数量导向型过度包装组} = 5.62$，$p < 0.001$；$M_{美观指数—控制组} = 3.73$，$M_{美观指数—数量导向型过度包装组} = 3.67$，$p > 0.05$。当食品包装为美观导向型过度时，$M_{数量指数—控制组} = 3.41$，$M_{数量指数—美观导向型过度包装组} = 3.83$，$p > 0.05$；$M_{美观指数—控制组} = 3.73$，$M_{美观指数—美观导向型过度包装组} = 5.43$，$p < 0.001$。该结果与前测结果相一致，操纵检验通过。

2. 食品过度包装对生态消耗型减损和美观消耗型减损的影响

结果如图 1 所示。食品数量导向型过度包装会导致更多的生态消耗型减损（$M_{数量导向型过度包装组—生态消耗型减损} = 4.90$，$M_{控制组—生态消耗型减损} = 3.94$，$p < 0.001$），但是对美观消耗型减损没有显著影响（$M_{数量导向型过度包装组—美观消耗型减损} = 3.3$，$M_{控制组—美观消耗型减损} = 3.17$，$p > 0.05$）；食品美观导向型过度包装会导致更多的美观消耗型减损（$M_{美观导向型过度包装组—美观消耗型减损} = 4.19$，$M_{控制组—美观消耗型减损} = 3.17$，$p < 0.05$），但是对生态消耗型减损没有显著影响（$M_{美观导向型过度包装组—生态消耗型减损} = 4.29$，$M_{控制组—生态消耗型减损} = 3.94$，$p > 0.05$）。并且，相对于美观导向型过度包装，数量导向型过度包装会导致更多的生态消耗型减损（$M_{数量导向型过度包装组—生态消耗型减损} = 4.90$，$M_{美观导向型过度包装组—生态消耗型减损} = 4.29$，$p < 0.05$）；相对于数量导向型过度包装，美观导向型过度包装会导致更多的美观消耗型减损（$M_{数量导向型过度包装组—美观消耗型减损} = 3.30$，$M_{美观导向型过度包装组—美观消耗型减损} = 4.19$，$p < 0.05$）。因此，

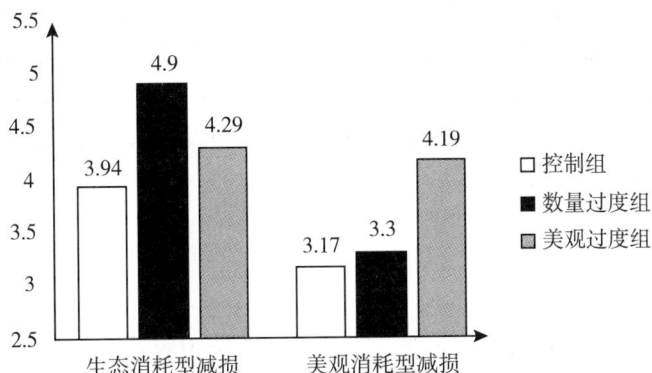

图 1　食品过度包装对生态消耗型减损和美观消耗型减损的影响

H1 和 H5 通过检验。

3. 食品过度包装对消费者排斥的影响

结果如图 2 所示。相对于控制组,数量导向型过度包装组的消费者排斥明显更高($M_{控制组—消费者排斥}=3.16$,$M_{数量导向型过度包装组—消费者排斥}=4.64$,$p<0.001$);相对于控制组,美观导向型过度包装组的消费者排斥明显更高($M_{控制组—消费者排斥}=3.16$,$M_{美观导向型过度包装组—消费者排斥}=3.93$,$p<0.05$);另外,数量导向型过度包装组的消费者排斥显著高于美观导向型过度包装组的消费者排斥($M_{数量导向型过度包装组—消费者排斥}=4.64$,$M_{美观导向型过度包装组—消费者排斥}=3.93$,$p<0.05$)。

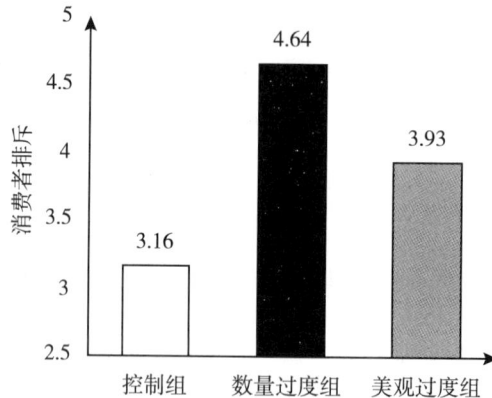

图 2 食品过度包装对消费者排斥的影响

4. 生态消耗型减损和美观消耗型减损的中介作用

控制组与数量导向型过度包装组在感知拆解复杂度上差异显著($M_{控制组—拆解复杂度}=2.81$,$M_{数量导向型过度包装组—拆解复杂度}=3.57$,$p<0.05$);但是,控制组与美观导向型过度包装组在感知拆解复杂度上差异不显著($M_{控制组—拆解复杂度}=2.81$,$M_{美观导向型过度包装组—拆解复杂度}=3.35$,$p>0.05$)。控制组与数量导向型过度包装组在感知价格上无显著差异($M_{控制组—感知价格}=32.56$,$M_{数量导向型过度包装组—感知价格}=39.91$,$p>0.05$);控制组与美观导向型过度包装组在感知价格上差异显著($M_{控制组—感知价格}=32.56$,$M_{美观导向型过度包装组—感知价格}=59.42$,$p<0.05$)。

本研究参照 Preacher 和 Hayes(2008)的 Bootstrap 法对生态消耗型减损和美观消耗性减损的中介效应进行检验。Model 4 的具体结果如图 3 所示,数量导向型过度包装引发消费者排斥由生态消耗型减损中介,美观导向型过度包装引发消费者排斥由美观消耗型减损中介,H2、H3、H6 和 H7 通过检验。

3.4 研究 2

3.4.1 前测

前测是为了验证情境刺激的有效性。实验人员在华中农业大学招募了 40 名本科生参与测试,40 名被试中,有 3 名被试没有回答性别或年龄,被剔除出样本。剩下的 37 名被试中,男性被试 13 名,被试年龄分布在 19~21 岁,平均年龄为 19.62。被试被分配到两

间接效应：β=0.2081, 95%CI=[0.0227 , 0.5482]

间接效应：β=0.2376, 95%CI=[0.0379, 0.6609]

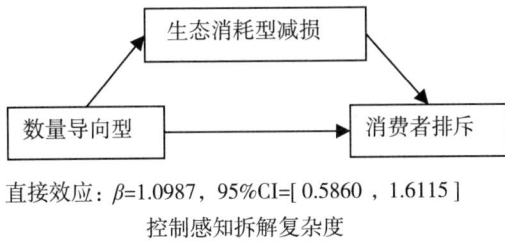

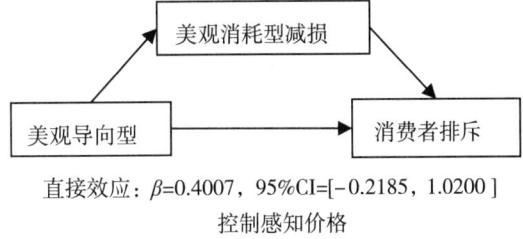

```
        生态消耗型减损                          美观消耗型减损


数量导向型  →  消费者排斥          美观导向型  →  消费者排斥
```

直接效应：β=1.0987, 95%CI=[0.5860 , 1.6115]

直接效应：β=0.4007, 95%CI=[−0.2185, 1.0200]

控制感知拆解复杂度

控制感知价格

图 3   生态消耗型减损和美观消耗型减损的中介作用

个不同的实验组，简包装组描述为"月饼包装盒从内到外包括大纸盒和塑料薄膜，共 2 层"，数量导向型过度包装组描述为"月饼包装盒从内到外包括，大纸盒、铁盒、小纸盒和塑料薄膜，共 4 层"。

阅读完实验描述后，被试需要完成操纵检验和消费者排斥的测量，测量题项与研究 1 相同。结果表明，数量导向型过度包装组的数量导向指数显著高于简包装组（$M_{简包装}$ = 2.38，$M_{数量导向型过度包装}$ = 5.75，$p<0.001$），数量导向型过度包装组的消费者排斥显著高于简包装组（$M_{简包装}$ = 3.21，$M_{数量导向型过度包装}$ = 4.80，$p<0.001$）。该结果表明，情境设置符合实验要求，其设置有效。

3.4.2   正式实验

研究 2 采用的是（数量导向：过度包装 vs. 简包装）×感知资源稀缺性（连续）的组间设计。调节变量为感知资源稀缺性，中介变量为生态消耗型减损，因变量为消费者排斥。研究 2 是为了验证感知资源稀缺性的调节作用，即检验 H4。

通过问卷星样本服务招募 50 名普通消费者参加测试，其中男性被试 29 名，被试年龄分布在 20~59 岁，平均年龄为 34.74。研究 2 的实验流程和前测相同，被试阅读完实验描述后，需要依次完成操纵检验、消费者排斥、生态消耗型减损和感知资源稀缺性的测量。

生态消耗型减损、消费者排斥的测量方法和研究 1 相同。感知资源稀缺性的测量题项改编自李东进、张成虎和李研（2015）的研究，"我认为地球上的资源是无限的，可以永远满足人类的需求"。测量采用李克特 7 分量表，1 表示完全不同意，7 表示完全同意。生态消耗型减损的 Cronbach's α 为 0.889，消费者排斥的 Cronbach's α 为 0.867，问卷信度良好。最后，被试报告年龄和性别。

3.4.3   结果和讨论

1. 操纵检验

与前测结果相一致，数量导向型过度包装组的数量导向指数显著高于简包装组（$M_{简包装}$ = 4.01，$M_{数量导向型过度包装}$ = 5.96，$p<0.001$），并且数量导向型过度包装组的数量过度指数显著大于 4（$p<0.001$）。该结果表明，本次实验对数量导向型过度包装的操纵良好，情境设置符合实验要求。

2. 过度包装与否和感知资源稀缺性对生态消耗型减损的影响

首先对感知资源稀缺性进行反向编码，反向编码以后：1 代表感知资源不稀缺，7 代表感知资源稀缺。多元回归的结果显示，数量导向型过度包装与否对生态消耗型减损的直接效应显著（$b=1.146$，$t=3.123$，$p<0.05$），感知资源稀缺性对生态消耗型减损的直接效应显著（$b=-0.754$，$t=-2.464$，$p<0.05$），二者的交互作用也显著（$b=0.375$，$t=2.062$，$p<0.05$）。调节效应见图4。当感知资源稀缺时，数量导向型过度包装会导致更高的生态消耗型减损，这与本研究在理论部分中的推断相符合。H4通过检验。

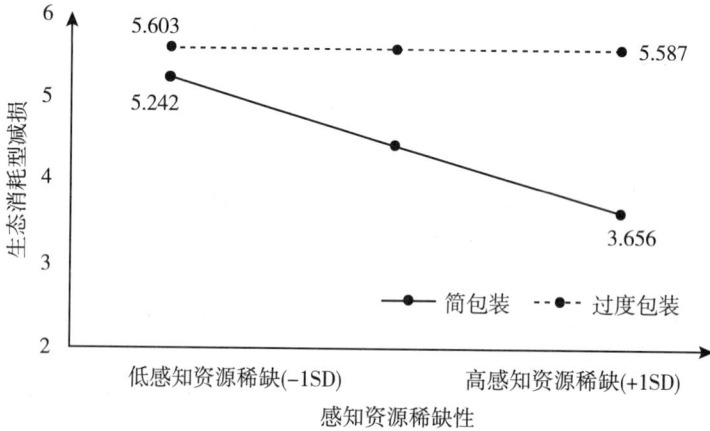

图 4　过度包装与否和感知资源稀缺性对生态消耗型减损的影响

3. 感知资源稀缺性对生态消耗型减损中介效应的调节

用 Bootstrap 方法进行有调节的中介检验，模型 7 的结果显示，当感知资源稀缺性 = $M_{感知资源稀缺性}$ -1SD = 3.35 时，生态消耗型减损的中介作用不显著（$\beta = 0.2142$，95% CI = $[-0.1084, 0.6037]$）；当感知资源稀缺性 = $M_{感知资源稀缺性}$ = 5.44 时，生态消耗型减损的中介作用显著（$\beta = 0.6671$，95% CI = $[0.2242, 1.2394]$）；当感知资源稀缺性 = $M_{感知资源稀缺性}$ + 1SD = 7.00 时，生态消耗型减损的中介作用显著（$\beta = 0.6671$，95% CI = $[0.3356, 1.8617]$）。因此，生态消耗型减损的中介作用也受到感知资源稀缺性的调节。

4. 研究结论与启示

4.1　研究结论

本文围绕"食品过度包装包装如何引发消费者排斥"这一核心问题，运用准实验法探讨了食品过度包装、生态消耗型减损、美观消耗型减损和消费者排斥之间的关系，并且验证了感知资源稀缺性对数量导向型过度包装食品与生态消耗型减损之间关系的调节作用。本文主要结论及其贡献体现在以下三个方面：（1）食品过度包装可以分为数量导向型和美观导向型两类。（2）数量导向型过度包装食品和美观导向型过度包装食品引发消费者排斥的中介机制存在差异。数量导向型过度包装食品引发消费者排斥由生态消耗型减损中介，美观导向型过度包装食品引发消费者排斥由美观消耗型减损中介。此外，本研究还发现消费者对数量导向型过度包装食品的排斥显著大于对美观导向型过度包装食品的排斥。（3）感知资源稀缺性能够调节生态消耗型减损的中介作用，为数量导向型过度包装食品引发消费者排斥的效应确立了边界条件：当感知资源稀缺时，消费者会因为生态消耗型减损而排斥数量导向型过度包装食品；当感知资源不稀缺时，生态消耗型减损的中介作用会被削弱。

4.2 理论贡献

首先，前人研究大都将食品过度包装作为一个整体概念（沈黎明，金国斌和顾祖莉，2004；吕庆华，2006；周纬，2011；何辉，2011；Elgaaïed-Gambier，2016）。本研究在前人研究的基础上提出并验证了食品过度包装可以分为数量导向型和美观导向型两个类别，丰富了关于食品过度包装的研究，为进一步对食品过度包装问题展开研究进行了有益探索。

其次，本文揭示了不同类型的食品过度包装对消费者排斥的影响，丰富了对消费者排斥过度包装食品行为的解释。现有学术研究和企业实践大都认为食品的精美包装可以促进消费者购买（Page & Herr，2002；Hagtvedt & Patrick，2008；Reimann et al.，2010；孙婷和焦华，2011；Alba & Williams，2013），但本文通过研究发现数量导向型过度包装食品通过增强消费者的生态消耗型减损进而增强其排斥心理，美观导向型过度包装食品通过增强消费者的美观消耗型减损进而增强其排斥心理。

最后，本研究发现了感知资源稀缺性的调节作用，找到了数量导向型过度包装食品引发消费者排斥的边界条件。这一结论与现有关于生态消费的研究结论相一致，当消费者强调个人对环境保护的责任时，会倾向于采取绿色消费行为（杨智和董学兵，2010）。

4.3 管理启示

本文的管理启示主要有以下三点：第一，对于食品这一快销品而言，包装过于复杂、精美会引发消费者排斥。因此，食品包装的设计和制作应当慎重考虑。食品包装应当尽量简洁，避免过度以防适得其反，对于认为资源稀缺的消费者而言，尤其应当注意。

第二，由于消费者对数量导向型过度包装食品的排斥显著大于对美观导向型过度包装食品的排斥，同时企业应当注重从包装中传递出精神诉求，通过色彩设计让消费者获得审美享受，因此企业应采用简单的美学设计构造审美吸引力，传达出商品绿色、生态的精神诉求。但同时要尽量规避使用过多、过于复杂的材料造成数量导向型过度。

第三，本文的结论为我国关于食品包装的宏观政策提供了理论依据。要求商品包装及其内装物不许对人类健康和环境带来损害已成为目前各国技术性贸易壁垒之一（张雪莹和王殿华，2011）。因此，我国应该注重食品包装的简洁以应对这一技术性贸易壁垒。

4.4 研究局限与展望

首先，本文主要阐明食品过度包装引发消费者排斥的潜在机制是生态消耗型减损和美观消耗型减损，但过度包装食品被消费者排斥也可能受到其他因素驱动。虽然研究2在控制产品的感知价格后，本文的理论框架依然成立，但本文认为价格在某些情况下肯定会起作用。例如，某些过度包装食品会导致消费者将其视为奢侈品（Hagtvedt & Patrick，2008），这些食品看起来"太昂贵"而受到消费者排斥。

其次，本文只探讨购买食品仅为了满足消费者本身消费需求时，食品过度包装是否会引发消费者排斥的问题。有研究表明尽管机器制作的产品精美并且高质量，但是礼物接收者仍然喜欢手工制作的产品(Fuchs et al.，2015)。那么作为礼品，礼物接收者是否会排斥过度包装食品？未来研究可以继续探讨。

最后，本文只用粽子和月饼作为实验材料去验证本文的概念框架，缺乏消费者实际消费数据作为支撑。另外本文通过图片刺激材料和文字刺激材料模拟现实场景，通过准实验方法来验证假设，与真实情景有一定差距，可能导致测量数据的误差。未来的研究可以通过田野实验或者实验室实验的形式进一步验证本文的研究假设。

◎ **参考文献**

[1] 陈凯，陈铖. 绿色消费行为：限制因素及推进策略分析——基于过程视角的理解[J]. 管理现代化，2014(1).

[2] 董玉峰，刘婷婷，路振家. 农村互联网金融的现实需求、困境与建议[J]. 新金融，2016(11).

[3] 冯健. 产品因素对消费者购买意愿影响的实证研究[D]. 西安：西安理工大学硕士学位论文，2011.

[4] 高杨. 消费者对转基因大米的购买意愿——基于价格反应的消费者分类研究[J]. 华南理工大学学报(社会科学版)，2017，19(1).

[5] 郭智勇，熊兴福. 论礼俗文化在现代礼品包装设计中的应用[J]. 包装工程，2007，28(1).

[6] 何昕. 商品包装的伦理问题研究[D]. 株洲：湖南工业大学硕士学位论文，2010.

[7] 何辉. 两型社会语境中设计艺术的哲学之思[J]. 美术研究，2011(2).

[8] 贺爱忠，戴志利. 农村消费者生态心理意识对生态消费影响的实证分析[J]. 中国农村经济，2009(12).

[9] 韩伟伟，王晶. 产品设计与性能冲突对消费者决策过程的神经学影响[J]. 南开管理评论，2017，20(2).

[10] 韩艳敏. 消费者网上购物意向的多层 SEM 模型[J]. 统计与决策，2007(7).

[11] 金明华，任泽洙. 基于宏观市场营销的过度包装问题探讨[J]. 学术交流，2008(12).

[12] 李月寒. 我国每年产生的包装废弃物约占城市固废的 33% 过度包装收税可从零售附加费开始[J]. 环境经济，2016(3).

[13] 李仲谨，余丽丽. 食品包装废弃物的综合利用[J]. 食品科学技术学报，2011，29(6).

[14] 李曼妮. 限制过度包装法律制度研究[D]. 重庆：西南政法大学硕士学位论文，2011.

[15] 李天珠. 我国城市生活垃圾现状探析[J]. 黑龙江史志, 2005(12).

[16] 李东进, 张成虎, 李研. 脱销的利与弊: 以感知稀缺性与心理抗拒感为中介的相似品购买意愿研究[J]. 营销科学学报, 2015, 11(2).

[17] 刘世超. 中华传统生态消费思想及其当代价值研究[D]. 武汉: 武汉理工大学硕士学位论文, 2013.

[18] 吕庆华. 商品过度包装的危害及其防治[J]. 当代财经, 2006(2).

[19] 宋薇, 岳东北, 刘建国, 等. 铝塑包装废物的热解特性研究[J]. 环境科学研究, 2008, 21(6).

[20] 孙婷, 焦华. 论中国食品包装设计的现状和出路[J]. 包装工程, 2011(4).

[21] 沈黎明, 金国斌, 顾祖莉. 商品包装过度化及其对策研究[J]. 包装工程, 2004, 25(5).

[22] 汤义勇. 包装设计与环保意识[J]. 装饰, 2005(11).

[23] 王紫薇, 涂平. 社会排斥情境下自我关注变化的性别差异[J]. 心理学报, 2014, 46(11).

[24] 王娟. 礼品包装设计的文化特征[J]. 包装工程, 2006, 27(5).

[25] 肖辉. 中国快速消费品市场中的品牌沟通策略浅析[D]. 武汉: 武汉大学硕士学位论文, 2005.

[26] 薛生辉, 薛生健. 低碳经济视角下控制过度包装的对策与途径[J]. 装饰, 2014(8).

[27] 杨智, 董学兵. 价值观对绿色消费行为的影响研究[J]. 华东经济管理, 2010, 24(10).

[28] 于海量, 曹克. 人类消费行为的生态取向与路径选择[J]. 南京社会科学, 2008(11).

[29] 周纬. 基于循环经济减量化原则的过度包装征税研究[D]. 青岛: 中国海洋大学硕士学位论文, 2011.

[30] 周炳炎, 郭琳琳, 李丽, 等. 我国塑料包装废物的产生和回收特性及管理对策[J]. 环境科学研究, 2010, 23(3).

[31] 张晓文. 论我国限制商品过度包装立法的完善[J]. 时代法学, 2009, 7(3).

[32] 张进锋, 聂永丰. 垃圾处理领域的技术发展和启示[J]. 环境科学研究, 2006, 19(1).

[33] 张雪莹, 王殿华. 低碳经济下食品包装贸易壁垒的新趋势及对策[J]. 中央财经大学学报, 2011(12).

[34] Alba, J. W., Williams, E. F. Pleasure principles: A review of research on hedonic consumption[J]. *Journal of Consumer Psychology*, 2013, 23(1).

[35] Bloch, P. H. Seeking the ideal form: Product design and consumer response[J]. *Journal of Marketing*, 1995, 59(3).

[36] Elgaaïed-Gambier, L. Who buys overpackaged grocery products and why? Understanding consumers' reactions to overpackaging in the food sector[J]. *Journal of Business Ethics*, 2016, 135(4).

[37] Fuchs, C. , Schreier, M. , Van Osselaer, S. M. J. The handmade effect: What's love got to do with it? [J]. *Journal of Marketing*, 2015, 79(2).

[38] Hoegg, J. A. , J. W. Alba, Dahl, D. W. The good, the bad, and the ugly: Influence of aesthetics on product feature judgments[J]. *Journal of Consumer Psychology*, 2010, 20 (4).

[39] Honea, H. , Horsky, S. The power of plain: Intensifying product experience with neutral aesthetic context[J]. *Marketing Letters*, 2012, 23(1).

[40] Hagtvedt, H. , Patrick, V. M. Art infusion: The influence of visual art on the perception and evaluation of consumer products[J]. *Journal of Marketing Research*, 2008, 45(3).

[41] Jung, J. M. , Kellaris, J. J. Cross-national differences in proneness to scarcity effects: The moderating roles of familiarity, uncertainty avoidance, and need for cognitive closure[J]. *Psychology & Marketing*, 2004, 21(9).

[42] Page, C. , Herr, P. M. An investigation of the processes by which product design and brand strength interact to determine initial affect and quality judgments[J]. *Journal of Consumer Psychology*, 2002, 12(2).

[43] Preacher, K. J. , Hayes, A. F. Asymptotic and resampling strategies for assessing and comparing indirect effects in multiple mediator models[J]. *Behavior Research Methods*, 2008,40(3).

[44] Reimann, M. , et al. Aesthetic package design: A behavioral, neural, and psychological investigation[J]. *Journal of Consumer Psychology*, 2010, 20(4).

[45] Tversky, A. , Kahneman, D. Loss aversion in riskless choice: A reference-dependent model[J]. *Quarterly Journal of Economics*, 1991, 106(4).

[46] Twenge, J. M. , et al. If you can't join them, beat them: Effects of social exclusion on aggressive behavior[J]. *Journal of Personality & Social Psychology*, 2001, 81(6).

[47] Wu, W. , et al. The effects of product scarcity and consumers' need for uniqueness on purchase intention[J]. *International Journal of Consumer Studies*, 2012, 36(3).

[48] Wu, F. , et al. It's too pretty to use! When and how enhanced aesthetics discourage usage and lower enjoyment of nondurable products[J]. *Journal of Consumer Research*, 2017(3).

[49] Yang, S. , Raghubir, P. Can bottles speak volumes? The effect of package shape on how much to buy[J]. *Journal of Retailing*, 2005, 81(4).

The Influence Mechanism of Food Over-packaging for Consumer Exclusion

Bai Zhonghu[1]   Qing Ping[2]   Tang Yifan[3]   You Liangzhi[4]

(1, 2, 3   Economics & Management School of Agriculture University, Wuhan, 430070;
4   IFPRI(International Food Policy Research Institute), Wuhan, 430070)

Abstract: Food Over-packaging not only causes serious waste of resources and environmental pollution, but also affects urban management and damages consumer welfare. However prior research about food over-packaging mainly focuses on the causes, harms, prevention and control. The research on consumers' attitudes towards over-packaged foods is rare and inconclusive. The current work argues that food over-packaging can be categorized into two categories: quantity-oriented and aesthetic-oriented. Through experimental research, this work shows that consumers exclude over-packaged food. The quantity-oriented (vs. aesthetic-oriented) over-packaged food leads to more concern of environmental destruction, and consequently leads to consumer exclusion. And the mediating effect of concern of environmental destruction is moderated by the perceived resource scarcity. The aesthetic-oriented (vs. quantity-oriented) over-packaged food leads to more concern of aesthetic destruction, and consequently leads to consumer exclusion. This paper enriches the theoretical of over-packaging, and the conclusions provide a theoretical basis for packaging marketing of food company, which has practical significance.

Key words: Food Over-packaging; Consumer Exclusion; Perceived Resource Scarcity; Concern of Aesthetic Destruction; Concern of Environmental Destruction

专业主编：曾伏娥

供应商竞争性广告下零售商的
信息共享策略研究[*]

● 杨东升[1]　许明辉[2]

(1, 2　武汉大学经济与管理学院　武汉　430072)

【摘　要】考虑由两个竞争性品牌供应商和一个零售商组成的供应链系统中的需求信息共享问题。零售商拥有更多私有需求信息，且供应商的品牌广告竞争影响市场需求，得到了在零售商不同信息共享策略下供应链成员的最优决策，以及零售商的最优信息共享策略。无信息合约时，零售商至多愿意与一个供应商主动共享信息；在信息合约下，得到了零售商需求信息的定价策略，该定价策略使得至多一个供应商购买信息。当供应商之间的价格竞争程度较低时，供应商的广告决策并不能驱动零售商制定合约以使供应商购买信息；当价格竞争程度不太低且消费者对广告的敏感性较高时，广告决策能够影响零售商的信息合约，使得仅有一个供应商购买信息。最后，通过数值分析进一步说明了本文的结果。

【关键词】供应链管理　信息共享　广告　信息合约

中图分类号：C93　　文献标识码：A

1. 引言

　　企业之间不仅存在着价格竞争，还存在着广告、促销、质量和服务等其他形式的竞争。其中，广告是企业营销策略中提高潜在顾客的购买欲望，增加产品需求的重要手段之一。在当今移动互联网飞速发展的时代，企业间的广告竞争成为一种商业常态，对各行各业都产生着很大影响。例如，辉瑞公司在药物广告上投入了 28.4 亿美元以与拜耳和默克公司进行竞争(Chan et al, 2017)。企业在销售过程中拥有的需求信息，能帮助企业更好地进行精准营销，刺激产品需求。供应链下游的零售企业由于更接近消费者，在销售过程中往往拥有一手客户数据，常常比上游的供应商更了解市场的需求信息。例如，沃尔玛和

　　* 基金项目：国家自然科学基金“最优动态库存控制、定价与广告联合策略研究”（项目批准号：71371146）、武汉大学人文社会科学青年学者团队建设计划（项目批准号：Whu2016013）、教育部人文社会科学研究规划基金项目“基于市场投资决策的信息共享策略研究”。

　　通讯作者：杨东升，E-mail：dsyang1989@ sina. com。

塔吉特公司与其他的大型零售商开发了一套移动支付系统，使用该系统使得这些零售企业能够更好地获取消费者的各类数据信息（Simth，2014）。在供应链运作过程中，零售商如何策略性并有效地与上游企业分享这些信息成为近 20 年来的一个研究热点。已有的信息共享文献显示，零售商共享需求信息会导致双重边际效应加剧，从而使得零售商不愿意主动地共享其需求信息（Li，2002；Zhang，2002）。尽管如此，现实中零售商却越来越愿意与供应商沟通他们的零售信息。美国杂货制造商协会（Grocery Manufacturers Association）的报告指出，美国大多数年销售额超过 50 亿美元的零售商将其每周甚至每日的商店销售和其他数据直接与其供应商共享。京东为其供应商提供的"京东数据罗盘"产品，定位于提供高效的数据分析服务，从而让其供应商的营销部门更精准地进行广告的投放。Mittendorf 等（2013）指出，在单条供应链情形下，供应商的广告对需求的刺激是零售商愿意主动共享信息的主要驱动因素之一。那么，在竞争性供应链环境中，供应商的广告以及价格竞争程度如何影响零售商的信息共享行为？零售商是否有动机向供应商共享其需求信息以及零售商应如何制定相应的信息合约使得供应商愿意购买信息？本文尝试回答以上研究问题。

近年来，供应链管理领域的不少学者对零售商的需求信息共享问题进行了大量的研究。如 Ha 和 Tong（2008）在两条竞争性供应链中研究了信息合同设计与信息共享策略问题，探讨了合同类型和信息共享能力的作用。在竞争性供应链环境下，Ha，Tong 和 Zhang（2011）以及 Ha，Tian 和 Tong（2017）分别探讨了存在生产规模不经济以及供应商成本削减策略下零售商的信息共享均衡策略。Shang，Ha 和 Tong（2015）考虑了由两个供应商和一个零售商组成的供应链系统，研究了规模（不）经济时零售商的信息共享问题。Jiang 和 Hao（2016）研究了在零售商获取的需求信息相关时，多种供应链结构下的水平和垂直信息共享问题。国内也有一些学者研究了不同供应链环境下的需求信息共享策略（郭强，等，2018；但斌，等，2016；毛小兵，2018）。此外，也有部分文献考虑了上游供应商或者上游供应商和下游零售商同时拥有需求预测信息的情形，研究了供应链成员的信息共享策略（Guo & Iyer，2010；Jiang et al.，2016；Gal-Or et al.，2008）。以上研究都是在两级供应链系统中基于批发价合同考虑信息共享策略问题，没有考虑广告决策对信息共享策略及信息合同设计的影响。

Mittendorf 等（2013）在单供应商-单零售商供应链中考虑了供应商的广告投资决策对零售商的信息共享策略的影响。Yao 等（2008）在零售商竞争环境下，研究了零售商的广告投入成本信息共享策略。在零售商广告以及供应商社会责任努力影响需求环境下，Ma 等（2017）研究了供应商社会责任努力成本不对称下两种定价合约的不同影响。吴江华和翟昕（2012）在单供应商-单零售商供应链中考虑了信息共享对供应链合作广告的影响。杨磊等（2015）在需求信息不对称环境下研究了双渠道供应链合作广告的投资决策问题。同样在双渠道环境下，Yan 等（2016）研究了供应商和零售商均有需求信息时，零售商的信息共享策略对供应商合作广告的影响。

不同于以上研究，本文考虑由两个进行广告竞争的供应商和一个零售商组成的供应链系统，研究供应商的广告投入、价格竞争强度以及信息合约如何影响零售商的信息共享行为。研究发现，当无信息合约时，零售商总不愿与两个供应商共享信息，而至多愿意与一个供应商主动共享信息；当采用信息合约时，得到了最优的信息定价策略，此时至多有一个供应商愿意购买信息。

2. 模型描述

考虑提供两种可替代性产品并进行广告竞争的供应商和一个下游零售商组成的供应链，供应商 i 将产品以批发价 w_i 销售给零售商，零售商再分别以价格 p_i 出售给消费者。同时，供应商 i 投放水平 e_i 的广告来进行市场竞争。零售商从两个独立的供应商处订购产品并在同一市场上进行销售的情形在实际生活中普遍存在，如沃尔玛、京东、家乐福等大型零售商均拥有众多的替代性产品供应商。令产品 i 的需求为：

$$q_i = a + \theta - (1 + m) p_i + m p_j - n (e_j - e_i) \tag{1}$$

其中，m 表示两种产品之间的可替代性，m 越大表示产品之间的价格竞争越激烈或替代性越强，n 表示消费者对相对广告水平的敏感度，a 为基本市场需求，θ 表示需求的不确定性或市场噪声，其均值为 0，方差为 σ^2。此外，假设供应商 i 提供广告水平 e_i 的成本为 $e_i^2/2$，类似的成本函数假设在广告文献中比较常见（Mittendorf et al., 2013；吴江华和翟昕，2012；Yan et al., 2016）。为了不失一般性，假设供应商的生产成本为 0。为了使得模型分析有意义，假设 $n^2 < 4(m + 1)$，此假设使得供应商不会因广告成本过高而不进行广告投入。需要说明的是，式(1)所给出的需求函数模型假设供应商之间的广告竞争并不会增加总的消费者数量，即 $q_1 + q_2$ 的值与广告投资水平无关。类似的需求函数和广告成本的假设常见于运营管理相关文献中（如 Bernstein & Federgruen, 2004；Perdikaki et al., 2016）。

零售商在销售季来临前可获得关于市场需求的信号 Y，假设 Y 是关于 θ 的无偏估计量（$E[Y \mid \theta] = 0$），并且为零售商的私有信息。零售商在获取需求信息 Y 之前需要决定是否将之共享给上游的供应商 i。记 $t = 1/E[\mathrm{VaR}(Y \mid \theta)]$，则 t 的大小反映了零售商的预测精确度或需求预测能力，t 越大表示需求预测越精确[8,9]。此外，

$$E[\theta \mid Y] = \frac{t\sigma^2}{1 + t\sigma^2} Y = \eta(t, \sigma) Y \tag{2}$$

本文考虑的多阶段博弈问题的事件发生顺序如下：(1) 在观测到需求信号 Y 之前，零售商向上游的两个供应商提供信息共享合约，并确定信息支付价格 T，然后两个供应商同时决定是否购买需求信息。(2) 接着零售商观测到需求信号 Y，并根据信息合约进行信息共享。若供应商 i 接受信息共享合约，则零售商将 Y 真实地披露给供应商 i；否则，零售商不会向供应商 i 披露需求信号。(3) 两个供应商同时决定批发价及广告水平，且供应商各自的批发价和广告水平不会被另一个供应商观测到。(4) 基于供应商的批发价和广告水平，零售商决定两种产品的零售价格。

3. 模型分析

对于给定的 w_i 和 e_i，零售商的期望利润为：

$$\pi_r = \sum_{i=1}^{2} (p_i - w_i)(a + E[\theta \mid Y] - (1 + m)p_i + mp_{3-i} - n(e_{3-i} - e_i)) \qquad (3)$$

容易验证 π_r 是关于 (p_i, p_j) 的联合凹函数, 从而联合 $\partial\pi_r/\partial p_i = 0$ 与 $\partial\pi_r/\partial p_j = 0$, 即可得到产品 i ($i = 1, 2$) 的最优定价:

$$\hat{p}_i(w_i, s_i) = \frac{1}{2}\left(a + E[\theta \mid Y] + w_i - \frac{n(e_{3-i} - e_i)}{2m + 1}\right) \qquad (4)$$

相应地, 产品 i 的需求 q_i 为:

$$q_i(w_i, w_{3-i}, e_i, e_{3-i}) = \frac{1}{2}[a + 2\theta - E[\theta \mid Y] + mw_{3-i} - (1 + m)w_i + n(e_i - e_{3-i})]$$
$$(5)$$

若零售商不与供应商 i ($i = 1, 2$) 共享信息, 则供应商 i 的期望利润为:

$$w_i E[(w_i, w_{3-i}, e_i, e_{3-i})] - \frac{1}{2}e_i^2 \qquad (6)$$

由于供应商 i 不知晓需求信息, 因此无论供应商 $3 - i$ 是否知晓信息, 供应商 i 仅能根据预期供应商 $3 - i$ 的决策 $(E[w_{3-i}], E[e_{3-i}])$ 来最大化自己的利润, 即:

$$\max_{w_i, e_i}\Pi_i = \frac{1}{2}w_i(a + E[\theta] + mE[w_{3-i}] - (1 + m)w_i + n(e_i - E[e_{3-i}])) - \frac{1}{2}e_i^2 \qquad (7)$$

易知不知晓信息的供应商 i 的期望利润是关于 (w_i, e_i) 的联合凹函数, 则其最优广告水平 $\hat{e}_i$ 和批发价 $\hat{w}_i$ 分别为:

$$\hat{e}_i = \frac{n(a + mE[w_{3-i}] - nE[e_{3-i}])}{4(m + 1) - n^2}, \quad \hat{w}_i = \frac{2(a + mE[w_{3-i}] - nE[e_{3-i}])}{4(m + 1) - n^2} \qquad (8)$$

若零售商与供应商 i ($i = 1, 2$) 共享信息, 则供应商 i 的期望利润为:

$$w_i E[q_i(w_i, w_{3-i}, e_i, e_{3-i})] - \frac{1}{2}e_i^2 \qquad (9)$$

由于供应商 i 知晓需求信息, 因此无论供应商 $3 - i$ 是否知晓信息, 供应商 i 总能根据供应商 $3 - i$ 的决策 (w_{3-i}, e_{3-i}) 来最大化自己的利润, 即:

$$\max_{w_i, e_i}\Pi_i = \frac{1}{2}w_i(a + E[\theta \mid Y] + mw_{3-i} - (1 + m)w_i + n(e_i - e_{3-i})) - \frac{1}{2}e_i^2 \qquad (10)$$

于是, 不知晓信息供应商 i 的最优广告水平 $\hat{e}_i$ 及批发价 $\hat{w}_i$ 分别为:

$$\hat{e}_i = \frac{n(a + mw_{3-i} - ne_{3-i})}{4(m + 1) - n^2}, \quad \hat{w}_i = \frac{2(a + mw_{3-i} - ne_{3-i})}{4(m + 1) - n^2} \qquad (11)$$

用上标 $X \in \{0, 1\}$ 表示供应商 i 是否知晓需求信息, 其中 1 表示知晓信息, 0 表示不知晓信息。注意到当两个供应商均未获得信息 Y 时, $E[w_i] = w_i$, $E[e_i] = e_i$; 当两个供应商拥有相同的信息 Y 时, $E[w_i \mid Y] = w_i$, $E[e_i \mid Y] = e_i$; 当供应商 i 获取信息而 j 未获取信息时, 那么 w_j 与 Y 无关, 即 $E[w_j \mid Y] = w_j$, $E[e_j \mid Y] = e_j$。根据式 (8) 和 (11) 即可求得供应商 i 的最优批发价和广告水平, 将之代入式 (4) 即得到零售商的最优零售价。表 1 给出了零售商和供应商的均衡决策, 其中上标中第一个字母表示供应商 1 是否知晓信息的状态，第二个字母表示供应商 2 是否知晓信息的状态。这里 $\bar{w}$, $\bar{e}$ 和 $\bar{p}$ 分别表示确定性需求下 ($\theta \equiv 0$) 供应商的最优批发价、广告策略以及零售商的最优销售价：$\bar{w} = \dfrac{a}{m+2}$，$\bar{e} = \dfrac{na}{2(m+2)}$，$\bar{p} = \dfrac{(m+3)a}{2(m+2)}$。

表1   零售商和供应商的均衡决策

信息共享策略	零售商决策（零售价）	供应商决策（批发价，广告水平）
均不共享 (0,0)	$p_1^{(0,0)} = p_2^{(0,0)} = \bar{p} + \dfrac{1}{2}E[\theta\mid Y]$	$w_1^{(0,0)} = w_2^{(0,0)} = \bar{w}$ $e_1^{(0,0)} = e_2^{(0,0)} = \bar{e}$
与供应商 1 共享 (1,0)	$p_1^{(1,0)} = \bar{p} + \left[\dfrac{1}{2} + \dfrac{2(2m+1) - n^2}{(2m+1)(4(m+1) - n^2)}\right]E[\theta\mid Y]$ $p_2^{(1,0)} = \bar{p} + \left[\dfrac{1}{2} + \dfrac{n^2}{(2m+1)(4(m+1) - n^2)}\right]E[\theta\mid Y]$	$w_1^{(1,0)} = \bar{w} + \dfrac{2}{4(m+1) - n^2}E[\theta\mid Y]$ $e_1^{(1,0)} = \bar{e} + \dfrac{n}{4(m+1) - n^2}E[\theta\mid Y]$ $w_2^{(1,0)} = \bar{w}, \; e_2^{(1,0)} = \bar{e}$
与供应商 2 共享 (0,1)	$p_2^{(0,1)} = \bar{p} + \left[\dfrac{1}{2} + \dfrac{n^2}{(2m+1)(4(m+1) - n^2)}\right]E[\theta\mid Y]$ $p_1^{(0,1)} = \bar{p} + \left[\dfrac{1}{2} + \dfrac{2(2m+1) - n^2}{(2m+1)(4(m+1) - n^2)}\right]E[\theta\mid Y]$	$w_1^{(0,1)} = \bar{w}, \; e_1^{(0,1)} = \bar{e}$ $w_2^{(0,1)} = \bar{w} + \dfrac{2}{4(m+1) - n^2}E[\theta\mid Y]$ $e_2^{(0,1)} = \bar{e} + \dfrac{n}{4(m+1) - n^2}E[\theta\mid Y]$
均共享 (1,1)	$p_1^{(1,1)} = p_2^{(1,1)} = \bar{p} + \dfrac{m+4}{2(m+2)}E[\theta\mid Y]$	$w_1^{(1,1)} = w_2^{(1,1)} = \bar{w} + \dfrac{E[\theta\mid Y]}{m+2}$ $e_1^{(1,1)} = e_2^{(1,1)} = \bar{e} + \dfrac{nE[\theta\mid Y]}{2(m+2)}$

命题 1   在不同信息共享策略下，零售商和供应商的均衡决策由表 1 给出。

命题 1 说明，若零售商与供应商 i 共享信息，则供应商 i 能够根据所获取的信息 Y 相应地调整批发价和广告水平。注意到 $E[\theta\mid Y] = \eta(t, \sigma)Y$，当 Y 增加时，即意味着潜在需求可能增加，此时供应商的批发价和广告水平也上升。若供应商 i 未获得信息，则供应商 i 的批发价与广告水平均与 Y 无关。

推论 1   (1) 若供应商 i 不知晓信息，零售商对供应商 j 共享需求信息使得供应商 j 的批发价和广告水平对 Y 的响应度变强；供应商 i 的批发价和广告水平保持不变。

(2) 若供应商 i 知晓信息，零售商对供应商 j 共享需求信息使得供应商 j 的批发价和广告水平对 Y 的响应度变强；当 $n^2 < 2m$ 时，产品 i 的批发价和广告水平对 Y 的响应度变强。

证明：(1) 假设供应商 1 不知晓信息。由命题 1，供应商 2 知晓需求信息与不知晓需求信息时批发价格和广告水平的差分别为：

$$w_2^{(0,\,1)} - w_2^{(0,\,0)} = \frac{2}{4(m+1) - n^2}\eta(t,\,\sigma)Y, \quad e_2^{(0,\,1)} - e_2^{(0,\,0)} = \frac{n}{4(m+1) - n^2}\eta(t,\,\sigma)Y$$

上式中 Y 的系数均为正，这说明供应商 2 获得信息使得批发价和广告水平对 Y 的响应度变强。但是，供应商 1 的批发价格和广告水平与供应商 2 是否知晓需求信息无关。

（2）当供应商 1 知晓信息时：

$$w_2^{(1,\,1)} - w_2^{(1,\,0)} = \frac{1}{m+2}\eta(t,\,\sigma)Y, \quad e_2^{(1,\,1)} - e_2^{(1,\,0)} = \frac{n}{2(m+2)}\eta(t,\,\sigma)Y$$

上式中 Y 的系数均为正，因而供应商 2 知晓需求信息将使得其批发价和广告水平对 Y 的响应度变强。由于：

$$w_1^{(1,\,1)} - w_1^{(1,\,0)} = \frac{2m - n^2}{(m+2)(4(m+1) - n^2)}\eta(t,\,\sigma)Y,$$

$$e_1^{(1,\,1)} - e_1^{(1,\,0)} = \frac{n(2m - n^2)}{2(m+2)(4(m+1) - n^2)}\eta(t,\,\sigma)Y$$

当且仅当 $n^2 < 2m$ 时，上式子中 Y 的系数均为正。因此只有当 $n^2 < 2m$ 时，供应商 2 知晓需求信息将使得供应商 1 的批发价和广告水平对 Y 的响应度变强。

推论 2 （1）若供应商 i 不知晓信息，当 $n^2 < 2(m+1)$ 时，供应商 j 获得信息使得产品 j 的价格对 Y 的响应度变强；供应商 j 获得信息总会使产品 i 的价格对 Y 的响应度变强。

（2）若供应商 i 知晓信息，当 $n^2 < 4(2m+1)/3$ 时，供应商 j 获得信息使得产品 j 的价格对 Y 的响应度变强；当 $n^2 < 2m(2m+1)/(m-1)$ 且 $m > 1$ 时，供应商 j 获得信息使得产品 i 的价格对 Y 的响应度变弱。

证明：（1）若供应商 1 不知晓信息，则供应商 2 知晓需求信息与不知晓需求信息时产品 j 的价格差为：

$$p_2^{(0,\,1)} - p_2^{(0,\,0)} = \frac{2(2m+1) - n^2}{(2m+1)(4(m+1) - n^2)}\eta(t,\,\sigma)Y$$

当且仅当 $n^2 < 2(m+1)$ 时上式中 Y 的系数为正。此外，易知供应商 2 知晓需求信息后供应商 1 的产品价格差 $p_1^{(0,\,1)} - p_1^{(0,\,0)}$ 中 Y 的系数是正的。

（2）假设供应商 1 知晓信息。供应商 2 知晓需求信息与不知晓需求信息时产品 j 的价格差为：

$$p_2^{(1,\,1)} - p_2^{(1,\,0)} = \frac{(m+1)(-3n^2 + 8m + 4)}{(2m+1)(n^2 - 4m - 4)(m+2)}\eta(t,\,\sigma)Y$$

当且仅当 $n^2 < 4(2m+1)/3$ 时，上式中 Y 的系数为正。供应商 2 由不知晓需求信息变为知晓时，供应商 1 的产品价格差为：

$$p_1^{(1,\,1)} - p_1^{(1,\,0)} = \frac{n^2 - (4m^2 + 2m)/(m-1)}{(2m+1)(n^2 - 4m - 4)(m+2)}\eta(t,\,\sigma)Y$$

当且仅当 $n^2 < (4m^2 + 2m)/(m-1)$ 且 $m > 1$ 时，上式中 Y 的系数为负。

推论 1 和推论 2 中决策变量（批发价、广告水平和销售价格）关于 Y 的响应度变弱（强）是指 Y 每增加一个单位，相应的决策变量的变化幅度减少（增加）。推论 1 说明无论供应商 i 是否知晓零售商需求信息，当供应商 j 获取需求信息时，供应商 j 的批发价和广告水平的响应度均变强。当供应商 i 不知晓需求信息时，供应商 j 是否获取需求信息并不会影响供应商 i 决策的变化。而当供应商 i 知晓需求信息时，供应商 j 也获取需求信息会使得供应商之间的竞争加剧，从而使得供应商 i 会相应地调整决策，具体来说，当消费者对广告的敏感性较低时，产品 i 的批发价和广告水平对 Y 的响应度变强。

将命题 1 的结果代入零售商和供应商的利润表示式中，并对信号 Y 求期望，可得到不同信息共享策略下零售商和供应商在获取信号之前的事前期望利润，且有如下命题。

命题 2 在不同信息共享模式下，零售商的事前期望利润分别为：

$$\pi_r^{(0,0)} = \overline{\pi} + \frac{1}{2}\eta(t,\sigma)\sigma^2, \quad \pi_r^{(1,0)} = \pi_r^{(0,1)} = \overline{\pi} + \beta\eta(t,\sigma)\sigma^2,$$

$$\pi_r^{(1,1)} = \overline{\pi} + \frac{1}{2}\frac{(m+1)^2}{(m+2)^2}\eta(t,\sigma)\sigma^2$$

供应商的事前期望利润分别为：

$$\Pi_i^{(0,0)} = \overline{\Pi}, \quad \Pi_1^{(1,0)} = \Pi_2^{(0,1)} = \overline{\Pi} + \frac{1}{2(4(m+1)-n^2)}\eta(t,\sigma)\sigma^2, \quad \Pi_1^{(0,1)} = \Pi_2^{(1,0)} = \overline{\Pi}$$

$$\Pi_i^{(1,1)} = \overline{\Pi} + \frac{4(m+1)-n^2}{8(m+2)^2}\eta(t,\sigma)\sigma^2$$

其中 $\overline{\pi}$ 和 $\overline{\Pi}$ 分别表示需求确定情形下（$\theta \equiv 0$）零售商和供应商的利润：

$$\overline{\pi} = \frac{(m+1)^2}{2(m+2)^2}a^2, \quad \overline{\Pi} = \frac{4(m+1)-n^2}{8(m+2)^2}a^2$$

这里 $\beta = \dfrac{2(m+1)}{4(m+1)-n^2} - \dfrac{(m+1)(2n^2+3)+(1-m)n^4}{(2m+1)(4(m+1)-n^2)^2}$。

将命题 1 的结果代入目标函数并整理即可得到命题 2。从命题 2 可以看到，随着零售商预测精度的提升（t 增加）或市场波动性的增加（σ 增加），零售商和知晓信息的供应商的期望利润增加，未知晓信息的供应商的事前期望利润保持不变。零售商对需求预测得越准确，零售商和知晓需求信息的供应商所面临的风险就越小，从而能获得更高的事前期望利润。当需求的不确定性 σ 增加时，知晓信息的供应商和零售商能够及时地根据需求信息调整相应的决策，从而获得更高的事前期望利润。

4. 零售商的信息共享策略

4.1 无信息合约下零售商的信息共享策略

无信息合约即供应商无须为获取信息而支付费用。下面的命题 3 给出了在无信息共享合约下零售商愿意主动共享其需求信息的条件。

命题 3 当 $m > \dfrac{1+2\sqrt{7}}{4}$ 且 $n^2 > n_1$ 时，或者当 $m_1 < m < \dfrac{1+2\sqrt{7}}{4}$ 且 $n_1 < n^2 < n_2$ 时，零售商愿意共享信息给其中一个供应商；否则，零售商不会主动共享信息。这里，$n_i =$

$\frac{4}{3}m^2 + \frac{4}{3}m + (-1)^i \frac{1}{3}\sqrt{16m^4 + 32m^3 + 16m^2 - 18m - 18}$ ($i = 1, 2$)，m_1（$m_1 \approx 0.7923$）是方程 $8m^3 + 8m^2 - 9 = 0$ 的唯一正根。

证明： 由命题 2 可知，要比较 $\pi_r^{(0,0)}$，$\pi_r^{(1,0)}$ 和 $\pi_r^{(1,1)}$ 的大小，只需分析零售商利润表达式中 $\eta(t, \sigma)$ 的系数 $1/2$，β 和 $(m+1)^2 / [2(m+2)^2]$ 之间的大小关系。易知 $1/2 > (m+1)^2 / [2(m+2)^2]$，从而 $\pi_r^{(0,0)} > \pi_r^{(1,1)}$，这说明相对于共享信息给两个供应商，零售商更偏好于均不共享信息。因此，只需比较 $\pi_r^{(0,0)}$ 与 $\pi_r^{(1,0)}$（$1/2$ 与 β）的大小关系。由于：

$$\pi_r^{(1,0)} - \pi_r^{(0,0)} = \left(\beta - \frac{1}{2}\right)\eta(t, \sigma)\sigma^2 = \frac{f(n^2)}{2(2m+1)[4(m+1) - n^2]^2}\eta(t, \sigma)\sigma^2$$

其中 $f(n^2) = -3n^4 + 8m(m+1)n^2 - 6(m+1)$，故只需考虑关于 n^2 的二次函数 $f(n^2)$ 在区间 $[0, 4(m+1))$ 上的正负性，即可判别 $\pi_r^{(1,0)}$ 与 $\pi_r^{(0,0)}$ 的大小。下面分析 $f(n^2)$ 的性质。

易知 $f(0) < 0$，当且仅当 $m < (1 + 2\sqrt{7})/4$ 时，$f(4(m+1)) = 32m^3 + 16m^2 - 70m - 54 < 0$。注意到存在 m_1（$m_1 \approx 0.7923$），当且仅当 $m < m_1$ 时，二次函数 $f(n^2)$ 的判别式小于 0。

分情况进行讨论：（a）当 $m < m_1$ 时，对任意 $n^2 \in [0, 4(m+1))$，$f(n^2) < 0$ 恒成立；（b）当 $m > (1 + 2\sqrt{7})/4$ 时，$f(4(m+1)) > 0$，因此当 $n^2 > n_1$ 时，有 $f(n^2) > 0$；（c）当 $m_1 < m < (1 + 2\sqrt{7})/4$ 时，此时对称轴 $4m(m+1)/3 < 4(m+1)$，从而当 $n_1 < n^2 < n_2$ 时，有 $f(n^2) > 0$；其中 n_i 是方程 $f(n^2) = 0$ 的两个实根。综合以上情况，即得到命题的结果。

命题 3 说明，无信息合约下零售商的信息共享策略与消费者对广告的敏感性以及价格竞争程度相关，该命题扩展了 Mittendorf 等（2013）关于单供应商-单零售商供应链的研究结果。零售商不会同时给两个供应商共享信息，但是在一定条件下愿意共享信息给其中的一个供应商。若零售商共享信息给两个供应商，会使得批发价对信号 Y 的响应度上升，导致双重边际效应增加，从而零售商的期望利润下降。若零售商只共享信息给供应商 i，一方面供应商 i 的批发价响应度上升，导致产品 i 的双重边际效应增加，使得零售商从产品 i 赚取的边际利润下降；另一方面，产品 j 的零售价响应度上升，而此时产品 j 的批发价不变，使得零售商从产品 j 赚取的边际利润上升。零售商利润的变化取决于这两种变化的主导地位。当消费者对广告的敏感性较高时，供应商 i 由于知晓信息会相应地调整其广告水平，从而使得产品 i 的销量上升。此外，零售商的信息共享策略与需求的方差无关，这一点与 Mittendorf 等（2013）关于单供应商-单零售商供应链的研究结果不同（零售商的信息共享策略的阈值与需求的方差相关），这是由于本文关于广告对需求的影响采取的是加法的形式（广告仅仅影响随机需求的均值而不影响需求的方差），而 Mittendorf 等（2013）采取的是乘法的形式。

4.2 信息合约下零售商的信息共享策略

命题 3 给出了不存在信息合约时零售商的信息共享策略。假设零售商在观测到需求信号前需与上游的两个供应商制定信息共享合约。在信息共享合约下，零售商同时向两个供应商要价 T 来交换信息，接着供应商同时决策是否要付给零售商 T 以获取需求信息。令 (X_1, X_2) 为两个供应商的均衡决策，其中 $X_i = 1$ 表示供应商 i 接受信息共享合约，$X_i = 0$ 表示供应商 i 不接受该合约。则供应商之间的博弈支付矩阵如表2所示：

表2   博弈支付矩阵

供应商1		供应商2	
		购买	不购买
	购买	$[\Pi_1^{(1,1)} - T,\ \Pi_2^{(1,1)} - T]$	$[\Pi_1^{(1,0)} - T,\ \Pi_2^{(1,0)}]$
	不购买	$[\Pi_1^{(0,1)},\ \Pi_2^{(0,1)} - T]$	$[\Pi_1^{(0,0)},\ \Pi_2^{(0,0)}]$

命题 4 （1）当 $n^2 \leqslant 2m$ 时，若 $T > T_a$ 则，$(0, 0)$ 是均衡策略；若 $T \leqslant T_b$，则 $(1, 1)$ 是均衡策略。特别地，当 $T_a \leqslant T \leqslant T_b$ 时，$(1, 1)$ 是占优均衡策略。（2）当 $4(m + 1) > n^2 > 2m$ 时，若 $T > T_a$，则 $(0, 0)$ 是均衡策略；若 $T \leqslant T_b$，则 $(1, 1)$ 是均衡策略；若 $T_b < T < T_a$，则 $(1, 0)$ 或 $(0, 1)$ 是均衡策略。其中：

$$T_a = \frac{1}{2(4(m + 1) - n^2)}\eta(t, \sigma)\sigma^2, \quad T_b = \frac{4(m + 1) - n^2}{8(m + 2)^2}\eta(t, \sigma)\sigma^2$$

证明：根据命题2及纳什均衡的定义，对于任意给定的信息合约 T，供应商的均衡策略如下：当 $T > \Pi_1^{(1,0)} - \Pi_1^{(0,0)}$ 时，$(0, 0)$ 是均衡策略；当 $\Pi_2^{(1,1)} - \Pi_2^{(1,0)} = \Pi_1^{(1,1)} - \Pi_1^{(0,0)} < T \leqslant \Pi_1^{(1,0)} - \Pi_1^{(0,0)}$ 时，$(1, 0)$ 或 $(0, 1)$ 是均衡策略；当 $T < \Pi_1^{(1,1)} - \Pi_1^{(0,1)} = \Pi_1^{(1,1)} - \Pi_1^{(0,0)}$ 时，$(1, 1)$ 是均衡策略。由于：

$$T_a = \Pi_1^{(1,0)} - \Pi_1^{(0,0)} = \frac{1}{2(4(m + 1) - n^2)}\eta(t, \sigma)\sigma^2, \quad T_b = \Pi_1^{(1,1)} - \Pi_1^{(0,0)}$$

$$= \frac{4(m + 1) - n^2}{8(m + 2)^2}\eta(t, \sigma)\sigma^2$$

所以，当 $n^2 > 2m$ 时，$\dfrac{4(m + 1) - n^2}{8(m + 2)^2} < \dfrac{1}{2[4(m + 1) - n^2]}$，即 $T_b = \Pi_1^{(1,1)} - \Pi_1^{(0,0)} < \Pi_1^{(1,0)} - \Pi_1^{(0,0)} = T_a$；当 $n^2 \leqslant 2m$ 时，$T_a \leqslant T_b$。据此可直接得到命题4（1）和（2）的结果。

命题4说明，如果供应商 i（不）愿意接受零售商提供的信息合约，则当且仅当信息价格（$T_b < T < T_a$）低于 T_b 时，其竞争对手供应商 $j(j = 3 - i)$ 才会接受信息合约。如果竞争供应商 j 获取了信息，当消费者对广告的敏感性较低（高）时，相比于竞争供应商 j 未获取信息，供应商 i 愿意付出更多（少）的信息支出来获取信息。T_a 和 T_b 均关于 m 单调递减，因此产品之间的价格竞争程度越高，供应商获取信息的意愿就越低。T_a 关于 n 单调递增，T_b 关于 n 单调递减。因此，当消费者对广告的敏感性增加时，如果供应商 j 未获取信息，供应商 i 愿意付出更多的信息支出来获取信息；而如果供应商 j 获取了信息，供应商 i 就不愿意付出更多的信息支出来获取信息。当供应商 j 未获取信息时，供应商 i 获取信息会使得自身的产品需求提升进而导致销售利润增加，且这种增加比广告带来的利润增加更加明

显，因此供应商 i 愿意为获取信息而付出更多的支出。而当竞争性供应商 j 获取了信息时，供应商 i 也获取信息并不会增加自身的产品需求，但是广告成本的增加导致供应商 i 获取信息的意愿下降。

下面的命题给出了零售商的最优信息合约定价决策。

命题 5 当且仅当 $m > \dfrac{1 + 2\sqrt{7}}{4}$ 且 $2m < n^2 < 4(m + 1)$ 时，或 $m_2 < m < \dfrac{1 + 2\sqrt{7}}{4}$ 且 $\max(2m, \ n_3) < n^2 < n_4$ 时，零售商的最优决策为 $T^* = T_a$，相应的供应商均衡策略是(1, 0)；否则，零售商的最优决策是 $T^* > T_a$，相应的供应商均衡策略是(0, 0)。这里 m_2 ($m_2 \approx 0.242$)是方程 $8m^2 + 6m + 5 - 4\sqrt{3} = 0$ 的正实根，$n_i = \dfrac{4}{3}m^2 + m - \dfrac{1}{6} + (-1)^i \dfrac{\sqrt{\Delta_g}}{6}$，$i = 3, \ 4$，$\Delta_g = 64m^4 + 96m^3 + 116m^2 + 60m - 23$。

证明： 零售商选取最优的信息合约定价以最大化其自身利润。分如下两种情形进行分析：

（a）当 $n^2 \leqslant 2m$ 时，供应商的均衡策略为(1, 1)或(0, 0)，相应的零售商利润为 $\widetilde{\pi}_r^{(1, 1)} = \pi_r^{(1, 1)} + 2T_b$ 或 $\widetilde{\pi}_r^{(0, 0)} = \pi_r^{(0, 0)}$。由于 $\widetilde{\pi}_r^{(1, 1)} - \widetilde{\pi}_r^{(0, 0)} = \dfrac{-n^2 - 2}{4(m + 2)^2} < 0$，从而零售商的最优信息合约定价应满足 $T^* > T_b$，此时供应商不会购买信息，其均衡策略为(0, 0)。

（b）当 $2m < n^2 < 4(m + 1)$ 时，$T_b < T_a$，由命题 4 可知，供应商的均衡策略为(1, 1)、(1, 0)或(1, 0)，以及(0, 0)，相应的零售商的期望利润分别为 $\widetilde{\pi}_r^{(1, 1)} = \pi_r^{(1, 1)} + 2T_b$，$\widetilde{\pi}_r^{(0, 1)} = \pi_r^{(0, 1)} + T_a$ 和 $\widetilde{\pi}_r^{(0, 0)} = \pi_r^{(0, 0)}$。

类似情形(a)，最优的信息定价应满足 $T^* > T_b$ ($\widetilde{\pi}_r^{(1, 1)} - \widetilde{\pi}_r^{(0, 0)} < 0$)。此外，$\widetilde{\pi}^{(0, 1)} - \widetilde{\pi}^{(0, 0)} = \dfrac{g(n^2)}{2(2m + 1)\left[4(m + 1) - n^2\right]^2}$，其中 $g(n^2) = -3n^4 + (8m^2 + 6m - 1)n^2 + 8m^2 + 6m - 2$，显然 $g(n^2)$ 与 $\widetilde{\pi}_r^{(0, 1)} - \widetilde{\pi}_r^{(0, 0)}$ 符号相同。$g(n^2)$ 的判别式 $\Delta_g = 64m^4 + 96m^3 + 116m^2 + 60m - 23$。易知，存在 m_2 ($m_2 \approx 0.242$)使得当 $m < m_2$ 时，$g(n^2)$ 的判别式小于 0，此时 $g(n^2) < 0$。现在考虑 $m > m_2$ 的情形，即 $g(n^2)$ 的判别式大于 0。易知，存在 m_3 ($m_3 \approx 0.272$)使得当 $m > m_3$ 时，$g(2m) > 0$。所以，当 $m > (1 + 2\sqrt{7})/4$ 时，$g(2m) > 0$ 且 $g(4m + 4) = 32m^3 + 16m^2 - 70m - 54 > 0$，故 $g(n^2) > 0$；当 $m_3 < m < (1 + 2\sqrt{7})/4$ 时，$g(2m) > 0$ 且 $g(4m + 4) < 0$，此时当 $2m < n^2 < n_4$ 时，有 $g(n^2) > 0$。当 $m_2 < m < m_3$ 时，$g(2m) < 0$ 且 $g(4m + 4) < 0$，此时当 $n_3 < n^2 < n_4$ 时，有 $g(n^2) > 0$，这里 $n_i = \dfrac{4}{3}m^2 + m - \dfrac{1}{6} + (-1)^i \dfrac{\sqrt{\Delta_g}}{6}$，$i = 3, \ 4$。

综上所述，当且仅当 $m > (1 + 2\sqrt{7})/4$ 或 $m_2 < m < (1 + 2\sqrt{7})/4$ 且 $\max(2m, \ n_3) < n^2 < n_4$ 时零售商的最优决策为 $T^* = T_a$，相应的供应商均衡策略是(1, 0)或(0, 1)。

由命题 5 可知，当供应商之间的价格竞争程度较小（$m < m_2 \approx 0.24$）时，供应商的广告决策并不能驱动零售商制定信息合约以使供应商购买其信息；当供应商之间的价格竞争程度不是很低时（$m > m_2 \approx 0.24$）时，供应商的广告决策会对零售商的信息合约制定产生影响。当消费者对广告的敏感性较高时，零售商的信息合约使得仅有一个供应商购买信息；但当消费者对广告的敏感性较低时，因信息合约定价较高，从而两个供应商均不会购买信息。

5. 数值分析

为了进一步探讨价格竞争程度和消费者对广告的敏感性如何影响零售商的信息共享行为，本节通过数值算例来比较三种信息共享模式下零售商的事前期望利润。不妨取 $a = 10$，$\sigma = 4$，$t = 10$，$m \in [0, 2]$。由于要满足 $n^2 < 4(m + 1)$ 的假设，因此在分析消费者广告敏感性的影响时，取 $n \in \{0.5, 1\}$，分别代表了消费者对广告的敏感性低和高的情形。

图 1 进一步佐证了命题 3 和命题 5 的结果，零售商不会同时共享信息给两个供应商，但在一定条件下零售商愿意将信息分享给其中的一个供应商。具体来说，对于给定的 n（消费者对广告的敏感度），当价格竞争程度较高时，零售商只会共享信息给其中的一个供应商。此时，虽然该供应商的批发价响应度上升使得零售商从该产品赚取的利润下降，但是由于其竞争产品的零售价格响应度上升，零售商从竞争性产品赚取的利润上升。

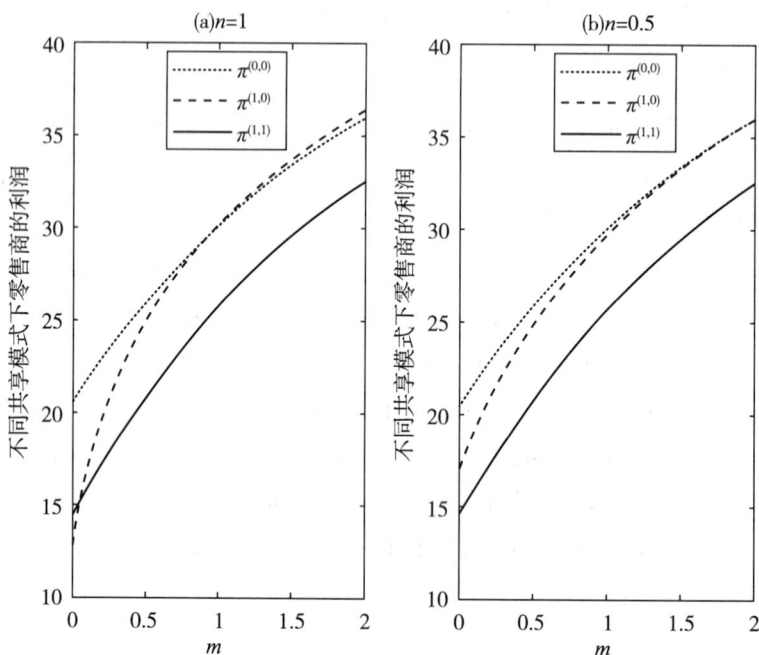

图 1　不同信息共享模式下零售商的事前期望利润

图 1 还说明了在不同的共享策略下，零售商的利润均随着供应商之间的价格竞争程度的增加而增加。这是由于供应商产品之间价格竞争程度的增加使得供应商的批发价降低，从而使得零售商的边际利润上升，最终导致零售商的总利润上升。

图 2 给出了不同共享模式下供应链的总利润 $\pi_s^{(x_1, x_2)} = \pi_r^{(x_1, x_2)} + \Pi_1^{(x_1, x_2)} + \Pi_2^{(x_1, x_2)}$ 随市场竞争程度的变化情况，从中可以看出，始终有 $\pi_s^{(1, 1)} < \pi_s^{(0, 0)}$，这说明信息同时共享给两个供应商不利于整体供应链。这是由于当供应商均拥有需求信息时，为了保持各自的产品市场份额，供应商会投入相等的广告投入，从而使得广告投入对信息共享的正向刺激效用消失，而信息共享导致的批发价上升加剧了双重边际效用，损害了供应链的利润。$\pi_s^{(1, 0)}$ 与 $\pi_s^{(0, 0)}$ 之间的大小关系并不确定。因知晓信息的供应商与不知晓信息的供应商的广告投入不同，从而信息共享导致的广告投入的提升对零售商来说具有正向刺激作用，而信息共享带来的双重边际效应加剧对零售商来说具有负向刺激作用。$\pi_s^{(1, 0)}$ 与 $\pi_s^{(0, 0)}$ 之间的大小关系取决于这两种效用的相对大小。当产品之间的价格竞争比较激烈时，广告投入的正向刺激效用要大于双重边际效应加剧而导致的负向效用，在信息共享合约下，零售商会对其中一个供应商共享信息。

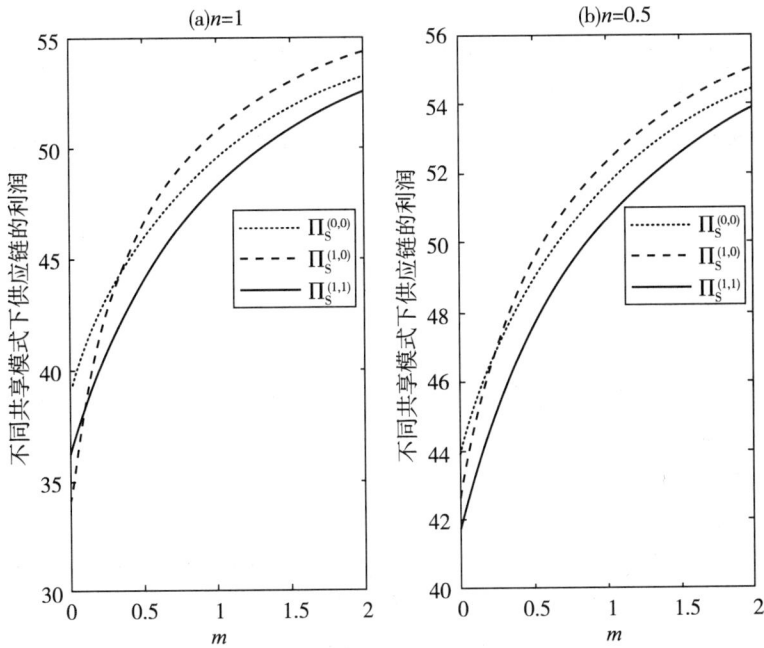

图 2　不同信息共享模式下供应链的事前期望利润

6. 结束语

本文研究了上游的两个供应商同时进行竞争性广告决策时，下游零售商的信息共享策略。零售商的最优信息共享策略受到消费者对广告的敏感性和市场竞争激烈程度的共同影响。(1)无信息合约时，零售商至多分享需求信息给一个供应商，当且仅当消费者对广告的敏感性较高以及市场竞争激烈程度更高时，零售商才愿意给其中一个供应商分享信息。(2)在信息合约下，当供应商之间的价格竞争激烈程度很低时，零售商制定的信息合约阻止了供应商的购买信息行为；当供应商之间的价格竞争程度不是很低时，供应商的广告决策能够影响零售商的信息合约定价。当消费者对广告的敏感性较高时，零售商会制定仅有一个供应商购买信息的信息合约；反之，零售商会制定阻止供应商购买信息行为的信息合约。

　　本文假设供应商只有通过零售商共享信息这一途径来获取信息。事实上，供应商还存在着其他获取信息的途径，例如，供应商投入信息技术或者通过第三方数据咨询公司购买市场信息。当上游供应商拥有需求信息，或者供应商和零售商均拥有私有需求信息时，供应链成员之间的信息共享行为值得进一步研究[25]。此外，本文假设决策者均是风险中性的。若零售商是风险厌恶的，则零售商的风险态度如何影响其信息共享策略也是值得探讨的问题。

◎ 参考文献

[1] 但斌，周茂森，张旭梅. 存在竞争性制造商的集团采购供应链需求预测信息的共享与激励[J]. 中国管理科学，2016，24 (3).

[2] 郭强，李增禄，聂佳佳. 预测信息分享对双渠道制造商在线推介策略的影响[J]. 运筹与管理，2018，27 (7).

[3] 毛小兵. 双渠道竞争中的需求信号分享策略研究[J]. 管理评论，2018，30 (1)：202-209.

[4] 吴江华，翟昕. 信息共享对供应链合作广告影响的博弈分析[J]. 中国管理科学，2012，20 (5).

[5] 佚名. 京东罗盘—供应商版[EB/OL]. (2018-10-30) [2018-10-30]. https://tvdc.jd.com/gateway/helpbook/helpbook.html.

[6] 杨磊，纪静娜，张智勇. 需求信息不对称下的双渠道供应链合作广告投资决策分析[J]. 控制与决策，2015，30 (12).

[7] Bernstein, F., Federgruen, A. A general equilibrium model for industries with price and service competition[J]. *Operations Research*, 2004, 52 (6).

[8] Chan, T. Y., Narasimhan, C., Yoon, Y. Advertising and price competition in a manufacturer-retailer channel[J]. *International Journal of Research in Marketing*, 2017, 34 (3).

[9] Gal-Or, E., Geylani, T. Dukes, A. J. Information sharing in a channel with partially informed retailers[J]. *Marketing Science*, 2008, 27 (4).

[10] Guo, L., Iyer, G. Information acquisition and sharing in a vertical relationship [J]. *Marketing Science*, 2010, 29 (3).

[11] Ha, A. Y., Tian, Q., Tong, S. Information sharing in competing supply chains with production cost reduction[J]. *Manufacturing & Service Operations Management*, 2017, 19

(2).

[12] Ha, A. Y., Tong, S. Contracting and information sharing under supply chain competition[J]. *Management science*, 2008, 54 (4).

[13] Ha, A. Y., Tong, S., Zhang, H. Sharing demand information in competing supply chains with production diseconomies[J]. *Management science*, 2011, 57 (3).

[14] Jiang, B. Tian, L., Xu, Y., et, al. To share or not to share: Demand forecast sharing in a distribution channel[J]. *Marketing Science*, 2016, 35 (5).

[15] Jiang, L., Hao, Z. Incentive-driven information dissemination in two-tier supply chains[J]. *Manufacturing & Service Operations Management*, 2016, 18 (3).

[16] Li, G., Zheng, H., Sethi, S. P., et, al. Inducing downstream information sharing via manufacturer information acquisition and retailer subsidy [J]. *Decision Sciences*, forthcoming.

[17] Li, L. Information sharing in a supply chain with horizontal competition[J]. *Management Science*, 2002, 8 (9).

[18] Ma, P., Shang, J., Wang, H. Enhancing corporate social responsibility: Contract design under information asymmetry[J]. *Omega*, 2017, 67 (3).

[19] Mittendorf, B., Shin, J., Yoon, D. H. Manufacturer marketing initiatives and retailer information sharing[J]. *Quantitative Marketing and Economics*, 2013, 11 (2).

[20] Perdikaki, O., Kostamis, D., Swaminathan, J. M. Timing of service investments for retailers under competition and demand uncertainty[J]. *European Journal of Operational Research*, 2016, 254 (1).

[21] Shang, W., Ha, A. Y., Tong, S. Information sharing in a supply chain with a common retailer [J]. *Management Science*, 2015, 62 (1).

[22] Smith, C. This might be the reason MCX retailers won't let you use Apple Pay, even if they want to[R]. *BG Report*, October 29, 2014.

[23] Yan, R., Cao, Z., Pei, Z. Manufacturer's cooperative advertising, demand uncertainty, and information sharing[J]. *Journal of Business Research*, 2016, 69 (2).

[24] Yao, D., Yue, X., Liu, J. Vertical cost information sharing in a supply chain with value-adding retailers[J]. *Omega*, 2008, 36 (5).

[25] Zhang, H. Vertical information exchange in a supply chain with duopoly retailers [J]. *Production and Management*, 2002, 11 (4).

Information Sharing in Supply Chains under Competitive Advertising of Suppliers with a Common Retailer

Yang Dongsheng[1] Xu Minghui[2]

(1, 2 Economics and Management School of Wuhan University Wuhan 430072)

Abstract: Consider the problem of information sharing in a supply chain consisting of a common retailer and two competitive brand suppliers. The retailer has private demand information and the manufacturers invest on advertising based on available information. We derive the equilibrium decisions of supply chain members under different information sharing strategies, and obtain the retailer's optimal information sharing strategy. Without information contracting, the retailer is willing to share information with at most one supplier. With information contracting, pricing strategies for information are proposed under which at most one supplier purchases information. When the price competition between suppliers is low, the advertising decisions of the suppliers do not drive the retailer to set the information contract under which the suppliers can purchase information. When price competition is not too low and consumers are more sensitive to advertising, the retailer will share information with only one supplier under information contract. Finally, numerical study further illustrates our findings.

Key words: Supply chain management; Information sharing; Advertising; Information contract

责任编辑：路小静